法律与伦理

LAW AND ETHICS 2018 No.1

2018年第一期　　总第二期

侯欣一／主　编
夏纪森／执行主编

社会科学文献出版社
SOCIAL SCIENCES ACADEMIC PRESS (CHINA)

发 刊 词

“这是最好的时代，这是最坏的时代”。狄更斯的这句话是一种文学性的“现代性症候”（韦伯语）的描述。“现代性”是一个包含了尖锐矛盾冲突的领域：一方面启蒙运动以来的现代性带来了社会经济的发展和现代政治体制的进步；另一方面这种“启蒙理性/现代性”慢慢变成了“工具理性”，导致了对文化、对个体生活的囚禁和异化。

与现代性观念相伴的现代法治观念，强调个体权利的不可侵犯。高扬权利话语使人们清醒地意识到自己的权利，并且勇敢地捍卫。但是，权利话语的极端化会导致巨大的负面效应：权利间的相互对峙会增加社会冲突，阻碍社会必要的沟通；责任话语的缺失将导致整个社会变成陌生人的疆域，公民对参与社会生活毫无热情。因而，法律的自治不应该仅仅是对实在法的片面追求和机械贯彻，要保持法律的品质和精神，必须融入伦理道德的要素。适切的法律自治应是在注重实在法范畴的同时对伦理道德给予适度的吸纳。

在一个文化多元的风险社会中，尽管人类对于特定事实必将形成若干不同的意见，但我们不能因此就停止对伦理道德的探究。正如康德所言，“有两样东西，人们越是经常持久地对之凝神思索，它们就越是使内心充满常新而日增的惊奇和敬畏：我头上的星空和我心中的道德律”。我们需要本着敬畏之心，在未知之中，在不确定之中，继续向前迈进。为此，我们需要宽容，即为了能够掌握未来，我们必须对新事物抱有开放的态度。开放不是无原则的，面对着全球范围内的社会、经济、文化和生态的危机，我们应该把希望、知识和行动结合起来，为积极的目标创造客观条件使之尽快实现，为消极的后果切断因果链条使之无法到来。

基于上述认识，作为一份新生的刊物，本刊将秉持兼容并包的原则，以集刊的形式，开拓一片法学家与伦理学家自由交流的学术空间，构筑一个有助于互相理解、凝聚基本共识的思想论坛。同时，本刊还将为青年学者提供更大的发挥空间，希望能与学界的大批新人同步成长。

本刊的宗旨可以用十六个字来表述，即“正义理念、伦理关怀、中国问题、世界视野”。这个宗旨意味着我们不能简单地复制西方的概念、范畴、体系，而要在吸收、反思和借鉴的基础上积极创建中国的法律哲学。同时，我们要向世界发言，积极参与到世界结构的重塑中。

法治的基本精神在于限制政府权力和保障公民权利，这种精神蕴含着法律至上、权力制衡、法律面前人人平等和法律的正当程序等法治原则。当然，由于法治关涉从理想到原则、从立法到司法、从制度到意识各个方面，因而，在不同的历史时空中曾呈现出不同的法治秩序形态。“天理、人情和国法”的文化传统与中国转型时期的多重面相会使法治中国呈现出自身的文化形式，也只有在“现代法治”与“中国意义”的两相沟通中，才能构筑中国法治的主体性。

《法律与伦理》编辑委员会谨识

自然法专题

德沃金法律阐释性研究

郭俊义*

摘　要：二战之后兴起的伽达默尔诠释学对德沃金的法学思想影响巨大，其法律阐释学就是在此基础上产生的。法律阐释学的关注点是法官在审判过程中的行为。依据德沃金的法律阐释学，法官在审判过程中既要做到与以往案件的一致，同时也要照顾到法官所处社区的公共道德，以便使法律的发展趋向良性。这就要求把法官的先见引入法律，但这种先见并非不受限制、任意发挥。为避免先见变成偏见，德沃金设置了一系列障碍。这也为其依据这种法律思维所判案件是案件的正确答案提供了理论基础。

关键词：哲学诠释学　法律阐释学　法律整体性　正确答案

德沃金的法学之思尽管以抽象的权利论为基础，但其至为重要的关注点则是实践法学，“德沃金对法理学的贡献就是使法理学从抽象层面的法律规则和教义学说向法律阐释和法律应用发展”①。那德沃金如何能够在审判中坚持这一权利观点呢？这是本文探讨的主题。在此，为使权利论能够在审判中得以贯彻，德沃金求助于阐释②的思想。但德沃金的阐释并不仅仅是技术层面上的，“法律实践就是阐释，但这种阐释并不仅仅是法律人对具体法律文本的阐释而是整体性的阐释”③。因此，他的法律阐释学“被看作是一个追求意义和目的的阐释——换句话说，就是诠释（hermeneutics）”④。在这里，德沃金借鉴了哲学诠释学的思维方式，在法律领域

---

* 郭俊义，南京大学法学院讲师，《南京大学法律评论》执行编辑，哲学博士，法学博士后。

① Costas Douzinas et al.，“Is Hermes Hercules' Twin? Hermeneutics and Legal Theory，” in Alan Hunt，ed.，*Reading Dworkin Critically*，St. Martin's Press，1992，p. 123.

② 阐释、解释、诠释在本文没有刻意地区分，是同一意思，可以互换。

③ Ronald Dworkin，*A Matter of Principle*，Harvard University Press，1985，p. 146.

④ Costas Douzinas et al.，“Is Hermes Hercules' Twin? Hermeneutics and Legal Theory，” in Alan Hunt，ed.，*Reading Dworkin Critically*，St. Martin's Press，1992，p. 123.

中建构了其法律阐释学，从而解决了以往法学所没有解决的在实践领域中建构法律意义的问题。那德沃金对阐释是如何理解的以及如何把阐释的思想运用到法学中来，便成为本章的基本理论理路。

一 法律阐释的含义

针对文本的解读，德沃金认为我们应该关注的“并不是一个人尊敬文本而另一个人不尊敬文本，而是他们对文本的不同意见”[①]。这种对文本的不同意见正是对文本的阐释。“德沃金处理文本的理论中最为关键的角色就是阐释（interpretion）。”[②] 我们如何理解阐释呢？从总体上看，德沃金的法律阐释学的思想受惠于哲学阐释学，尤其是伽达默尔的诠释学对他的影响最大。因此，只有了解哲学诠释学，我们才能彻底了解德沃金的法律阐释学。

1. 哲学诠释学

对哲学诠释学的讨论，一般始于施莱尔马赫。[③] 施莱尔马赫建立了普遍诠释学[④]，即他使诠释学“摆脱为教义义务服务而变成了一种普遍的解释工具和方法论时，阐释学就走上了独立发展的道路”[⑤]。他将普遍诠释学理解成这样一门学科：它不同于研究解释技术，而关注理解，理解是解释技术的基础。从这个思维出发，施莱尔马赫谈到了对文本理解的两个方

① Robert N. Moles, “The Decline and Fall of Law's Empire,” in Alan Hunt, ed., *Reading Dworkin Critically*, St. Martin's Press, 1992. P. 82.

② Robert N. Moles, “The Decline and Fall of Law's Empire,” in Alan Hunt, ed., *Reading Dworkin Critically*, St. Martin's Press, 1992. P. 82.

③ 其实，如果继续向前追溯，可以追溯到古希腊的神话时代。阐释学（hermeneutik）这个词就是来源于古希腊的一个神——赫尔默斯，在古希腊神话中，赫尔默斯是一位信使的名字。他不但有双足，而且足上有双翼，因此也被称为“快速之神”。他的任务就是来往于奥林匹亚山上的诸神与人世间的凡夫俗子之间，迅速给人们传递诸神的信息和指示。因此，赫尔默斯的传达就不是单纯的报道或简单的重复，而是需要翻译和解释，前者是把人们不熟悉的诸神的语言转换成人们自己的语言，后者则是对诸神的晦涩不明的指令进行疏解，以使一种意义关系从陌生的世界转换到我们自己熟悉的世界。在这种阐释思想的影响下，才有了在中世纪盛行的神学阐释学和法学阐释学，但这种阐释学基本上还是在技术层面上进行的。也正是在这种思维的开启下，才发展了一门独立的学科——诠释学。

④ 对此伽达默尔认为，“施莱尔马赫曾经有意识地把神学诠释学归入普遍诠释学，并且只把它认作为这种普遍诠释学的一种特殊的应用”。（参见伽达默尔《真理与方法》，洪汉鼎译，上海译文出版社，1999，第417页）

⑤ 洪汉鼎：《诠释学——它的历史和当代发展》，人民出版社，2001，第71页。

面：一是解释者必须深入到作者的内心；另一个是对解释者提出了重新解释作为语言关联体的文本之义务。在这里，施莱尔马赫不仅把文本作为一个语言关联体来重构，而且也为根据作者的看法去重构法律文本提出了解释规则。

在施莱尔马赫处，理解只被看作是个人对文本解释的基础。而在狄尔泰处，理解则成了精神科学的基石。理解不再被视为主体个人的功能，而是将主体作为一个社会分子而非抽象体来实施理解，理解一直同时是社会的传承关联体的表征。“狄尔泰提出了这种理解是否可能超越文化差异和如何超越的问题，他在‘历史的’意识中找到了解决这个问题的钥匙。”①由此可知，理解被赋予了许多社会情结，这样，它作为一个科学理论问题②就变得没有意义了。

然而把理解从科学理论中永久地抽离出来的是海德格尔，在他那里，理解属于“此在”。“此在是一种存在者，但并不仅仅是置于众存在者之中的一种存在者。从存在者状态上来看，这个存在者的与众不同之处在于：这个存在者为它的存在本身而存在。于是乎，此在的这一存在机制中就包含有：这个此在在它的存在中对这个存在具有存在关系。而这复是说：此在在它的存在中无论以任何一种方式、任何一种表述都领会自身。”③ 理解因此具有存在论性质。解释是一种过程，在这个过程中理解侵吞了对存在的领会。在海德格尔诠释循环问题的表达中，应当为理解作准备的解释，必须已经理解了将要解释的东西。

伽达默尔对海德格尔的诠释学继续拓展，发展成了一门对当代思维影响巨大的学科——哲学诠释学。这种思维模式对我们所研究的法哲学的影响也是非常大的。主要原因在于“其理论内容能够更为恰当地分析（而不是证实）社会事实以及内蕴的法律需求，在于其以一种开放的姿态对冲突和多元的事实、主体需要、规范模式的宽容、肯定”④。在这里，我们对伽达默尔诠释学中影响法哲学思维的四个哲学诠释学的基本概念进行阐述，以求获得启示。其实，这四个哲学概念基本上也可以显现伽达默尔诠释学的思想。这四个概念就是：前见、视域融合、效果历史、应用。

---

① 〔美〕德沃金：《法律帝国》，李常青译，中国大百科全书出版社，1996，第372页。

② “科学理论”在这里是指一种脱离生活世界的纯理论研究方式，追求的是绝对客观性。

③ 〔德〕海德格尔：《存在与时间》，陈嘉映、王庆节译，三联书店，1987，第15页。

④ 谢晖：《法律意义的追问——诠释学视野中的法哲学》，商务印书馆，2003，第15页。

前见

前见或叫偏见，这一概念自启蒙运动以来，一直作为否定性的概念而具有消极的意义，因此，在此之后的一段时间里，诠释学家都认为真正的理解就是要摆脱前见的影响，前见在诠释学工作里是不允许出现的。[①] 与这种诠释学相反，伽达默尔认为，对前见的这种看法，正是启蒙运动的前见。"启蒙运动的基本前见就是反对前见本身的前见。"[②] 按照伽达默尔的看法，事物本身只能根据适当的筹划、适当的前见才被理解。对此，伽达默尔从词源学角度进行求证，"前见"一词在拉丁文中是法学方面的一个词。这个词的本来意义就是在终审判决之前的一种预先判断。因此，"'前见'其实并不意味着一种错误判断。它的概念包含它可以具有肯定的和否定的价值"[③]。一个前见可能是正确的也可能是错误的，但它都对人们理解事物有帮助。由此，伽达默尔得出了一个结论：从启蒙时代理性主义观点来看似乎是理解障碍的前见，现在成了历史实在本身和理解的条件，因此，摒除前见，不管这是否成功，就是摒弃理解。因为，"前见"并不包含任何主观的成分，而是客观地描述了理解的过程。因此，伽达默尔指出，"诠释学的任务根本不是要发展一种理解的程序，而是要澄清理解得以发生的条件。但这些条件完全不具有这样一种'程序'的或方法论的性质，以致作为解释者的我们可以对它们随意地加以应用——这些条件其实必须是被给予的。占据解释者意识的前见和前理解，并不是解释者自身可以自由支配的"[④]。

可见，在伽达默尔看来，理解的正确性不在于避免前结构，而在于确认前结构，按照他的分析，理解的前结构就含有前见等因素。

视域融合

前见的存在，唯有通过对话来沟通（而非消除）。这是因为，在伽达默尔看来，对话不仅是前见不同的人们在认知过程中的沟通方式，而且是人与人、人与对象的一种本体存在方式。对话就能产生"视域融合"。那

---

① 这种观点属于"原意"说，这种学说的一个根本点是尊重文本，其大体的思路是：（1）意蕴在作品自身；（2）作品的意蕴先于理解作品而自在；（3）作品的重要性依时代变化而变化，但作品自身的意蕴不随时代流逝而更改。因此在理解作品时应摆脱前见而应以作品本身的意蕴为主。这亦是法学解释学中的立法"原意"说的哲学根基，德沃金正是通过借鉴阐释学思维而否定了立法"原意"说。

② 〔德〕伽达默尔：《真理与方法》，洪汉鼎译，上海译文出版社，1999，第347页。

③ 〔德〕伽达默尔：《真理与方法》，洪汉鼎译，上海译文出版社，1999，第347页。

④ 转引自洪汉鼎《它的历史和当代发展》，人民出版社，2001，第227页。

“视域融合”的含义是什么呢？

其实，视域融合最初的含义是表示思维受其有限的规定性束缚的方式以及视野范围扩展的规律本质，它是由尼采和胡塞尔首先引入哲学中的。从此词的本义上看，视域就是视看的区域，它包括人从某个立足点出发所能看到的一切。伽达默尔借鉴了这一说法，并赋予了它新的含义。首先，视域的基础是历史性的，人如果不把他自身置于这种历史性的视域中，他就不能真正理解历史遗传物即历史文本的意义。其次，也是最重要的，是理解者和解释者的视域不是封闭的和孤立的，它是理解在时间中进行交流的场所。视域同历史一样，总是不停地运动。当这一视域与其他视域相遇、交融，于是就形成了新的理解，这就是伽达默尔所谓的“视域融合”。正如他所说的，“人类此在的历史运动在于：它不具有任何绝对的立足点限制，因而它也从不会具有一种真正封闭的视域。视域其实就是我们活动于其中并且与我们一起活动的东西。视域对于活动的人来说总是变化的”①。正是在视域的融合中，过去和现在、主体与客体、自我与他者都融为了一体，从而构成了一个无限的统一整体。这样，历史就在视域的不断运动和相互融合中成了效果历史。

效果历史

视域融合产生了效果历史，而这种融合本身就是理解的过程。在伽达默尔看来，理解本质上就是一种效果历史的关系。那它是如何产生的呢？伽达默尔认为，我们从属于传统，我们始终已经被“抛入”传统，所以我们只能在传统中进行理解。传统有一种强大的力量来影响我们和形成我们。它构成了我们存在的一部分，历史就是通过传统的“效果”而起作用的。在一种真正的解释学中，理解一定具有历史有效性，这就叫“效果历史”。

可见，历史的研究对象既非主体，亦非客体，而是二者的统一，或一种关系。② 伽达默尔告诫人们，所谓的历史主义的素朴性就在于它自身逃

---

① 〔德〕伽达默尔：《真理与方法》，洪汉鼎译，上海译文出版社，1999，第 390 页。

② 把研究对象分为主体与客体的思维方式是从近代开始的，在这种思维方式的作用下，对事物的研究便一分为二，如分为：事实与价值，个人与社会，自由与强制，理性与偏见等。哲学诠释学就是要推翻这种单调的研究方式，把主体与客体合二为一。德沃金也是在这种思维模式的激励下，对法学领域中的分离如主观与客观、事实与价值的进行综合式的研究。对此的研究亦可参见 Costas Douzinas et al.，“Is Hermes Hercules' Twin? Hermeneutics and Legal Theory,” in Alan Hunt, ed., *Reading Dworkin Critically*, St. Martin's Press, 1992, pp. 124 – 129。

避这种反思，并且在于相信它在处理方法时忘记了它自己的历史性。而一种真正的历史思维方式应必须记住它自己的历史性，只有这样它才会放弃追逐我们不断研究的历史对象之亡灵，而且学会在对象中认识它自己的他者，由此而认识自己和他者。“真正的历史对象根本就不是对象，而是自己与他者的统一体，或一种关系，在这种关系中同时存在着历史的实在以及历史理解的实在。一种名副其实的诠释学必须在理解本身中显示历史的实在性。因此我就把所需要的这样一种东西称之为‘效果历史’。理解按其本性乃是一种效果历史事件。”①

由此可知，伽达默尔的效果历史意识主要是指解释学处境的意识。在他看来，处境这个概念意味着我们不是在它之外来理解，因此也不可能对它有客观的知识。我们始终处在一个处境中，解释学处境也就是我们从中发现与我们试图理解的传统有关的处境，效果历史的反思即是要阐明这种处境。但这种反思不可能完全获得。这倒不是由于反思本身的缺陷，而是由于我们历史存在的本质，这种本质是有时间性的，因而是悬而未决的。“所谓历史地存在，就是说，永远不能进行自我认识。”② 但是，有限并不等于封闭，我们的知识尽管是有限的，但却是开放的。这构成了效果历史意识的本质方面。由于这种开放性，真理便在效果历史中不断地向我们展示出来。脱离了效果历史意识，我们便无法去理解，更无法从历史中获得认识和真理了。所以，效果历史意识成为我们认识存在、认识真理的基础。

应用

应用也是诠释学的一个主要功能。按施莱尔马赫的观点，阐释学只有理解和解释功能，而无应用功能。而在古代阐释学中，尤其是在法学阐释学和神学阐释学中，应用功能是发挥作用的，它是一切理解的一个不可缺少的组成因素。在伽达默尔处，理解虽然不是方法，但它是历史中的活动，这种活动和理解事件就表明了解释学也是一种实际的运用。伽达默尔还借亚里士多德的理论知识和实践知识的区分来解释这一点③，他认为诠

---

① 〔德〕伽达默尔:《真理与方法》，洪汉鼎译，上海译文出版社，1999，第384~385页。

② 〔德〕伽达默尔:《真理与方法》，洪汉鼎译，上海译文出版社，1999，第387页。

③ 在亚里士多德的老师柏拉图看来，实践是没有智慧的，而只有在理论领域中才能产生智慧。亚里士多德反对这一说法，他认为，实践智慧是与理论智慧并列的理性。这表达了亚里士多德在强调理论的同时没有抛弃实践中的智慧。（参见赵敦华《西方哲学简史》，北京大学出版社，2003，第78页）伽达默尔正是借鉴了这一说，而在实践领域中推广他的诠释学的思想。可见，对实践智慧的强调在西方历史上是占有一定的地位的，德沃金也是这一思想渊源的继承者。因为他强调法律应该在实践中进行理论建构，而不仅仅是对纯理论的研究。

释学知识完全不同于那种脱离任何特殊存在的纯粹理论知识，诠释学本身就是一门现实的实践的学问。

这就是伽达默尔要求诠释学的普遍性的理由。既然诠释学理论亦有运用的功能，那么他就因此拓宽了诠释学的范围和界限。当这样做时，伽达默尔实际上就使他的诠释学理论的真理进入运用真理。而且，从伽达默尔晚期的学术活动来说，他一直在阐发这种运用的真理，即实践的诠释学。① 这种诠释学也是一种伦理学，它从纯理论、纯思辨的玄学问题转向了有关的现实的实践和理性问题。这一点对法学阐释学的影响非常大。

这样，哲学诠释学在我们以往所认为的绝对的地方给予我们指示，即事物在我们眼所及的地方外也有正当性问题的存在。我们不应以科学式理性的方式对待真理，而应以诠释的态度来看待真理。

对于伽达默尔诠释学的思想，著名法学家考夫曼评论道："加达默尔放弃了正确解释的标准。文本与解释者间的时代间隔，更多地使得诠释学原本的批评性问题可以消解，即，我们所理解的'真实的'前理解，与我们所误解的'真实的'前理解相区别。自己的前理解是通过对文本提出疑问的形式而悬而未决，自己的前理解是通过处在其中而发挥作用的。加达默尔的诠释学在规范性上要求解释者在尝试理解中一并思考多种经验世界的差异，具有效果历史之意识。另外，他还要求解释者有'应用意识'。解释者也必须认识到，文本的理解总也是在今天的应用。解释者须意识到，他自己的前理解只能被当作假说发挥作用，他应有能力修正自己的前理解。"②

考夫曼的评价使哲学诠释学与法学阐释学的关系更加紧密。但哲学诠释学与法学阐释学毕竟是不同的学科，我们在将哲学诠释学应用于法学时应首先考虑这样两个问题：①伽达默尔的诠释学放弃了文本解释的标准，而作为法律的阐释学是要求有统一的标准的③；②伽达默尔不愿意回到作者那里去理解，这对于法学阐释学来说也是难以做到的。德

---

① 伽达默尔的晚期作品《作为理论和实践双重任务的诠释学》（1978）就是对实践诠释学的解读。（参见洪汉鼎编《理解与解释》，东方出版社，2001，第495～515页）

② 考夫曼、哈斯默尔：《当代法哲学和法律理论导论》，郑永流译，法律出版社，2002，第372页。

③ 伽达默尔的《真理与方法》问世以后，法学家贝蒂就首先对他进行了批判。他认为伽达默尔的阐释学使得解释客体的客观地位陷入合法性的困境。在贝蒂看来，客观性在法学中是主要的。他认为，我们之所以能够正确地对待客体，就在于客体有一种可以在客观上加以证实的意义。对法律解释的客观性解读，我国学者张志铭总结有：语义学论点、系统论点、目的－评价论点、跨类型的意图论点等。（具体内容参见张志铭《法律解释操作分析》，中国政法大学出版社，2000，第三章）

沃金是如何借鉴这一思想，又是如何解决其中的问题的呢？

2. **法律阐释学**

我们知道，德沃金的法学阐释学是受惠于伽达默尔的哲学诠释学的，但他并不是完全照搬，而是对其的发展。这也是法学和哲学这两门学科的不同属性使然。我们知道哲学诠释学所解释的道理，能为我们认识法律阐释提供理论根据。“但它不能完全代替法律诠释学的研究。在伽达默尔看来，理解几乎卷入了人生的各个层面，大至语言、传统、社会制度、思维方式、心理结构以及对未来的期望，小到个人气质、生活经历、情绪、兴趣等无一不参与到人的理解过程。这实际上是从本体论的角度来对待理解问题。哲学诠释学不是津津乐道如何实现理解，而是以最大的关切考虑理解的可能条件。法律诠释学从总的追求来看，仍属于方法论的层面，它关心的是如何实现理解，以及人们对法律理解到什么程度才算是理解。作为一个严肃的法律诠释学者，他应以维护法治的原则为己任，在理解法律时，也理解事实，在法律和事实之间架起理解的桥梁，消解共性规则与个性案件的紧张关系，从而保证法治的实现。”[①] 德国著名法学家考夫曼也对此作过论述，“诠释学被认为是超验的哲学，它指出了语言与意义理解可能性的条件，但并不认为是方法。……我们必须知道：这种‘诠释学’不是超验的哲学，而是方法……我们正是希望尽可能合理且理性地理解这种法学方法。所以这里涉及的是一种法学方法的诠释学理解（这个观点是指可以有其他法学方法的理解，但这种法学方法不能绝对地代替全部一切）”[②]。

德沃金正是借鉴了这一思想，在方法论上运用阐释的观念。[③] 在以往

---

① 谢晖、陈金钊：《法律：诠释与应用》，上海译文出版社，2002，第58~59页。

② 〔德〕考夫曼：《法律哲学》，刘幸义等译，法律出版社，2004，第125页。

③ 这里的法律方法论在德沃金看来，并不仅仅是技术层面上的，它更多的是一种法律的思维方式。对此，国内学者陈金钊、葛洪义曾作过相似的研究。陈金钊教授把法学方法分为三个方面：一是法律思维方式；二是法律运用的各种技巧；三是一般的法律方法。所谓的法律思维是指人们用规范作为指引、预测自己行为的手段，在法治的框架内选择自己的行为。法律技巧是指在遵循法治的原则下，法律人通过对法律概念、原理的深入把握而灵活运用。一般的法律方法是指司法过程中的方法，主要包括法律发现、法律推理、法律解释、价值均衡、漏洞补充以及法律论证方法。（参见陈金钊《法律方法引论》，载陈金钊、谢晖编《法律方法》，山东人民出版社，2003，第153~160页）葛洪义教授把法律思维分为“关于法律的思考”和“根据法律的思考”两种。前者强调从多维视角出发，运用各个科学知识门类的知识体系，综合地、全方位地考察法律现象；后者强调法律思维必须从现行法律及其实际运行状态出发，运用逻辑的、经验的方法解释法律的存在形式和内容。（参见葛洪义《法律与理性——法的现代性问题解读》，法律出版社，2001年，第33~34页）

的语义学理论中，人们是从固定的标准中区分法律家族的。那阐释又是如何分析法律的呢？德沃金指出："如果一个社会使用了一些阐释性的概念，阐释概念本身也就必然是其中之一：阐释的理论就是对在更高层次使用的阐释性概念的习惯一种阐释。（因此，对阐释的任何具体陈述必须适用于其自身。）"① 可见，阐释的思想是从法律的内部入手对法律进行分析的。对此，德沃金从纵向和横向两个方面给我们作了解释。

（1）从纵向来看

阐释者是如何对历史上的文本进行解释的呢？这是横亘在阐释者面前的首要问题。对此文本的解释，用德沃金本人的话来说就是"按其最佳含义去理解它，然后据此对它进行调整"②。德沃金用"礼貌"一例来解说阐释在此的运用，如"礼貌要求农民在贵族面前脱帽"，这种习惯在某一时期内还带有禁忌的性质，它的意思是：这些规则就在那里，并不受到人们的探究和改变。但是随着时间的推移，这一切有了变化，每个人开始对礼节都有了一个复杂的阐释性的态度，这种态度由两个部分组成："其一是假设这种礼节性习俗不仅存在着，而且有价值，它为某种利益或目的服务，或者强化某一原则。简言之，它具有某种要旨，对这种原则，不能单凭陈述那种习俗所形成的规则来描述。其二是另有一种假设，认为礼貌的要求——它所要求的行为和做出的判断并不必或绝对一成不变，相反它们极易受其寓意的影响，因此，这些严格的规则必须凭那种寓意去理解、应用、引申、修正、限制或规定。"③ 对此，人们不再是机械地盲从研究古法了，而是试图对这种制度赋予一种意义，亦即按其最佳含义去理解它，然后据此对它进行调整。

由此也可以看出，阐释的思想还有更深一层的含义，即它祛除了对先例的权威性信仰，不是盲目地遵循它，而是把它看作是对话者，是一种平等的关系，且有对它进行调整的可能。这样，"阐释不仅决定了礼貌为什么存在，而且还决定了（正确地理解）礼貌现在所要求的是什么。其价值和内容被纠缠在一起了"④。

（2）从横向来看

在此，德沃金把阐释分为三类：对话性阐释、科学性阐释、艺术性阐

---

① 〔美〕德沃金：《法律帝国》，李常青译，中国大百科全书出版社，1996，第 46 页。

② 〔美〕德沃金：《法律帝国》，李常青译，中国大百科全书出版社，1996，第 44 页。

③ 〔美〕德沃金：《法律帝国》，李常青译，中国大百科全书出版社，1996，第 44 页。

④ 〔美〕德沃金：《法律帝国》，李常青译，中国大百科全书出版社，1996，第 45 页。

释。德沃金认为，对话性阐释是根据对方即说话者的动机、目的和关心之事来确定其意义，阐明说话者叙述自己所作所为的意图何在来做出结论。这种阐释是人们最为熟悉的阐释。科学性阐释是一种科学家收集各种数据，然后对它进行的阐释。德沃金认为科学性是一种比喻，因为，在这里数据可以看作以人们对别人说话的那种方式来对科学家“说话”。所谓的艺术性阐释，是批评家对诗词、剧本和绘画进行阐释，以便以其意义主体或寓意为某种观点进行辩护。德沃金认为，科学性阐释所追求的是客观性、精确性，这种阐释排除了人为的因素的加入；而对话性阐释则仅仅是阐释了人们说了什么。总之，这两种阐释都有别于艺术性阐释所具有的创造性。

通过对这三种阐释的比较，德沃金认为法律的阐释适合艺术性阐释，“我们在此所研究的阐释形式，亦即对社会习惯的阐释，就在这方面与艺术性阐释相似”①。因为，“两者的目的都是要阐释人们所创造的某种东西完全有别于他们的实体，而不是像在对话性阐释中那样去阐释人们说了些什么，也不像在科学性阐释中那样去阐释那些不是由人创造出来的事情”②。德沃金把他的这种阐释称之为创造性的阐释。

所谓创造性的阐释就是“给某个对象或习惯强加上一个目的，以此来把这种对象或习惯描述成为它所属的那种形式或风格中最可能提出的例子”③。这种创造性阐释排除了科学性阐释仅仅强调客观性的弊端，也不是对话性阐释仅仅是阐释而毫无目的的做法。它是一种能够建构意义的思维方式。在德沃金看来，只有创造性阐释才适用于对社会习惯的阐释。

二　法律的整体性——创造性阐释学

德沃金提出法律整体性的目的是针对20世纪法律语义学领域中影响甚大的两派：一派是“因袭主义法学”；一派是“实用主义法学”。在因袭主义法学看来，法律产生于社会已有的明确的常规习俗，法律解释的中心价值是可预测的，对疑难案件如何判断仅仅是根据具体情况进行具体裁量，法官无权创造规范；而实用主义法学派则主张已有的决定以及由此产生的权利不足以成为当下进行判断的正当化根据，承认法官有权根据现实

① 〔美〕德沃金：《法律帝国》，李常青译，中国大百科全书出版社，1996，第47页。
② 〔美〕德沃金：《法律帝国》，李常青译，中国大百科全书出版社，1996，第47页。
③ 〔美〕德沃金：《法律帝国》，李常青译，中国大百科全书出版社，1996，第48页。

需要和经济效益或者正义来创制法律规范，法律选择必须面向未来而不是过去。

德沃金认为，这两种解释方法论的共同弊病是在道德上和政治上把法律的实践本身奉为圭臬，结果使关于权利的决定难以充分正当化。而德沃金认为法学理论必须保持对社会实践的反思能力，必须坚持原则的整体性的标准，且不断分析和批判社会实践。① “作为整体的法律认为法律陈述既非因袭主义回顾过去事实的报告，又非法律实用主义展望未来的工具式的纲要。它坚持认为，法律的要求是阐释性的判断，因此将回顾与展望的因素合在一起。它们所阐释的是被视为正在逐渐展开的政治叙述的法律实践。”②

这种法律整体性的理论，德沃金认为立法者和法官均可以适用，当然两者在适用这一原则时有不同的义务。对于立法者来说，法的整体性要求立法者制定法律的时候要“平衡作为社会最终目标的正义和在正当程序意义上的公平”③，而不是仅仅应用两者中的任何一个，“我们不求助于公平或正义的任何一种原则去解释我们对内部妥协的反对”④。因为单独适用两者中的任何一个都会违背立法的整体性原则。对此，德沃金举例说，美国历史上也出现违背整体性的立法，美国的宪法产生时就出现过一些特别使人厌恶的事例，在确定各州在国会的代表和限制原来各州输入奴隶的权利过程中，奴隶制问题通过计算每州有五分之三奴隶人数的方法来妥协。在这里，整体性遭到了嘲弄。尽管在这些法律面前人人是平等的，但这几乎不能为反对奴隶制提供任何法律的支持。因此，立法者必须遵循整体性原则，这样在立法中就有政治道德的因素，从而也确保了法的正当性。

当然，德沃金更为关注的是审判的整体性，对此，格斯特认为，“从法哲学的角度说，审判的整体性更为重要”⑤。因此，我们把重点放在德

① 为便于理解，可参见莫里森在《法理学——从古希腊到后现代》一书中对德沃金的评判，“德沃金认为西方法律必须经得起政治性批判论证的性质，这一观点沿袭了康德主义传统：把现代性视为一种新时代，在这个时代中一切社会制度都必须经得起批判性审视”。（莫里森：《法理学——从古希腊到后现代》，李桂林、李清伟等译，武汉大学出版社，2003，第462页）

② 〔美〕德沃金：《法律帝国》，李常青译，中国大百科全书出版社，1996，第201页。

③ Brendan Edgeworth, “Reading Dworkin Empirically: Principles, Policies and Property,” in Alan Hunt, ed., *Reading Dworkin Critically*, St. Martin's Press, 1992, p. 189.

④ 〔美〕德沃金：《法律帝国》，李常青译，中国大百科全书出版社，1996，第151页。

⑤ Stephen Guest, *Ronald Dworkin*, Stanford University Press, 1991, p. 46.

沃金对审判整体性的关注上。

1. **审判的整体性原则**

德沃金说："我们有两种关于政治整体性的原则：一种是立法原则，它要求立法者设法使整套法律在道德方面取得一致；一种是审判原则，它启示我们尽可能将法律理解为在道德方面是一致的。我们主要关注的是审判原则。"① 可见，立法的整体性原则中有更多的理想成分，审判原则则更具有实践意义。因此对审判原则的关注更具有现实意义。而在审判中，最为重要的角色就是法官。"对审判整体性观念的把握最为关键的是要掌握德沃金对理想法官的理解。"② 德沃金认为这一原则对法官依法判决疑难案件做出了最佳创造性阐释。整体性原则要求法官遵守这一义务，即要求法官把公共标准的现有体系视为表达和尊重一套合乎逻辑的原则来对待。

德沃金认为，"法律是一个政治事业，其总体指向在于协调个人与社会的努力，或者解决个人与社会的争执，或者确保在市民间或者市民与政府间或者这些结合体之间的正义。（这些属性本身就是阐释性的）"③ 因此，在审判时，法官应以整体性原则为指导，这种整体性的原则要求法官"应该根据他们对在所属社区中的政治道德原则的最佳理解"④ 去裁定案件。即整体性原则要求尽可能把社会的公共标准判定和理解看作是以正确的叙述去表达一个正义和公平首尾一致的体系。但我们对整体性的认识也不能局限于此，因为，德沃金认为法律是创造性阐释的一种，它是要遵循描述性的适合和规范性价值的标准的。所以，与因袭主义法学和实用主义法学相比，德沃金认为整体性是一种更有力、更激进的标准，它能够填补上述两者的缺陷。它鼓励法官在审查过程中探索与基本原则相符的法律精神。如，法治社会的法律一致性要求对犯有同一具体罪行的人都给以同样的惩罚。但整体性则要求区别对待，因为没有在情节问题上完全一致的案件。值得注意的是，区别对待并不是放弃法律的原则。整体性还要求说明区别对待的理由。所以作为整体的法律，既要有对过去法律或判例原则的回顾，又要对当前案件做出建议性判断；作为整体性的法律，不拘泥于法官是创建法律或发现法律，而是认为法官只有在历史中发现法律并对其进

---

① 〔美〕德沃金：《法律帝国》，李常青译，中国大百科全书出版社，1996，第158页。

② Stephen Guest, *Ronald Dworkin*, Stanford University Press, 1991, p. 46.

③ Ronald Dworkin, *A Matter of Principle*, Harvard University Press, 1985, p. 160.

④ Ronald Dworkin, "Natural Law Revisited," http://www.gongfa.com/dewojinzhuanti.htm.

行创造性阐释才能有法律的推理与适用。用德沃金本人的话说，“作为整体的法律认为纠缠于法官究竟是发现法律或是创造法律这个由来已久的问题于事无补，它认为只有弄清法官发现并创造法律与法官既未发现也未创造法律之含义，才能理解法律的推理”①。

德沃金认为，作为整体性法律，它既是法律实践的产物，又是对法律实践进行全面阐释的一种方法。法官的创造性阐释不是任意阐释，它要求法官对法律本身已有的完美阐释继续说明，从而提供更详尽的阐释。历史对作为整体的法律是重要的，但只在某些方面。整体性并不要求一个社会的法律在所有历史阶段原则上都一致，它并不要求法官延续历史上或前代人的法律。虽然作为整体的法律观认为，法律在一定程度上起源于历史的集体决定，但是整体性法律不要求向后看，而是坚持对当前问题的一致性认识。法律的过去之所以重要，就在于已有的法律体系能为当前的判决提供正当的理由。所以，作为整体性的法律以解决当前的问题开始，追溯的是过去的法律原则和规范。在这里，法官既是对历史的批评家，又是创作家。法官对当前法律的阐释性结论既要承认历史传统中的一致性，又要具有创造性内容。这对法官的要求是相当高的，作为生活中的法官能够做到这一点吗？德沃金认为这是不可能。“当然，普通的法官在面对一个案件时，不可能把由宪法、普通法和先例组成的法律做出一个完整的最佳阐释。因此，我不得不设计一个神秘的法官——赫拉克勒斯，他所具有的超人的力量能够对完整的法律做一个最佳阐释，而一个具体的法官只能对完整的法律作部分的正当化阐释。”②

2. 理想的法官：赫拉克勒斯

超人法官赫拉克勒斯的提出引起了很多人的反感，有许多人，尤其是法律人士认为德沃金所设想的超人法官是不存在的。但格斯特指出，“这种批判是肤浅的、表面化的，……对德沃金来说，设置一个理想的法官是必须的，因为他并不是把法律看作是一个规则的组成体，而是把它看作是一些观念的争论。因此，他只能提供一个理论的框架（scheme）来对这些争论进行说明”③。德沃金认为，作为一个理想的法官，赫拉克勒斯在解决所要判决的案件以前，对当前案件已存有一些“前见”。法官的这种前见来自学习和取得经验的过程中产生的一种相当个体化的法律见解，在做

---

① 〔美〕德沃金：《法律帝国》，李常青译，中国大百科全书出版社，1996，第201页。

② Ronald Dworkin, “Natural Law Revisited,” http://www.gongfa.com/dewojinzhuanti.htm.

③ Stephen Guest, *Ronald Dworkin*, Stanford University Press, 1991, p. 46.

出各种判断和决定时，他会毫不思索地运用这种法律见解，面对当前案件，他应做出唯一正确的选择。

赫拉克勒斯应当这样做。首先，根据法律整体性的要求，他尽可能假设法律是由前后一致的，与正义和公平原则有关的正当程序所构成。他要在所处理的案件中实施这些原则，以便根据同样的标准使人人处于公平和正义的地位。其次，法律整体性原则要求法官赫拉克勒斯对政治结构的巨大网络的任何部分以及社会的判决所做出的阐释加以检验，阐明它们是否能够成为证明整个系统为正确的前后一致的理论中的一部分。这一审判原则要求法官只要能做到，就要使法律在整体上保持一致。但在疑难案件中应尽力寻找在一致性前提下的创造性阐释，即当惯例和规范用尽时，法官可按正确的立法标准自由修订法律。作为整体性的法律是一种既具权威性又具复杂性的法律。这种法律不是处于静止状态，它在法官的运用中不断地自我完善。在德沃金的论述中，法律与审判联系在一起，“法律乃是权利在法庭上得到承认的问题，尤其对法官而言”①。在审判过程中，整体性原则要求法官考虑所有一切合成的美德，以期使判决尽可能地反映政治、实际正义和诉讼的正当程序的前后一致。德沃金说：“法官们应以阐释其他法官判断什么是法律的实践，确定什么是法律。对我们来说。法律的一般理论就是对我们自己司法实践的一般阐释。”②“法律的观念是建设性的，它以阐释的精神旨在使原则高于实践，以指明通往更美好的未来的最佳道路，对过去则持正确的忠实态度。”③

不管赫拉克勒斯有多大的智慧，在法律审判中都难以避免有主观成分的加入，“整体性原则要求每位法官的对继承过去法律判例的判定要依靠他对法律的最佳政治说明，这当然是政治道德的因素”④。这种政治道德因素的加入是德沃金遭人诟病最多的地方，因为它使法官在裁定案件时的立场发生了转化。“对法官权力的畏惧将集中在这一点上，即他坦率地承认他在判案时采取非中立的立场，而不是我们通常所认为的，法官应该采取中立的立场。”⑤ 对此，德沃金设置了一系列的门槛来抑制法官任意发挥。

---

① 〔美〕德沃金：《法律帝国》，李常青译，中国大百科全书出版社，1996，第356页。

② 〔美〕德沃金：《法律帝国》，李常青译，中国大百科全书出版社，1996，第364页。

③ 〔美〕德沃金：《法律帝国》，李常青译，中国大百科全书出版社，1996，第367页。

④ Ronald Dworkin, “Natural Law Revisited,” http://www.gongfa.com/dewojinzhuanti.htm.

⑤ Sheldon Leader, “Impartiality, Bias and the Judiciary”, in Alan Hunt, ed., *Reading Dworkin Critically*, 1992. P. 244.

3. 制约法官的结构

（1）从横向上看

法律制度对法官的限制。德沃金认为，“创造性阐释”是不可能流于法官的武断而损及法的确定性的，因为有法律制度树立的一道“门槛”，法官并非随心所欲拿一套自己喜欢的信念或道德理论就可以通过这个门槛。德沃金说：“每一位法官的解释理论都建立于自己的信念之上……而这些信念不可避免地因人而异”，但是“多种力量将减缓这种差异并且协力促进一致化。……过去的判例的实践史是任何当今的法官都不可忽略的，它将把众法官推向一致。”①

借着这个限制，法律的确定性得到保障。虽然原本每位法官都有个人的信念，但他身为法官不得不首重对体制的尊重，而非优先贯彻己见。“一位法官的个人背景及道德信念将影响其对人民依法拥有哪些权利判决。虽然如此，司法实践史明白的事实必将会限制这些个人的信念在其判决中所能扮演的角色。”②③

德沃金举了马克思主义及无政府主义的例子，若有一位信仰马克思主义的美国法官在其司法活动中将“无法获得法律的授权而将其信念加诸在美国社会，不论他本身认为其信仰多么高明或光明；因为这些主义不能提供法官所必须要提供的、与过去司法实践相一致性的解释”④。即不论某一位笃信马克思主义的美国法官坚信马克思主义多么正确、高贵，但是美国显然不是施行马克思主义的国家，其法律、司法也非遵循马克思主义的价值观。所以这位法官如果想拿他自己的信念来判案，显然是不可能的，因为他的道德理论将无法解释得通过去司法实践的传统，他通不过德沃金所谓“合适”（fit）的这道“门槛”，“合适（fit）将提供一个大略的门槛要求，一个对某一部分法律的解释必须符合这个要求，否则这个解释将是

---

① Ronald Dworkin, *A Matter of Principle*, Harvard University Press, 1985, p. 88.

② 〔美〕德沃金：《法律帝国》，李常青译，中国大百科全书出版社，1996，第245页。

③ 为便于理解，我们以美国历史上杰出的大法官卡多佐为例来说明这一问题。卡多佐在其著作《司法过程的性质》一书中就介绍了自己担任法官在判案时所受到的外在的和内在的影响。他说：“即使法官是自由的时候，他也仍然不是完全自由。他不得随意创新。他不是一位随意漫游、追逐他自己的美善理想的游侠。他应从一些经过考验并受到尊重的原则中汲取他的启示。他不得屈从于容易激动的情感，屈从于含混不清且未加规制的仁爱之心。他应当运用一种以传统为知识根据的裁量，以类比的方法，受到制度的纪律约束。”（卡多佐：《司法过程的性质》，苏力译，商务印书馆，2002，第88页）

④ Ronald Dworkin, *A Matter of Principle*, Harvard University Press, 1985, p. 2.

不可取的”。[1]

法官的职业道德对法官的限制。德沃金认为，某位美国法官作为一个私人，可以是马克思主义的狂热信徒，他甚至相信一个正义的国家体制应该依马克思主义来建造，但是作为法官，他必须根据法官的职责行事，这种职责就像康德的“绝对命令”一样，早已置于他的内心，当他法袍加身时，它自然就会显现出来。笔者认为，德沃金的这一说法是可信的。举例说明之，当法律现实主义者阿诺德（Arnold）作为一个教师和作家时，他大讲特讲法官只根据他们的前见做出判决。有一次，一个学生在课堂上向他提问，问他本人在法官任上是不是就是如此行事。阿诺德在回答之前停顿了片刻，说：“这个，在课堂上，我们可以坐而论道，剖析法官的行为，但是一旦你黑袍加身，坐在高高的法庭之上，被人尊称为‘阁下’时，你就不得不相信，你是在根据某种客观标准行事。”[2]“为法律而生”的美国历史上最杰出的法官卡多佐（Cardozo），以一个法官的身份写的一段话，也让我们看到了法律职责对法官的巨大影响，“法院面对的案件，其判决十分之九（或许更多）都是预先确定，而且决定了它们的始终。法院自由活动的空间相对狭窄一些。……假如可以自由选择，那么如何引导这种选择呢？无拘无束、不受羁束的完全自由是不存在的。成文的法典、先例、模糊的习惯或无法溯源的技巧，成百成千的限定条件约束着我们、限制着我们，即使在我们自以为可以自由自在漫游的时候。法律的职业观念对我们具有一种神秘的力量，就像空气一样，即使我们没有留意它的分量”[3]。

可见，法官的个人信仰是不能在其职务活动上展现的。德沃金论述道，如果他想继续当法官，就应当这么做；若他不想违背自己的信念、良心，就只有辞职一途。这确保了法律的确定性。

（2）从纵向上看

系列小说。除了由体制所设立的门槛限制了法官的任意发挥外，德沃金还在法官断案与先例之间的关系中寻求制约法官的因素。他以“系列小说”的写作来类比法官审判。

在这项工作中，一批小说家接连写一部小说，在这系列中，每位小说

---

① Ronald Dworkin, *A Matter of Principle*, Harvard University Press, 1985, p. 255.

② 转引自〔美〕伯尔曼《法律与宗教》，梁治平译，中国政法大学出版社，2003，第20页。

③ 〔美〕卡多佐：《法律的成长　法律科学的悖论》，董炯、彭冰译，中国法制出版社，2002，第36页。

家都对他所写的章节进行阐释，以便写出新的一章，这一章又给后面的小说家多加了一些材料，依此类推。每位小说家都应使小说尽可能有最佳的构成。此项任务的复杂性犹如根据作为整体的法律判决疑难案件时的复杂性。在创作中，每位小说家必须尽力使这部小说为出自一位作家之手，尤其是有关小说人物、情节、风格、主题和要旨等某种正在使用的理论，以便决定为什么要继续写下去而不是重新开始。如果他是一位好的评论家，那么，他对这些问题的看法将是复杂的，又是多方面的。他的目的将是发现小说含义的层次和趋向，而不是发现单一的、详尽的主题。然而，他的阐释活动必须要经过两个方面的检验。第一个方面为适合方面，这一过程是小说家对所有可能的阐释进行筛选的过程。每位小说家面对上一位小说家留下的文章，他必须尽力予以分析，对小说所描述的人物、情节、主题和要旨等进行阐释，他的这些阐释可能非常复杂，他所采用的阐释必须贯穿于整个文本，他必须具有阐释的概括性效力；而且如果在文本的某个主要结构方面，或被认为具有非常重要意义的次要情节，或主要和多次出现的比喻不予阐释，那么这位系列小说家就无法充分完成指派给他的任务，他将不得不满足占文本大部分的阐释。在这种情况下，他必须尽力找出可以和提供给他的材料相吻合的阐释，否则，他只能放弃创作，从头开始。当然，并非每个阐释都不适合文本的大部分，而是大部分阐释不适合文本。于是阐释的第二个方面就是对这些合格的阐释加以衡量，以便在全面考虑后判断出最适合于创作过程中的作品的最佳阐释。

在小说家的创作中，有关文本的一致性与整体性的判断反映了不同形式的文学价值，它们与其本身所具不同文学目的的更为实际的美学判断交织在一起，当然，这些各式各样的判断在全面的评估中仍然存在区别，足以互相检验。正是这种竞争的可能性，特别是文本与实质性判断之间的竞争，使系列小说家的作品有别于独立创作的作品。

德沃金认为，小说家的连接创作系列小说的过程类似于法官判决普通案件，尤其是面对疑难案件时对法律或先例的阐释。法官面对没有明确的法规可以适用的情形，他必须对过去其他的法官对相关案件所作判决中隐藏着的法律原则和规则作出判断。这时，法官就像系列小说中的作家。法官必须通览过去其他法官所写的，不仅是去发现那些法官过去说了些什么，而且要去揣测他们在说这些话时的精神状态，最后达至一个关于那些法官集体性做出的决定的意见。总之，面对一个新的案件，法官必须考虑自己如何作为一个参与者，融入一个无数判决、结构、惯例和实践所构成的历史这一复杂的连续的事业中。通过他所做的把历史推进到未来是他的工作。他必须阐释以前已经过去的事，因为他对推进手头上的事业而不是转向一些新的自己的方向负有责任。他必须决定怎样在考虑过去和未来之间保持一致的基础上作出判断。

可见，对法律历史的尊重限制了法官在案件判决时的任意性裁判。德沃金说："法官的背景和道德信念可能影响他们对案件的判决，但法律历史将限制这些信念在案件中的应用。"①

然而，法律毕竟不同于艺术，"一个合理的法律实践的解释，在一个平行的程度上要满足两个方面的检验：它必须适合法律实践和体现法律实践的意义和价值。但是，这里的意义和价值不是艺术的价值，因为法律不像文学是一个艺术的事业，法律是个政治的事业"②。"法律系列中的法官与系列小说的作家具有相同的阐释性命令，但他们有不同的成功标准，对于法官来说追求的是政治上的而不是艺术上的完美。"③ 政治上的追求亦是法律正当性的追求，那在整体性原则指导下的法官能够保证法的正当性吗？德沃金认为是可以的，为此，他引入了社区（community）这一概念。

三　正确答案

整体性的法律找到了法律正当性的根源，但是整体性把法律与政治、道德相结合又使法的确定性变得复杂起来，那作为整体性的法律能够解决法律的确定性问题吗？德沃金的回答是肯定的。为此，他提出了正确答案的理论。

正确答案是指"法律解释可以根据已有的各种法律材料对整体法律实践作出最佳解释，从中解释出具有一致性的或整体性的原则体系，然后，在此基础上对实践问题作出法律上的最佳判断"④。可见，德沃金是从实践的角度来解决这一问题的，他认为，如果观察者是一个内在参与者，或者评论者站在参与者的立场上，作为阐释者不仅客观地，而且也主观地认为自己的观点正确，并对自己认为的正确观点加以合法性和合理性论证，那

---

① Ronald Dworkin, "Natural Law Revisited," http://www.gongfa.com/dewojinzhuanti.htm.

② Ronald Dworkin, *A Matter of Principle*, Harvard University Press, 1985, p. 160.

③ Ronald Dworkin, "Natural Law Revisited," http://www.gongfa.com/dewojinzhuanti.htm.

④ Ronald Dworkin, *Law's Empire*, Harvard University Press, 1985, pp. 136 - 137.

么，就会出现正确答案。“多年来我一直在批驳实证主义者的主张，即对有争论的法律问题不可能有‘正确’的答案而只有‘不同’的答案；我一直坚持认为，在大多数案件中可以通过推理和想象的方法去求得正确答案。”①

在法律实践中求得正确答案的根基是整体性。“作为整体的法律认为法律陈述既非因袭主义回顾过去事实的报告，又非法律实用主义展望未来的工具式的纲要。法律的要求是阐释性的判断，因此将回顾与展望的因素合在一起。它们所阐释的是被视为正在逐渐展开的政治叙述的法律实践。”② 整体性认为法律的强制作用对社会有利，是在于它保证了公民之间的平等，使他们的社会更纯洁真诚，增加了社会行使其政治权力的道德理由，人们的法律权利和义务来源于过去的决定，因此可算是合法的；不仅当它们明确无误地体现在过去的决定时是如此，而且当它们来源于明确的决定通过合理推论提出个人道德和政治道德原则时，也是如此。③ 因此法律实践就是以整体性为指导而进行的一种创造性阐释，整体性要求法官在判案时，不仅要从明确法律出发，而且还要阐发出明确规则后面代表公平、正义的法律原则，由此而获得“正确答案”。

德沃金的正确答案的思想引起了许多学院派学者的讥笑，他们认为，这是一个愚蠢的理论，这种理论或者在法学院的一年级学生和几个古怪的学者中可能被接受，或者出现在法律的目录学中，因为在此法律研究仅仅是查字典或做一些逻辑推论的工作就行了。对此，德沃金并没有从正面进行回击，因为在他看来，用科学证明的方法来判断一种理论是正确或错误的运用是不可取的。他运用了阐释学的方式来说明这种反驳是错误的，德沃金从以下两个方面来论述。

首先，他认为，这种观点是一种求证式的论证，即如果一个理论不能被论证，就不能断言它是正确的。德沃金认为，这种思维方式是错误的，也是与现实不相符的。当我们走进法院，或者去看看零乱的判例汇编，我们会发现，法官、律师、学者、学生都把大量的时间花在争论是什么构成了法律中的正确答案。例如，一个律师在为辩护人写辩护词，首先阐明的是清楚明白的法律，然后在法律没有涉及的领域，加进了自己所认为的法律正确答案。当然有人可能会反驳这一观点，认为这仅仅是律师个人的观

---

① 转引自刘星《法律是什么》，中国政法大学出版社，1998，第2页。

② 〔美〕德沃金：《法律帝国》，李常青译，中国大百科全书出版社，1996，第137页。

③ 〔美〕德沃金：《法律帝国》，李常青译，中国大百科全书出版社，1996，第88页。

点，这个正确答案仅仅是律师个人的正确答案，这种说法是正确的。但是它没有改变这一事实，某人意见的提法并没有支持他认为法律正确的观点是错误的立论。这里，显现了德沃金内在参与者的观点的另一层意义，理论者是在一个具有完善的法律理论下进行研究的，这一理论可以证明法律制度是正当的，同时证明一个具体结论是在法律制度中已经蕴含的。于是，从内在参与者的观点来看，在原则上存在一个唯一正确的法律答案。“法律不是一个个人或党派政治学的问题。”① 而是一个内在参与者在当时的社会情景下由法律整体性本身的含义所推动的一种正确表述。我们上面举的阿诺德法官的例子就说明了这一问题。当他作为一个内在参与者（法官）时，他是根据一个客观的标准在断案，而不是他在课堂上所讲的根据法官的偏见在审判。

其次，对德沃金的一个更加深刻的反驳是：没有正确答案，在他们看来，所谓的“正确答案”仅仅是劝说或使别人相信的理论而已。德沃金认为，这种观点是自相矛盾的，如果是这样的，那么某人为什么能被说服，或什么使他相信这个理论是正确的，这种理论本身具有什么能够使人相信呢？在法学领域中，这是批判法学的观点，即法律与道德是相符的，而在德沃金看来，正确答案的理论“是在法律实践之内作出的，而不是某种被假设的可移动的、外在的、哲学层面上作出的”②。他相信，在道德法律领域中制约当代理论的所有客观性问题是个虚假的问题。“我们应尽最大的力量为我们自己的信念做出说明，做好充分的准备抛弃那些未经深思熟虑的观念。”③ 所以，在德沃金看来，是存在着正确答案的。

可以看出，德沃金认为，从一个内在的参与者的观点来看，“正确答案”是存在的，因此，在实践中，人们不仅可以具有一般性的法律知识，而且可以具有具体性的法律知识。当然，此时的法律知识已完全不同于外在观察者的所谓的客观知识。这种学说，一方面使实证主义法学的法律知识理论无法确立，另一方面又使批判主义法学的法律知识虚无理论难以作祟。同时这种正确答案的思想也使法律本身的权威得以确立，从而增加了人们对法律的信心。

---

① Ronald Dworkin, *A Matter of Principle*, Harvard University Press, 1985, p. 146.

② Ronald Dworkin, “Pragmatism, Right and True Banality,” in Brint and Boulder, ed. , *Pragmatism in Law and Society*, Westview Press, 1991, p. 365.

③ Ronald Dworkin , *A Matter of Principle*, Harvard University Press, 1985, p. 172.

四 小结

德沃金的法律理论主要体现在两个方面，一是如何把法律理论中的政治之维揭示出来，也即是他所认为的法律应建立在权利之上；二是如何去理解法律审判中的价值问题，也即是把法律理论中对权利的强调运用到审判中去，这是德沃金法学理论的主要关注点。

要把价值因素加入审判中，须首先明白在审判中法律的含义。在这里，德沃金的法律含义较之以往占主导地位的实证主义法学的含义要宽，"德沃金的法律大厦是一个意义和目的的整体，并且，法律行为，尤其是审判行为，被作为是一个追求意义和强加目的的阐释"[①]。可见，在德沃金处，法律是阐释性的法律，而不是实证主义法学所认为的审判就是法官对规则的描述。这种把法律看作是阐释的思想是德沃金对法律理论的巨大贡献。对此，有学者评论道："德沃金对法理学的巨大贡献就是他所主张的法律阐释既不是描述也不是价值评估，而是诠释。"[②] 德沃金提出法律阐释的目的是要清除法律语义学理论，建构法律的意义之域。

从文艺复兴开始，人们的思维模式由于主体地位的提高而发生了巨大的变化，此时的人们不再把外界事物视为能够主宰人的因素，相反人们可以自主地对它们进行分析、评价。于是，原来整体一块的事物现在分为对立的两部分，如事实与价值、真理与趣味、个人与社会、自由与强制、理性与偏见等。法律研究亦是如此，只不过事实与价值的探讨在这里变成了"应该"与"是"的探讨。人们用他自己设定的标准来区分事物，主张法律应探讨"法律应该是什么"的就把"法律是什么"的探讨排除在外（自然法学派）；而主张法律应探讨"法律是什么"的就把"法律应该是什么"排除在外（实证主义法学）。换句话说，标准之内是同族，标准之外则是异族。这即是德沃金所批判的语义学理论。诠释的理论正是为解决这一问题而生。

诠释学首先对主体性的论断进行了批判。从诠释的观点来看，主体对

---

① Costas Douzinas, "Shaun McVeigah and Ronnie Warrington, Is Hermes Hercules's Twin? Hermeneutics and Legal Theory," in Alan Hunt, ed., *Reading Dworkin Critically*, St. Martin's Press, 1992, p. 123.

② Anne Barron, "Ronald Dworkin and the Challenge of Postmodernism," in Alan Hunt, ed., *Reading Dworkin Critically*, St. Martin's Press, 1992, p. 144.

事物的理解不是在无时间和无语言的纯粹意识中进行的。相反，所有主体的理解都是有背景的，它是具有历史性的和语言性的。主体的理解是在历史中通过语言而进行的。历史和语言是存在的两个基本平面。可见，在诠释学家看来，主体不是一个抽象的纯粹体，他是被抛入历史的。对此，海德格尔称之为“此在”，这个此在是一个有限的、变化的在。其中的“此”（Da）就是一个小世界。因此，对诠释学来说，我们不是孤立存在的，我们是属于历史的，我们本身就是我们的传统和社区的创造物。我们过去的历史打开了我们现在生活的各种可能性，当然它也限制了我们对眼前事物的理解以及组建将来世界的方式。

诠释学对主体的见解带来思维模式的变化，主要就是在对偏见的理解上。伽达默尔认为，启蒙运动用理性权威代替了传统和偏见的权威。但其实，这种对偏见的敌意是由于理性本身的偏见。他说，理性的普遍化就是启蒙运动的最大的偏见，而本质上，理性是具体的、具有历史性的。总之，伽达默尔认为，偏见本身并不是错误的，它是形成我们经验的条件并且是我们对世界开放的基点，是前判断。所有的理解都依靠它们才得以完成。因此，我们不能抛开历史和传统来建立我们自己的理性。当面对一个文本的时候，我们只能从我们自己的特殊的空间和观点去理解。

德沃金正是在这一思想的激励之下进行法律理论创建的。他的阐释性法学就是要解决以往法学对事实与价值的分离问题。“阐释的思想只有当它切断与说话者的意图的关联的时候，它才不能作为一个法的命题的价值和性质的整体叙述。那样的话，它仅仅是实证主义理论版本的，即法律的命题仅仅是过去的人们和制度所决定的。……我们必须把阐释作为一个整体的活动，一个知识的模式。”[①]可见，所有的法律知识都是阐释的，因为法律的历史并没有直接对我们诉说，它必须通过中间者的活动来获得意义，即法官的阐释活动。

德沃金认为，法官的活动是创造性阐释的活动。他提出这一思想的目的是想摆脱实证主义法学对法官的理解。他认为在实证主义法学中法官的角色是模糊的：当一个法律规则完全适合他手边的案件时，法官就会变成一个无生命的个体，他顺从一个清晰的毋庸争论的立法者意图；而当法律出现空缺结构时，法官就会变成一个独立的没有约束的创造法律的生命

---

① Ronald Dworkin , *A Matter of Principle*, Harvard University Press, 1985, p. 148.

体。而德沃金所主张的创造性活动，要求法官既不是被动的仅仅根据明确的法律规则行事，也不是在超越法律之外的领域中的危险的行动。确实，法律制度赋予了他一个法官的称号，但并没有因此而泯灭他的个性。当然，这种个性也不是要求他完全根据自己的信念而行为，根据伽达默尔的观点，他是生活在传统中，是生活在一个社区预期的网络中的。那法官如何阐释呢？他应该怎样做呢？

德沃金认为，法官应以法的整体性为指导原则。所谓整体性的法律可以被理解为一个内在一致性和连贯性的整体。但它并不是没有个体性，它的个体性来自法律传统中所体现出来的价值。为正确说明在整体性指导下的法官的活动，德沃金把法官的活动与创作系列小说的作家的活动相比较。系列小说家在尊重小说总体主旨的基础上按最佳的方式促进小说的发展。同样，法官亦必须促进手边的事业的发展，那其创造性的行为应像系列小说家尊重小说总体主旨一样服务于对制度忠诚这一更高的目的。鉴于此，德沃金认为，整体性的法律要求法官在阐释法律时：一是要去揭开潜伏在法律系统中规则、规章、原则中的本质，因为在德沃金看来，法律本质隐藏在制度的历史中，它是法律稳定性的可靠保障，但这种本质是被阐释出来的，而不是被发现的；二是在这么做的同时也要对自己揭示法律本质时所依据的前理论进行反思。换句话说，法官所确认的权利义务的规则是从法律的历史上导出的，但两者并不是机械地接合，而是一个有机整合的过程。即创造性阐释不仅要决定规则为什么存在，而且也要决定规则现在所要求的是什么，它要实现价值和内容的有机统一。

不仅如此，德沃金进一步指出，整体性应被视为社会、国家以及代表国家行使审判权和执行权的法院、法官对公民的一种承诺。这是政府和法院的义务。他说，整体性“要求政府说话时统一口径，办事时以一种有原则性、连贯性的态度对待所有的公民，并将适用于一些人的公平或者正义的实质性标准推广到一切人”①。正是有鉴于此，法律职业教育特别强调法律家思维方式的培养，而德沃金教授也特别强调“政治社区”“原则社区”的意义。

社区的思想是德沃金法律理论的重要思想，有学者②甚至认为社区思想是德沃金法律理论的核心。德沃金所强调的社区是“政治社区”。通常

---

① Ronald Dworkin, *Law's Empire*, Harvard University Press, 1986, p. 165.

② Alan Hunt, "Law's Empire or Legal Imperialism?" in Alan Hunt, ed., *Reading Dworkin Critically*, St. Martin's Press, 1992, p. 18.

我们认为，政治是一个竞技场，不同的政治党派都会追求自己的党派利益。德沃金反对这一思想，在他的政治社区里，各党派应该努力建构一个连贯的、合理的体现正义和责任的原则。当然，也有争论和批判，但这种争论不是为了党派的利益，而是为了建构一个容惯性原则。因此，“政治社区”又可称之为“原则性社区”。法律的整体性与原则性社区是有很大关系的，因为在原则性社区里，政治的基本目的是讨论和建构正义和融贯的原则，这就要求，法律阐释必须对这一目的保持忠诚。德沃金认为，法律的整体性能做到这一点。

德沃金说，在原则性社区里，根据法律所作出的决定将会触犯正当和正义的有关观念和原则，但作为一个权威性的阐释者，法官将会决定哪些原则是最能在权威性的法材料中经受住辩护的，他将会对这些在政治竞技场对抗的原则进行评估。“每位法官的阐释性理论都以他对整个法律实践的‘特点’，亦即证明目的、目标或原则的合理性为依据，而且这些信念必然与其他法官的信念不同，至少在细节方面是如此。”① 但法官又不会肆意地发挥个人见解，“法官的阐释不能完全忽视先前的惯例……此外，法官是在社区范围之内而非远离社区去考虑法律的”②。总之，德沃金所强调的原则性社区是运用原则来建构政治义务，即官员要依法办事的义务。而在规则性社区中，却没有创造这一义务的职能。这样，在原则性社区里的法官就必须遵守社区对正义和原则的理解来解释法律，而且当法官面对众多的政治理论进行权衡时，平等的关心和尊重是衡量的最终砝码，这也是一个原则性社区的基本准入条件。可见，整体性的法律是法官有义务宣布和实施的法律，这种法律虽然也承认强制性的作用，但根据社区的理论，其原因不在于它提供了某种可预见性，而在于它保证了公民之间的平等。

从原则性社区的思想中，我们看到了德沃金的整体性思想与权利思想的关联。只有在正确的理解权利论的基础上才能对其整体性的思想有完整的理解。这也是我在第三部分对其权利论泼墨较多的原因。

总体上看，德沃金的法的整体性思想是成功的，这从其引起的反应中就可显现出来。但德沃金的这一思想也遭到了很多人的质疑，法学家亨特（Hunt）认为，这种社区的描述是理想化的，在现实的生活中是不存在的，

---

① 〔美〕德沃金：《法律帝国》，李常青译，中国大百科全书出版社，1996，第80~81页。
② 〔美〕德沃金：《法律帝国》，李常青译，中国大百科全书出版社，1996，第81页。

"整体性的思想不能承担如此众多的负担……因为它仅仅是理想的，是乌托邦"[①]。孙斯坦（Sunstein）教授亦认为，"对于整体性的看法——只要是在司法的范围之内——实际上并没有提出一个令人信服的合法性理论。如果完整性是完善的司法判断的产物，那么它对于合法性来说，既非必要，也不充分"[②]。对此，德沃金认为："整体性作为一种政治理想符合并解释了我们宪法结构和宪法实践的特性，否则这些特征就会令人困惑。……把整体性视为政治中心的原则模式的社会，能为政治合法性提出比其他模式更好的辩护……这种辩护在这样一种社会模式中是可能的，因为对整体性的一般义务表达了每个人的对所有其他人的关注。"[③] 可见，整体性的思想只有与权利原则的思想相关联时才能得以理解，而仅仅把整体性作为一个孤立的个体是会使人产生上述两位法学家的想法的。

然而，笔者认为德沃金的法律整体性理论中亦有值得商榷的地方。德沃金认为，法官应该为了能够最佳地阐释法律而放弃自己所认为的最有力的原则。而他的最佳阐释法律实践的标准是要遵循平等的关怀和尊重的原则。那法官在遵循这一原则的同时又会认为自己对法律实践的阐释就是最佳阐释。这样就会在法官所认为的最有力的原则与最佳的阐释原则之间陷入循环这一阐释学经常遇到的陷阱里。笔者认为，德沃金对此没有很明确地说明。

总之，德沃金的法律整体性的思想还是一个比较完善的理论。他为西方法学研究提供了很好的理论理路。同时，亦为法官判案提供了智识基础。卡多佐大法官在总结了他多年的判案经验后说："判例像一条条纵横交织的线，一条线在这儿，另一条线在那儿，编织成了一张华而不实的网，从中心向四周辐射，将整个普通法分割得支离破碎。这张网将我们紧紧缠绕，除非有一些警醒的头脑来解释构造的秘密，令我们高瞻远瞩、俯瞰全貌。法官的迷惘正是学者发挥专长的良机。"[④] 德沃金就是有着警醒头脑的学者，他为法官的断案找到了正确的路径。

---

① Alan Hunt, "Law's Empire or Legal Imperialism?," in Alan Hunt, ed., *Reading Dworkin Critically*, St. Martin's Press, 1992, pp. 18 – 20.

② 〔美〕孙斯坦：《法律推理与政治冲突》，金朝武、胡爱平译，法律出版社，2004，第63页。

③ 〔美〕德沃金：《法律帝国》，李常青译，中国大百科全书出版社，1996，第193页。

④ 〔美〕卡多佐：《法律的成长　法律科学的悖论》，董炯、彭冰译，中国法制出版社，2002，第6页。

目的性言说与自然法理论*

王　峰**

摘　要：富勒的法理学论述，通常会被视为一种新自然法学思想。那么，他的自然法思想到底新在何处，作为富勒自然法思想体系奠基之作的《人之目的与自然法》可以为我们提供诸多线索。从“人之目的”的角度来描述或阐释自然法并不算特别新颖，但是富勒对于“共享目的的合作表达”的阐述以及对于社会秩序形式方面的开拓却是自然法学家核心意旨的发现，尤其是对于法律之内在道德的阐发则是其新自然法学思想的重要标志。

关键词：人之目的　自然法　共享目的的合作表达　内在道德

对于任何一个研习自然法问题的当代法律人来讲，他都无法绕过先前学者相关的争论与智慧，同时又不得不面对自然法理论所遭受的诸多批判与诟病，尤其是来自法律实证主义的攻击。新自然法学家朗·富勒的著述就曾深陷于这样的“理论困境”之中。本文并未详尽展现诸种理论论辩之中的自然法思想，仅通过解读富勒《人之目的与自然法》这篇文章，尝试着分析“人之目的”的视角与自然法理论的关系。具体地说：其一，富勒所谓的自然法较前人到底有何不同，或者说富勒是在何种意义上来谈论自然法的；其二，富勒是如何从“人之目的”的角度来探究自然法的；其三，更进一步的问题是富勒为什么选择从“人之目的”这一角度来切入，或者说“人之目的”与自然法是否具有必然的相关性。

一　何种自然法

富勒的自然法思想到底是何种自然法呢？之所以有此一问，主要是因

---

*　本文系在南京大学法学院邹立君副教授的协助与指导下完成的，可以说，没有她的贡献就没有这一论文。不过，文责由我肩负。同时，不当之处，敬请批评。

**　王峰，南京大学法学博士后，江苏省社会科学院法学所，副研究员。

为，按照拉德布鲁赫的观点，自然法理论几乎伴随了整个法律理论或法学思想发展的全过程。既然众多学者都曾经涉猎过这一问题，那么，他们是否在同一的或相似的意义上来谈论自然法？显然，就此来说，答案是否定的。登特列夫等众多学者都曾表达过，“自然法”发展至今实际上仅限于名称未变而已，其真实所指早已经历诸多变化。因此，对于富勒来讲如何解决何谓自然法这一问题就显得格外引人注目了。但是，富勒在《人之目的与自然法》一文当中所要做的事情却不是给出一个他自己认为适切的自然法定义，因为在他看来定义本身无法解决其所关注的问题。在文中，富勒“悬置”了“何谓自然法”问题，转而经由探讨“事实与价值的二分”等问题来表述其自然法观念。富勒指出，在某种意义上“何谓自然法”问题，实际上是“所思考的问题是当我们试图调和现在普遍被人们所接受的事实与价值的二分和对人之行为进行目的性解释时所产生的问题”[①]。同时，富勒认为，一旦当我们把“事实与价值的二分”适用于“人之目的”，我们所面临的尴尬处境就可以根据目的与手段的关系加以重述。因为，“事实与价值的二分”适用于“人之目的”所产生的困境之真正根源在于生命的神秘，而目的与手段的关系仅是其表层的体现；而生命的神秘之处最根本的就在于其所具有的指向性和调适性这两种特征……那么，究竟如何解决这一困境呢？最终在自然法学家那里，富勒找到了答案。这也就是说，在没有解决办法的情况下，自然法学家对有关“共享目的的合作表达”这一真实存在的过程的确信能够使我们以适当的方式获得某种认知，从而突破困境最终解决“何谓自然法”问题。举例来说，对于“何谓艺术”，现在人们不再相信就此可以达成共识，往往会将任何对于“何谓艺术”的看法归结为个人的主观见解。实际上，这种认知真正拒绝的恰恰是“共享目的的合作表达”。一如富勒所言：“人们认为，任何这样的标题包括了事实与价值的含混，并且总体上是对于如下欺骗性意图的保护伞，即不去注意作者的主观观念，这种主观观念是有关对于在事实上艺术是什么的描述而言的艺术应当是什么？……如果这种拒绝是更为激进地表达出来以至于不能通过将标题改变为‘我所认为的艺术应当是什么？’而消除，那么，真正被拒绝的就是我所称之为的共享目的合作表达的真实性。”[②]

① Lon L. Fuller, “Human Purpose and Natural Law,” *The Journal of Philosophy*, Volume 53, December 1956, p. 697.

② Ibid., p. 204

其实，在讨论“司法的形式与界限”时，富勒也坚持了同样的立场。[①] 因为有“真正的司法”之存在，人们才可以谈论司法的形式与界限。正是基于此，富勒认为，如果司法在特殊的情景下服从理性的分析，就没有优先的理由假设这一情景不能够被扩展至使司法成为更一般的分析对象。更确切地说，富勒表示他将不得不以某种方式界定“真正的司法”来开始对相关问题进行追究——尽管“真正的司法”可能从来没有完全存在过。富勒指出，“让我们在理解上进一步推进把我们的理解能力带至的目的与手段相互作用的隐蔽区域，让我们共同地寻求发现在这个区域范围内这种情形的性质所允许的一致见解”[②]，而富勒认为这些“一致见解”正是历经数个世纪由“共享目的的合作表达”所形成的某种自然法观念。富勒还指出，导致人们今天拒绝“共享目的的合作表达”的原因，就在于我们未能继续前人在分析和讨论所谓的社会秩序形式方面的工作。同时，富勒发现这一工作恰恰是自然法学派的核心目的。因此，富勒一生的大部分学术精力都奉献给了发现和探讨社会秩序的形式和原则方面的问题，而其根本的学术目标则是探究如何使人们过上良好的生活。

那么到底何为“共享目的的合作表达”？一如富勒所言，当“我们把我们的理解推进至目的与手段相互作用的模糊地带；让我们共同在这个区域范围内发现这种情形的性质所允许的尽可能多的一致见解”时，我们之所以能够达成“一致见解”，原因在于我们具有共享的目的，而共享目的正是由我们共同拥有的人类本性所决定的——虽然这种本性永远是不完全的并且处在某种发展过程之中。在这里，我们可以发现，富勒并没有告诉我们自然法到底是什么，而仅仅是根据人之“共享目的合作表达”发现了自然法学派的核心目的。既然如此，这有助于我们增强对于自然法的理解吗？正如富勒在《人之目的与自然法》一文中所举的“男孩与蚌”的例子那样，男孩挤、压、撬、捅以及用火烧蚌等一系列行为只有在参照其目的的情况下才可能被理解和记述。那么，可能的情形是只有我们理解了自然法的核心目的之后，我们才能够真正切题地、有意义地谈论自然法。但是，我们不得不注意到，在“男孩与蚌”的例子中，如果在不同时参照有关该目的的可用手段的情况下，人们也是无法达成对男孩一系列行为的有效理解与评价的。这正如杜威在评价查尔斯·兰姆有关“烤猪肉”来历的

① Lon L. Fuller, “The Forms and Limits of Adjudication,” *Harvard Law Review*, volume 92, December 1978, pp. 353 – 409.

② Lon L. Fuller, “Human Purpose and Natural Law,” *The Journal of Philosophy*, 1956, p. 702.

短文①时所指出的那样，我们之所以会觉得兰姆所叙述的故事是滑稽可笑的，故事中人们的做法是荒唐的，根本原因在于我们把有关目的之实现手段的评价纳入了目的性思考当中；而且，这期间还会涉及目的与手段之间复杂的相互包含与转化关系。同样，这也正是富勒要在目的和手段相互作用的区域中来考察自然法学派的核心目的的原因。那么，我们该如何认识富勒关于自然法的核心目的及其可用手段的洞见呢？

二　自然法的目的性解说

在富勒的表述中，“社会秩序”这个术语被广泛地用来指称规则、程序以及制度，简而言之，指法律制度、政治制度、经济制度、社会制度以及伦理规则，甚至包括游戏规则在内的所有方式，并且通过这些方式，人们之间的关系受制于正式的秩序，无论它们是不是经由同意、习惯、命令或者其他而达成的。一般而言，在这些形式里，最明显的方面则被认为是作为实现人类目的的手段。但是，这些手段在如下意义上却是目的，即“虽然我们创造它们，但是它们有助于使我们成为我们现在的存在样式，即人们依赖于社会形成了人类的存在样式。任何特定的经济制度不仅用于满足先辈的需要，同时也产生了它自身特有的人类需求模式。其次，可以说，任何一种社会秩序形式包括它自身的内在道德”②。实际上，在我个人看来，人们之所以将富勒定位为自然法学家，不是因为他研究自然法问题——哈特也研究自然法但没有人会认为他是一个自然法学家——而是因为他对自然法学派核心目的或意旨的坚持；同时将其定位为新自然法学家，部分原因可能就在于，富勒研究所谓的社会秩序的诸种形式及其内在道德等问题，并非只是视这些社会秩序形式为达成人类某种目的的手段。

1. 社会秩序形式的复杂化

对于社会秩序诸形式的手段兼目的意义的理解，我想我们可以通过进一步讨论富勒在《人之目的与自然法》一文中所举的几个例子来辩明这其中一些较为根本的问题。这其中重要的是“男孩与蚌”以及“维特根斯

① 兰姆的故事说的是，人们第一次尝到烤猪肉的美味是在一间有猪在里面的房子意外地被大火烧毁了的时候。由于喜欢这种烤猪肉的味道，人们就开始盖房子，把猪关在这些房子里，然后再烧掉这些房子。

② Lon L. Fuller, “Human Purpose and Natural Law,” *The Journal of Philosophy*, Volume 53, December 1956, p. 704.

坦讲述教孩子游戏”的例子。“男孩与蚌”的例子，强调在目的性行为领域对事件的任何解释中，事实与价值都是纠缠在一起难以区分的。理解目的性行为最为关键的在于不要把它理解为瞬间的事实状态，而要理解为一个发生的过程、一个流动不居的过程。在这里，我们需要注意：对于“事实”与“价值”二分问题的讨论，富勒有一个根本的限定，即在人之目的性活动的领域，也就是当对人的行为进行目的性解释之时，“事实”与“价值”（或手段与目的）是不可分的。对于这一问题，一个较为重要的反对意见是，要理解和描述有目的的行动，我们必须参与到评价的行为当中去。富勒却认为这种评价必然与杜威所谓的“眼下可见的目的”（end - in - view）相关。这也就是说，“存在着打开蚌的好的或坏的方式，却未触及打开蚌本身是不是一项可被称为好的行动这一问题”[①]。与此相似，针对富勒的法律内在道德观念，亦有借助于这种方式而提出的批判，即针对富勒没有为法律规定任何实质的目的，有论者（包括哈特）质疑：富勒的八项原则在法律“善与恶的实体目的”间保持中立，它们没有为促进“人类正义和福利”提供任何保障。富勒回应这种疑问的要点则是，理解任何复杂的行动过程，单一的目的并不充足，并且对于任何行动过程的理解皆有赖于“共享目的的合作表达”。“教孩子游戏”的例子所彰显的就是目的性行动除了受可见目的的引导和影响外，还有赖于那些潜在的目的，也就是所谓的“共享目的的合作表达”，也就是我们都知道教孩子游戏意味着什么，一如我们都知道当提到法律时我们所指为何物。

上述讨论可以使我们认识到目的本身的复杂性，同时，对于行为的一种过程性的理解也可以使人们意识到目的与手段的同一性或者说目的与手段的相对性，亦即目的与手段的往复互证。这在富勒所讲述的下述例子中则表现得更为明显，即在谈“有生命物质的指向性和适应性相结合的特征时所提到的一种动物为了避寒寻找遮蔽物而另一种动物为了避寒长出更长毛发”的例子。富勒讨论上述事例是想强调这样一个问题，即我们已经太习惯于将目的与手段的关系想象/理解为一种手段对应于目的的关系，而当目的与手段合二为一难分彼此时，人们就根本不再把它想象/认知为一种手段与目的的关系。富勒所强调的是，当在决策过程中审视手段与目的关系时，使它们相互分离的区分消失，并且它们潜在的冲突变得显而易

---

① Lon L. Fuller, “Human Purpose and Natural Law,” *The Journal of Philosophy*, Volume 53, December 1956, p. 699.

见。因为，当我们需要作出关于一个行动过程的实际决策时，手段与目的不再以前后相继的方式排列，而是以循环互动的方式运动。①

我认为，这其中应该引起我们重视的问题是：如果手段与目的不能区分的话，这意味着什么？富勒为什么要强调目的性行为，对此我们该如何理解？同时，我认为，这些对于认识富勒讨论的基本前提是一个比较关键的问题。另外，富勒强调理解任何复杂的行动过程单一目的并不充足是基于何种考虑？

2. 社会秩序形式的内在道德

那么，对于社会秩序形式的目的与手段复杂化的理解是如何与对其内在道德的分析联系起来的呢？通过回答下述设问可以为我们提供令人满意的解答。既然手段与目的一直处于互动的、相互转化的过程中，那么，可否理性地确定要实现的某个目的并选择实现目的可以采用的手段？富勒对此显然是持否定态度的。既然如此，为了防止人们为实现某些目的而对手段滥加使用，就需要不仅不能简单地将社会秩序诸形式看作手段，而且要理性地确定诸社会秩序形式的内在道德原则。这也是富勒费尽心力探讨社会秩序原理问题的根本原因。

富勒有关社会秩序原理的探讨涵盖范围还是非常广泛的，在温斯顿主编的富勒所著《社会秩序原理》一书中，读者可以看到富勒的探讨涵盖了立法、司法、合同、管理性指令、调解以及习俗等诸种社会秩序形式，其中对于立法之道德性的考虑还独立成书为《法律的道德性》。② 也正是在《法律的道德性》中富勒提出了法律之内在道德或程序性自然法的八点主张，包括立法要具有一般性、公开性、明确、可为人们遵守等原则。富勒关于司法的讨论虽然未能独立成书，但是作为其思考结果的《司法的形式与界限》这篇长文在理论界的影响也非常大，比如在该文中他提出了著名的“参加命题”等。③

但是，在考察富勒有关社会秩序诸原则的讨论时，我们的重点可能还不在于弄清楚这些原则到底是什么，因为更为重要的是要追问富勒是如何达致这些原则的。比如说，富勒运用了何种方法，做出了哪些限定等，同

---

① Lon L. Fuller, “Human Purpose and Natural Law”, *The Journal of Philosophy*, Volume 53, December 1956, p. 701.

② 〔美〕富勒：《法律的道德性》，郑戈译，商务印书馆，2005。

③ Lon L. Fuller, “The Forms and Limits of Adudication,” *Harvard Law Review*, Vol. 92, December 1978, pp. 364 – 365.

时，富勒为什么能够对这些秩序形式的原则进行讨论，或者说他讨论的前提是什么。在本文中，限于论文主题我只能简略地涉及。在我看来，富勒是采用了一种所谓的“良好社会秩序”的方法，也就是“eunomics”。所谓“eunomics”是指“有关良好的秩序以及可运行的社会诸安排的科学、理论或研究”①。实际上，这一研究所强调的主要是对目的的理解和讨论不能离开实现它所依凭的各种手段单独来进行，手段具有与目的同样不可忽视的重要性等思想。“良好社会秩序观”就将富勒与哈特等只强调“秩序”而不管其好坏的法律实证主义的观念区别开来。专注“秩序”的研究可能只关心社会控制形式的结果，只考虑大量的制定法与行政管理法令等，而“良好社会秩序观”却意在探明这些不同形式的“法律”得以形成的过程以及它们彼此之间相互区分、相互合作的过程。在我看来，富勒正是以“良好社会秩序观”为方法，以“目的和手段”或“事实与价值”的相互关系为前提，才得以展开社会秩序诸形式之内在道德的探究的。

三 “人之目的”的自然法意蕴之必要性

当然，富勒对于自然法的这样一种讨论方式也激起了诸多的批判性文字。其中，内格尔（Ernest Nagel）对富勒这篇文章的讨论较具代表性。在一篇评论文章中，内格尔针对富勒有关“事实”与“价值”相分离的主张，指出如果富勒真的是欲求发展一套评价法律实践与规则的标准以决定或澄清法律秩序对于人之生活的重要意义，那么，他完全同意富勒的主张。内格尔认为，没有任何社会制度能够免于道德批评，当然法律也不例外。但问题是被人们所设想出来的评价标准的多样性绝不亚于思想史中道德理论的多样性，而自然法学说仅仅是其中的一个标准。内格尔确信，自然法学说对于评价现存法既没有提供一个站得住脚的根基，亦无法提供一个有用的基础。

首先，内格尔试图表明对于“实然当中推不出应然”的论断，不同论者有不同的解释，如果富勒只是将其解释为“实然的陈述总是与对于应然的决定不相关”，那么他就误解了这一论断。内格尔认为，“对于所谓的法律现实主义和实证主义者而言，他们也认为有关应然的任何负责任的主张

---

① Lon L. Fuller, *The Principles of Social Order*, Kenneth I. Winston, ed., Duke University Press, 1981, p. 48.

必须由对于人类生活的物理的、生物的或社会的需求的经验研究支撑，必须由关于各种制度和规制的经验研究支持”[①]。内格尔主张，除非可以给出一个细致的关于某一行为的事实性叙述，否则我们就不会有能力判断这一行为是否具有被归之于它的价值。虽然大多数人确实是不区分他们的价值归结（value imputations）与他们所判断的事实，但是，这并不意味着人们不能做出这种区分。

其次，内格尔反驳了富勒有关目的性行为的结构并不是由一系列无联系的、不连续的事件所组成的这一主张。“但是对于人之目的和目标的原子论概念的唯一替代性选择是一种设想所有的即时性目的——无论是个人的还是社会的——都只是暂时地发生且有机相关的目的系统中诸多因素的概念吗?”[②] 内格尔认为，没有证据表明个人或人类的全部生活是一个过程，在此过程中共享的普通目的逐渐地、尽管是不完美地被创造和被展示出来。显而易见，实际上，存在竞争的甚至不相容的人之目标，个人的目标和社会的目标都如此；道德理论的任务就是提供诸多标准，在这些标准的帮助下，相冲突的目标在某种意义上才可以被调整。因此，单纯目的和目标的存在并不能解决有关当出现一个道德问题时应该做什么的问题。主要是由于这一原因，当我们做出道德考虑时，实际的事实和应然之事之间的区分既是不可避免的，也是有用的。

最后，内格尔认为，即使富勒有关“事实”与“价值”相融合的主张是合理的，他还是不完全清楚富勒的这一主张是如何与其关于法律的客观道德评价的可能性相关联的。“一个完全体现出来的理想不再成其为理想；一个行动是目的性的只有当由那一行动所寻求的目的并没有被完全达致时才如此。只有通过预辩法，标示目的性行动可能结果的特性才能被断言为那一行动的固有特征。”[③] 因此，内格尔认为，似乎富勒在“事实”与“价值”之区分的模糊中除了混乱之外几乎没发现别的什么。

针对内格尔的批判，富勒一一进行了反驳，并对他自己的论点给予了进一步地澄清。富勒认为，内格尔似乎设想了存在一个单一的可被称作“自然法学说”的信仰体系，而富勒认为事实上并不存在任何一种这样的

---

① Ernest Nagel, “On the Fusion of Fact and Value: A Reply to Professor Fuller,” in John Finnis, ed., *Natural Law* (Volume I), New York University Press, 1991, p. 14.

② Ernest Nagel, “On the Fusion of Fact and Value: A Reply to Professor Fuller,” in John Finnis, ed., *Natural Law* (Volume I), New York University Press, 1991, p. 16.

③ Ernest Nagel, “On the Fusion of Fact and Value: A Reply to Professor Fuller,” in in John Finnis, ed., *Natural Law* (Volume I), New York University Press, 1991, p. 18.

自然法学说，更不用说用这个不存在的东西作为道德评价的标准。富勒称，如果内格尔教授认为任何一种所谓的自然法理论都是一种语言滥用的话，那么富勒只能为他自己做如下辩护，即这种特定的滥用至少与亚里士多德一样古老，而他在亚里士多德的理论中没有发现他所反对的诸因素的任何蛛丝马迹。富勒所反对的诸因素是指关于自然法的以下三种主张：①有关自然法的要求能够成为权威宣布的对象的观念；②关于存在能够像一部成文法典一样具体适用的所谓“自然法”的概念；③关于存在一种超越现世关怀的“高级法”，人类的制定法必须根据它来评价并且在与之相冲突的情况下必须被宣布为无效的观念。富勒只是同意所有自然法学说共同的中心目的，即“发现将会使人们共同获得令人满意的生活的那些社会秩序原则的目的”。富勒区分出了传统的自然法理论的两个主要关注：第一个关注是从对人性的认识中推演出实体的道德原则；第二个关注是对于社会秩序的自然法则的发现。富勒虽然同情传统自然法的第一个方面，但是他并不关注这一方面，而且也不打算在任何场合对此详加论说，他将他的主要的注意力都放了第二个关注上。富勒通过“眼下可见的目的”只是想表明我们在处理争议或颁布指令的过程中，可能是在一个目的性框架内操作的，这一目的性框架构成我们决定的基础，即使这些目的中只有某些被我们意识到。对于与“眼下可见的目的”紧密相关的“共享目的的合作表达”，如果仅就这一点而言，富勒认为，如果能够表明人们之间的交流以及他们对于不同的事实情况的考虑能够使他们更真实地明白他们从一开始所试图做的事情就足够了。总之，富勒认为在开放的思维框架内“事实”与“价值”从来都是不可分的。

在笔者看来，在《人之目的与自然法》一文当中，富勒拒绝了传统自然法理论将自然法视为外在于并高于实在法的命题，他坚持以“人之目的”为出发点，以事例寓言的方式强调理解法律当从“目的与手段”之结合、“价值与事实”之融合、“共享目的的合作表达”等角度来探寻社会秩序的原则。仅就富勒对社会秩序的自然法则之发现而言，人们完全可以基于这样或那样的理由去否定，一如内格尔所做的那样；但是就富勒在方法论上的努力，人们往往简单地将之视为是目的/手段、价值/事实、道德/法律等一系列二元论的调和，而忽略了其对可欲目的所采用开放论证的理论张力。当然，这种理论张力并非是解释若干文章所能够完成的，就富勒繁复的议题与论证尚须我们进一步探究。

论公民诉权的正义价值及其限度*

任瑞兴**

摘　要： 正义具有不容置疑的重要性，其含义丰富而又复杂。正义构成了公民诉权的首要价值。公民通过行使诉权所寻求的正义，在形态上表征为通过司法实现的正义，即司法正义。司法正义的基本目标是实现矫正正义，这种矫正正义包含着实体正义和程序正义，在现代社会中这种矫正正义则主要属于一种程序正义。由此，公民诉权的正义价值在现代法治社会中主要体现为程序正义。公民诉权的这种正义价值始终隐含着走向形式化而架空实体性价值的危险。

关键词： 诉权　正义　程序正义

诉权在法治建设中具有基础性和常规性的地位。① 公民诉权是指主权国家框架中的公民所享有的向司法机构寻求公平解决其纠纷和公正救济其被侵害的合法权益之权利。根本而言，这种权利是公民向国家司法机构寻求正义的权利。公民对诉权的享有程度与行使状况，作为衡量公民权利的实现程度和司法公正水平的重要指标之一，成为中国社会各界关注的一个重要问题。② 随着人类社会法治理论和实践的变迁，法律在人们寻求正义

---

* 本文是2017年度河南省哲学社会科学规划项目：《法治思维中的公民权利质量保障研究》（批准号2017BFX006）的阶段性成果。

** 任瑞兴，男，汉族，河南延津人，河南大学法学院副教授，法学博士；目前的主要研究兴趣是法哲学，尤重正义和权利理论。

① 诚如张文显教授所言："没有诉权，就没有法律。"张文显：《法理：法理学的中心主题与法学的共同关注》，《清华法学》2017年第4期。

② 在《中共中央关于全面推进依法治国若干重大问题的决定》的第四部分关于"保证公正司法、提高司法公信力"的阐述中，专门提到了保障当事人的诉权问题。参见本书编写组编著《〈中共中央关于全面推进依法治国若干重大问题的决定〉辅导读本》，人民出版社，2014，第22页。2015年4月15日最高人民法院公布了旨在保障当事人诉权的《最高人民法院关于人民法院登记立案若干问题的规定》。参见《最高人民法院关于人民法院登记立案若干问题的规定》，http：//www. court. gov. cn/fabu – xiangqing – 14175. html，访问时间：2017年4月21日。

的道路中扮演角色的变化，诉权已经被提升到了人权的层面[①]，诉权的公民寻求和伸张正义之意蕴越来越清晰地呈现出来。长期以来，无论是对西方国家的诉权概念理解，还是对中国的诉权含义认知，人们往往是在解决纠纷、救济和保障权利、制约公权力的工具性和功能性层面上界定诉权，而对公民诉权本身所蕴含着的寻求正义、伸张正义之意蕴认识较为模糊。[②]有鉴于此，笔者尝试就公民诉权所蕴含的正义价值及其限度进行理论分析，以期有助于学术界和法律实务界对于诉权的理论认知与实践操作。

一 正义的基本含义及其与公民诉权的相关性

罗尔斯认为："正义是社会制度的首要价值，正像真理是思想体系的首要价值一样。"[③] 同样地，公民诉权的首要价值就是正义，这是诉权的恒久价值追求，也是公民不为诉权自身存在的局限所困扰而孜孜以求的根本动力所在。正义的形象很高大，但正义的内涵很复杂。这里有必要进一步澄清正义的含义及其与公民诉权的相关性问题。

在著名法哲学家博登海默的眼中，正义长有一张普罗透斯般的脸庞，总是变化多端，让人难以捉摸。从词源上看，正义在西方国家的文字中含义丰富而多样。英语中的 justice 意指公平、正当、正直、正确等，法语中的 droit 意指正当、公正、正义、法律、正确等，正义一词在西语中多来源于拉丁文 Justitia，多由 jus 一词（意指正义、法）衍化而来。[④] 无论在西方语境还是在中国语境中，正义与公平、公正总是难以分开。正义、公平、公正三者具有一定的内在统一性，即三者都是对"人与人之间恰当关系的规定与评价"[⑤]，但也有区别：公平是客观规定和概括人们在一定社会阶段所追求的彼此间与生产发展符合的交往关系；公正则是人们对于该交往关系的主观反映；正义是公平与公正的结合，是"客观的公平关系和主观的公正尺度的统一"，构成了一定群体

---

① 吴英姿：《论诉权的人权属性——以历史演进为视角》，《中国社会科学》2015 年第 6 期，第 112 ~ 130 页。

② 任瑞兴：《在价值与技术之间：一种诉权的法理学分析》，法律出版社，2010，第 12 ~ 34 页。

③ 〔美〕约翰·罗尔斯：《正义论》（修订版），何怀宏、何包钢、廖申白译，中国社会科学出版社，2009，第 1 页。

④ 严存生：《法的价值问题研究》，法律出版社，2011，第 573 页。

⑤ 万斌、赵恩国：《公平、公正、正义的政治哲学界定及其内在统一》，《哲学研究》2014 年第 9 期，第 111 页。

所普遍追求的价值与理想。[①]“正义的精神价值内涵使其超越于现实的历史，成为特定社会中人们相互关系的最高要求，并且反过来成为评判一个时代是否文明进步的最高标尺。”[②] 同时，正义与平等、自由、权利、责任、秩序等关系密切。

在中国的历史文化传统中，有关正义的讨论非常丰富，可谓源远流长[③]，但关于“正义”的系统理论探究却被现代学术长久遗忘。[④] 成中英先生认为，汉语“正义”连写一词并不见于经传，但“正”与“义”两词在《论语》中却占有非常重要的地位。“正”“义”两词在孔子著述中虽不连用，但两者的意义却是互相含摄，因而构成一个完整的观念，将其译为西文 justice、recht 等此类词也似无不妥，两者虽不能完全等同但具有相当的一致性。更需要注意的是，“正义”观念的根本意义有其儒家哲学的根源。不从根源上把握“正义”的观念，就无法理解“正义”的整体意蕴。他认为，“正义”的观念是源自人心之本体，是中国文化价值之基础，也是中国儒家思想的骨髓。孔孟思想包含三大方面：一是以“仁”“恕”为中心的人性本体；二是以“正义”为骨干的社会规范论；三是以“礼”“乐”为重点的人生理想论。三者紧密相连。“人性是建立社会规范与人生理想的基础”，“人性亦需透过社会规范的建立与人生理想的投射得到表彰和发挥”，“社会规范是扩充人性的道路，也是实现人生理想的方法”。他提出了三个重要的问题：“正义”在人生的理想中占据什么样的地位；“正义”在社会规范上代表怎样的要求；“正义”的人性基础是什么。这三个问题包括两个层面：一是个人的修养与态度层面，即正义感问题；二是社会的需要与制度的理性化层面，即社会正义问题（分配正义与报复正义）。[⑤] 黄玉顺教授致力于构建中国的正义理论，其总体架构可表述为“仁→利→智→义→知→礼→乐”。他认为，礼的“损益”根据是中国正义论的主题，“即赖以进行规范建构及其制度安排的正义原则问题”；利的问题构成了中国正义论的论域，“即由仁爱中的差等之爱所导源的利

---

① 万斌、赵恩国：《公平、公正、正义的政治哲学界定及其内在统一》，《哲学研究》2014 年第 9 期，第 109 页。

② 万斌、赵恩国：《公平、公正、正义的政治哲学界定及其内在统一》，《哲学研究》，2014 年第 9 期，第 111 页。

③ 熊逸：《治大国：古代中国的正义两难》，江苏文艺出版社，2014。

④ 黄玉顺：《中国正义论纲要》，《四川大学学报》（哲学社会科学版）2009 年第5 期。

⑤ 成中英：《知识与价值——和谐、真理与正义之探索》，台湾联经出版事业公司，1986，第 352 ~ 353 页。

益冲突问题”；“同是仁爱中的由推扩而溥博的一体之仁”则构成解决利益冲突问题之保证，其适用于两条正义原则：“正当性原则（公正性准则、公平性准则）、适宜性原则（地宜性准则、时宜性准则）”。“正义的最终目标不仅是礼，而是礼乐，即是差异和谐。”① 由此，作为公民寻求正义之权利的诉权，恰是有助于扩充人性道路、实现人生理想、达至和谐的一个重要因素。在西方，关于“正义”的讨论异常丰富，其视角多种多样。② 西方法的传统，包括客观正义论、主观正义论、神学正义论、理性正义论及法规正义论等。③ 正义与理性、自然法关系密切。④ 正义作为一种价值观念，是居于最高层次的全局性的价值观念，包括正义的理念和正义的原则。⑤ 正义的理念即是正义的精神或者是“人们所追求的正义的理想境界”。⑥ 正义的原则是指将正义的精神转化为可操作的内心评价标准。⑦ 英国法哲学家麦考密克和奥地利法学家魏因贝格尔认为：“在所有这三个领域——道德、法律和政治——中，正义对行为的正确性有某些影响，而且肯定对人类同胞、合伙人和社会的立场的正确性也有一些影响。然而，不要把每一件对决定和行动的正确性（最适宜性）有影响的事务都看成是正义问题。只有人与人之间的关系的正确性被认为是关于正义而不是关于最大效用的问题。作为社会存在物的人类和他们的文化的一个鲜明的特点是，指导人类行动的不仅是对效用的考虑，而且是关于正义的主张和理想。”⑧ 由此，他们提出了“关于正义的辩证的概念”，即“个人没有现成的关于正义的固定的判断，正义的正确性是由客观保证的，但是另一方面，个人常常发现自己只是在追求正义。关于正义的判断不是事实的结

---

① 黄玉顺：《中国正义论纲要》，《四川大学学报》（哲学社会科学版）2009 年第 5 期，第 32 ~ 42 页。

② 比如：“作为资格的正义”；“作为权利的正义”；“作为契约的正义”；“作为效率的正义”；“作为报应的正义”；“作为批判的正义”；“作为授权的正义”；“作为民主的正义”；等等。参见 Tom Campbell, *Justice*, Macmillan Press, 2001；Ronald L. Cohen, ed., *Justice: Views from the Social Sciences*, Plenum Press, 1986。

③ 卓泽渊：《法的价值论》（第二版），法律出版社，2006，第 423 页。

④ 〔美〕E·博登海默：《法理学：法律哲学与法律方法》，邓正来译，中国政法大学出版社，1999，第 258 ~ 264、271 ~ 278 页；Lloyd L. Weinreb, *Natural Law and Justice*, Harvard University Press, 1987。

⑤ 严存生：《法的价值问题研究》，法律出版社，2011，第 586、594 页。

⑥ 严存生：《法的价值问题研究》，法律出版社，2011，第 594 页。

⑦ 严存生：《法的价值问题研究》，法律出版社，2011，第 595 页。

⑧ 〔英〕麦考密克、〔奥〕魏因贝格尔：《制度法论》，周叶谦译，中国政法大学出版社，2002，第 195 页。

论，这种结论可以单纯从联系行动或联系人们的态度或联系假定的标准予以证实。正义不是一个事实，而是一项任务：给我们的头脑和我们的心灵规定的一项任务”。[①] 在科耶夫看来，根据理性主义的推理方式，正义理念蕴含于法权之中，而法权是一种独特的，“与会随地点与时代的变化而变化的‘社会效用’或‘国家理由’毫不相干的理念；因此，正义理念的效力是普世的，永恒的；如果人们可以把一个人从社会和国家中孤立出来，那么，他会发现这种处于纯粹状态的正义理念，还会在这个基础上构建出一种法，一种对于所有人和所有时代都会是相同的法”。而“‘社会学者’则作出相反‘论证’：经验表明，恰恰是这个正义理念会随地点与时代的变化而变化；不管怎样，‘社会效用’和‘国家理由’都在起作用；因此，正义的理念根本就不独立，他可以还原为‘社会效用’或‘国家理由’。”[②] 由此，科耶夫认为，“显而易见，这两种‘论证’都靠不住”。“在现实中，正义理念既是一个跟空间与时间有关的函数，也是一个与社会效用与国家理由有关的函数；但它仍然与它们有本质不同。”[③] 进而他提出三种形式的相互连贯的正义理念，即作为正题的主人的平等正义、作为反题的奴隶的等价正义和作为合题的公民正义。现实中的正义皆是合题性的正义，只不过其平等性和等价性所占的比例存有差别。“这些正义中的每一个都是时间与空间的函数，每一个都表现出与它在其中产生并生存的那个社会或国家的亲和性。或更确切地说，正义理念以及随之而来的法权、社会的与政治的组织、宗教性的、道德性的、审美性的等等诸如此类的概念，都不过是同一种、在时间当中产生并演化，并在空间中被定位的人类现象的不同方面。”[④] 据此，科耶夫认为，正义不是开端，“而是结果，不是存在物，而是生成物，并且是一种严格意义上的生成物——即，一种在时间当中、在历史当中的生成物”。[⑤] 德国法哲学家科殷也认为：“从事法律科学工作就意味着把各种适用的法律

---

① 〔英〕麦考密克、〔奥〕魏因贝格尔：《制度法论》，周叶谦译，中国政法大学出版社，2002，第 204 页。

② 〔法〕亚历山大·科耶夫：《法权现象学纲要》，邱立波译，华东师范大学出版社，2011，第 84 ~ 85 页。

③ 〔法〕亚历山大·科耶夫：《法权现象学纲要》，邱立波译，华东师范大学出版社，2011，第 85 页。

④ 〔法〕亚历山大·科耶夫：《法权现象学纲要》，邱立波译，华东师范大学出版社，2011，第 85 页。

⑤ 〔法〕亚历山大·科耶夫：《法权现象学纲要》，邱立波译，华东师范大学出版社，2011，第 92 页。

理解为在正义的持久的原则下，为解决制度的各种持久问题所进行的一种尝试。"[①] 上述三种对"正义"的理解尽管其理由有所不同，但是在一定程度上都将"正义"视为先验与经验、理论与实践彼此之间不断互动的生成物。而公民诉权就是推动着作为生成物的"正义"得以实现的一种重要力量。

二 公民诉权的正义价值

公民通过诉权所寻求的正义，在形态上表征为通过司法实现的正义，即司法正义。司法正义的基本目标是实现矫正正义，这种矫正正义包含着实体正义和程序正义，在现代社会中这种矫正正义则主要属于一种程序正义。[②] 由此，公民诉权的正义价值在现代法治社会中主要体现为程序正义。

矫正正义牵涉针对不公正或者受到损害的公平的回应。据说，矫正正义的概念来自亚里士多德，当代美国法学家波斯纳等人推进了矫正正义的理论研究。[③] 矫正正义的观念至少需要两个基础的支撑。一是基于人们对自身权益受到侵害之后而产生的本能的愤怒和报复心理。这就与复仇观念联系起来，两者具有相似的历史渊源和心理根源。当然，两者不能等同，矫正正义乃是取代古代的血腥复仇之于文明社会中寻求正义的方式。这一心理基础支撑着矫正正义的形式与内涵的演变，现在不少国家法律中的侵权、赔偿等内容的规定皆与该心理基础相关。[④] 二是矫正正义源于个人化正义的缺陷。个人化正义的缺陷表现为：当事人有做自己的法官之弊端；当事人的身份等个人特点成为影响争议解决的重要因素而难以保证公平；因规则的欠缺而径直寻求实质的正义，形式的正义难以保障，可能剥夺弱者一方的正当诉求。有鉴于此，讲究规则、由独立的法官居中裁判的矫正正义方式逐步取代了个人化的正义方式。[⑤] 矫正正义要达至矫正不公和修复伤害的目标，不仅需要诸多程序性的规则，而且需要判断"不公"和"伤害"的具体性质、程度、原因以及确定矫正的方式等技术性规则，更需

---

① 〔德〕科殷：《法哲学》，林荣远译，华夏出版社，2002，第234页。

② 杨一平：《司法正义论》，法律出版社，1999，第70页。

③ 杨一平：《司法正义论》，法律出版社，1999，第70、90～97页；〔美〕波斯纳：《正义/司法的经济学》，苏力译，中国政法大学出版社，2002，第119～238页；Ernest J. Weinrib, *Corrective Justice*, Oxford University Press, 2012。

④ 杨一平：《司法正义论》，法律出版社，1999，第98～99页。

⑤ 杨一平：《司法正义论》，法律出版社，1999，第97～103页。

要遵循保障人权和维护人的尊严等现代司法正义的理念。① 由此，矫正正义的实现需要引进更重视规则和程序、体现现代司法理念的程序正义。

程序正义在西方法治历史中占有重要地位，其具有丰富的含义和诸多层面。在法治理想的层面上，程序正义表征着对正义的追求；在人权观念的层面上，程序正义承载着人权的价值理念；在法律手段的层面上，程序正义引导和制约着国家权力的运行。② 程序正义与源于英国并由美国继承发扬的正当程序密切相关。③ 正当程序所体现的自然正义原则构成了程序正义的两条基本原则：不能做自己的法官；被告有陈述理由和辩护的自由与权利。相关利益主体参与程序并能够自主行使权利构成了程序正义的核心要旨。④ 程序正义的标准经历了一个由自然正义标准到正当程序标准的变迁过程。自然正义的标准一般体现为上述的两条基本原则，美国法学家戈尔丁进一步将程序正义的标准概括为“中立性、劝导性争端和解决”。⑤ 正当程序标准起源于英国成型于美国，美国宪法第五修正案正式确立了程序性正当法律程序的标准，美国宪法第十四修正案又确立了实体性正当程序标准，即虽然政府的决定符合程序性正当法律程序，但是其可能危害和剥夺公民权利，由此，司法机关可对政府的决定之实质性内容予以审查。⑥ 在程序正义标准演变的过程中，随着程序地位的凸显，程序性权利也显得愈发重要，由此诉权的程序化、规范化也在不断强化与丰富。公民诉权的程序正义诉求也日益强烈。

随着现代性的不断展开，主体性哲学的兴起，价值多元化时代的到来，实质性的价值标准愈来愈难以形成，程序化的思想及其表征的法律形式主义成为现代社会寻求共识和确定价值标准的基本途径。在人的理性成为正义的判定标准之后，正义女神也被蒙上了眼睛而趋向于形式正义，“而程序则充当了形式正义的蒙眼布”。⑦ 当然，这种形式正义属于早期的

---

① 杨一平：《司法正义论》，法律出版社，1999，第102~107页。

② 徐亚文：《程序正义论》，山东人民出版社，2004，第266页。

③ 魏晓娜：《程序正义》，载樊崇义主编《诉讼原理》，法律出版社，2003，第224页；徐亚文：《程序正义论》，山东人民出版社，2004，第266页。

④ 魏晓娜：《程序正义》，载樊崇义主编《诉讼原理》，法律出版社，2003，第224页。

⑤ 魏晓娜：《程序正义》，载樊崇义主编《诉讼原理》，法律出版社，2003，第228~229页。

⑥ 〔英〕米勒、〔英〕波格丹主编《布莱克维尔政治学百科全书》（修订本），邓正来主编/译，中国政法大学出版社，2002，第223页；魏晓娜：《程序正义》，载樊崇义主编《诉讼原理》，法律出版社，2003，第230~231页。

⑦ 程龙：《法哲学视野中的程序正义：以程序正义研究中的分析模式为主的考察》，社会科学文献出版社，2011，第158页。

程序正义形态，其弊端逐步显现出来，随着主体间性理论的提出，融合形式正义与实体正义的新型程序正义形态出现了。由此，程序的观念发生了变化，程序并非简单的形式，过程与互动关系构成了程序的基础，反思理性成为程序的实质。[①] 在现代社会中，程序越来越成为法治的枢纽环节，这种法治可称为程序法治。[②] 正义的标准需要秉持不同价值观的诸多主体经由程序和商谈来确定，正义的实现同样需要相关主体经由程序来获得。因此，“程序法治力图实现的是一种复合型的程序正义”[③]。由此，公民诉权的正义价值主要表征为程序正义。

如果说在古代社会诉权的正义价值主要是实体正义价值的话，那么现代社会以来公民诉权的正义价值则主要是程序正义价值。在这种诉权的正义价值转换中，国家担当起了维护正义的责任。在当下的中国，特别需要强调和重视公民诉权的程序正义价值。因为受责任意识的历史文化影响，“国家倾向于通过强调个人义务感和正义的无条件性来弥补其自身机制缺陷”[④]，而这种倾向显然不符合正义秉性的逻辑范围；“虽然人们可以内化某种强调义务的意识形态，从而暂时忘却正义的条件性[⑤]，但他们对条件性的要求并未消失，而是潜入了下意识，转变为愤恨这一反应性态度”[⑥]。换言之，如果个人的正义诉求无法得到及时的满足，那么社会矛盾就会慢慢累积起来而不利于社会的稳定。

三　公民诉权的正义价值之限度

我们应当看到，现代社会中公民诉权的正义价值演变为程序正义，始终隐含着走向形式化而架空实体性价值的危险。这构成了诉权的正义价值

---

① 季卫东：《法律程序的意义》，《中国社会科学》1993 年第 1 期；季卫东：《法律程序的意义》，《比较法研究》1993 年第 1 期；季卫东：《法治秩序的建构》，中国政法大学出版社，1999，第 76 页。

② 雷磊：《法律程序为什么重要？反思现代社会中程序与法治的关系》，《中外法学》2014 年第 2 期。

③ 雷磊：《法律程序为什么重要？反思现代社会中程序与法治的关系》，《中外法学》2014 年第 2 期。

④ 慈继伟：《正义的两面》（修订版），生活·读书·新知三联书店，2014，第 32 页。

⑤ 正义的条件性和无条件性是指国家垄断了维护正义的权力，正义的条件性已经受到了国家的保障，个人则必须无条件地履行正义的义务。慈继伟：《正义的两面》（修订版），生活·读书·新知三联书店，2014，第 31 页。

⑥ 慈继伟：《正义的两面》（修订版），生活·读书·新知三联书店，2014，第 32 页。

之限度。

源于近代以降主体性哲学中的程序化思维具体表征为法律领域之中的法律程序和正义领域中的程序正义，其促使公民诉权作为一种程序性权利的地位愈加突出，但其寻求正义的意蕴也随着现代社会中实体性价值的程序化而变得程序化了。由此，公民诉权所寻求的正义越来越成为一种程序正义，而其实体性的内容即实体正义则被不同程度地忽视了。程序正义的假设是：正义能够通过程序得到实现，抑或通过确当的程序要比其他方式更能够接近正义。[①] 但是，对此，考夫曼指出："仔细观察便会发现，即使是论辩或合意理论也表明，内容在任何情况下主要是出于经验。以为内容只能出自形式即程序的人，实际上是自欺欺人。"[②] 在不断趋向程序正义的过程中，法律与正义呈现分裂之势，法律规则的形式化程度不断被强化，其所有向更高的善的诉求不断地被削弱。[③] "我们可以称赞法律的合法性、公正和效率，但我们却不会因为其正义性而热爱它。"[④]

在一定意义上，公民诉权的正义限度应当放在法治与人之间关系的框架中来分析。公民依凭现行法律的规定来行使诉权，这种行使诉权的行为本身就体现着法治与人之间的关系。在法治与人之间关系的框架中审视公民诉权的正义限度，意味着公民诉权的限度与法治的限度、人性及人之理性的有限性是紧密联系在一起的。法律之于人的必要性与可能性，在某种程度上乃是源自人的利己为恶与利他为善之属性。[⑤] 同时，法律的弊端和局限构成了人类生活的一部分，公民诉权的弊端和局限作为法律之局限的一部分，同样构成了人们生活的组成部分。起诉难的问题让人感受到了司法的冷漠无情[⑥]，通过行政诉讼的维权之难让人体会到了行政权力的蛮横与司法权力的怯懦，呼格吉勒图蒙冤而死的刑事无罪错案不仅使以追求公平正义为宗旨的司法和法律蒙羞，而且让民众再一次感受到了这样一个残酷的法律现实：通过法律有时不仅不能实现正义而且会制造二次伤害和更

---

① 程龙：《法哲学视野中的程序正义：以程序正义研究中的分析模式为主的考察》，社会科学文献出版社，2011，第 129 页。

② 〔德〕阿图尔·考夫曼：《后现代法哲学：告别演讲》，米健译，法律出版社，2000，第 39 页。

③ 〔美〕伯科威茨：《科学的馈赠——现代法律是如何演变为实在法的?》，田夫、徐丽丽译，法律出版社，2011，第 260 页。

④ 〔美〕伯科威茨：《科学的馈赠——现代法律是如何演变为实在法的?》，田夫、徐丽丽译，法律出版社，2011，第 260 页。

⑤ 〔英〕丹尼斯·罗伊德：《法律的理念》，张茂柏译，新星出版社，2005，第 11 页。

⑥ 张卫平：《起诉难：一个中国问题的思索》，《法学研究》2009 年第 6 期。

严重的不正义。笔者绝非反对法治，而是要重申法治的代价与限度，法治乃是人类社会一种不坏的治理方式，而绝非最好的方式。法治的限度和诉权的限度、公民诉权的正义限度具有先天性和内在性，而绝非一时的偶然之错误。①

“人类状况的一部分是我们追求正义，我们没有在世界上发现正义和我们甚至没有确定的正义标准：正义是一种任务，既是一个决定什么是公正的长期的问题，又是谋求公正地行事和创造一个（相对地）公正的世界的努力。”② 在这种努力中，在人们寻求正义的道路上，公民诉权或许发挥着不可取代的作用，但公民诉权先天的内在局限决定了其自身不足以支撑起人们的正义诉求。这是我们必须直面的现实问题。在某种程度上，正义未必仅能体现于国家提供的公共正义分配制度之中，争取正义并非意味着将某一事件视作公共正义的来源，“而是要提高人与人相互关系中正义的质量”。③

---

① 〔美〕玛丽安·康斯特布尔：《正义的沉默：现代法律的局限和可能性》，曲广娣译，北京大学出版社，2011。

② 〔英〕麦考密克、〔奥〕魏因贝格尔：《制度法论》，周叶谦译，中国政法大学出版社，2002，第267页。

③ 〔意〕卡佩莱蒂编《福利国家与接近正义》，刘俊祥等译，法律出版社，2000，第141页。

法律方法研究

秦汉时期司法审判形成的“比”考析

——兼驳中国古代存在判例法之说

赵晓磊*

摘　要：学术界在描述秦汉时期的“比”时，常常使用判例或者判例法等西方法学概念，有不少学者认为秦汉时期实行判例法的审判方法，史籍中所记载的比是作为判例法而存在的，但这种笼统的概括或描述并不准确。秦汉时期存在两种不同的审判体系以及各种特殊的司法制度，因而在司法实践中产生了由多种司法机构作出的不同种类的“比”——判决成案，这些判决成案的形式及性质是参差不齐的，它们在司法适用中发挥的功能也存在显著差异，它们与西方法学概念中判例法的含义相去甚远。判例或者判例法来源于西方法学知识体系，其含义具有非常浓厚的西方司法制度传统色彩，我们今天在学术研究中应当慎重使用来笼统概括或描述中国古代司法审判及法源的特征。

关键词：秦汉　比　判例　判例法

引　言

近些年来随着秦汉简牍的陆续出土，有关秦汉时期法律形式及司法制度的研究也有了重大突破，但是学术界在描述秦汉时期的法律形式及审判方法时，呈现一种较为普遍化的现象，即比较热衷于“判例”和“判例法”等西方法学概念的使用。① 这种西化的描述是否妥当还要视

---

*　赵晓磊，常州大学史良法学院教师，法学博士。

①　武树臣：《中国法律思想史概论》，中央党校出版社，1996，第181页；何勤华：《秦汉时期的判例法研究及其特点》，《法商研究》（中南政法学院学报）1998年第5期；吕丽、王侃：《汉魏晋“比”辨析》，《法学研究》2000年第4期；吴秋红：《秦汉时期判例适用的方法及得失》，《海南师范学院学报》（社会科学版），2003年第4期；胡兴东：《中国古代“判例法”及相关概念考论》，《曲靖师范学院学报》2012第1期；杨一凡、刘笃才：《历代例考》，社会科学文献出版社，2009，第20~31页；汪世荣：《判例在中国传统法中的功能》，《法学研究》2006年第1期。在有关秦汉法制史的研究中使用“判例”和“判例法”词汇的论著较多，此处不过多列举。

中国秦汉时期是否存在判例法的法源（或者法律形式）以及判例法的审判方法而定，其中法源是否存在判例法是更为决定性的问题，如果存在判例法的法源，那么自然而然存在判例法的审判方法。在西方法学概念中，判例法是基于法院的判决而形成的具有法律效力的判定，这种判决中所蕴含的判定对以后的判决具有法律规范效力，能够作为法院判案的法律依据，其存在形式是先例，即判决成案，那么秦汉时期的判决成案是否具有西方法学概念上的判例法特征呢？我们必须对秦汉时期的判决成案的存在形式和性质进行考察，以澄清秦汉时期是否存在判例法。

秦汉时期的判决成案被称为“比”，史籍中有大量的记载，如“不道无正法，以所犯剧易为罪，臣下承用失其中，故移狱廷尉，无比者先以闻，所以正刑罚，重人命也。”[①] “律、令凡三百五十九章，大辟四百九条，千八百八十二事，死罪决事比万三千四百七十二事。”[②] “又轻侮之比，浸以繁滋，至有四五百科，转相顾望，弥复增甚，难以垂之万载。”[③]因此，考察比在秦汉时期的含义和存在形态是本文研究的出发点，也是解决前述问题的根本所在。秦汉时期的比早已成为学术界研究的热点，长期以来，比一直被视为一种法律形式，且对当时的司法审判产生重要影响，但是对比的各种解释和考证都较为笼统化和碎片化，没有能够对比的含义进行全面的解析，也没有能够对比的存在形态进行有效的分类研究，使得学术界对秦汉时期的比的认识依然较为模糊。造成此种研究缺陷的主要原因是先前的研究忽略了汉代的司法审判体系及司法体制，没有深入考察史料中各种比产生的特殊背景。

一　秦汉时期“比”的含义

“比”一词在史料中大量出现，其含义也是多样的，并不是所有的“比”都是指判决成案。徐世虹认为秦汉时期的比有两种基本含义，首先，比为则例、故事，是法源意义上的比，是汉代法律载体之一；其次，比又

① （汉）班固撰、（唐）颜师古注《汉书》卷70《陈汤传》，中华书局，1962，第3026页。

② （汉）班固撰、（唐）颜师古注《汉书》卷23《刑法志》，中华书局，1962，第1101页。

③ （南朝宋）范晔撰、（唐）李贤等注《后汉书》卷44《张敏传》，中华书局，1982，第1502～1503页。

是一种司法类推行为，是指司法官吏比附适用法律的行为。[①] 杨一凡和刘笃才认为，秦汉时期的比种类繁多，首先是律令之比，后世所谓的比附，是对于法无明文规定的犯罪，通过法律解释，使之可以比附适用现行律令条文；其次是决事比，决事比属于司法判例，史籍记述最多的是死罪决事比，汉代司法判例已经十分发达。[②] 就司法审判当中的比而言，通过对比上述两个有代表性的观点，可以发现两种观点大致是相同的，比的主要含义有两种，一种是比为法律载体——判例成案，另一种是比为司法方法——比附。

根据此前的研究成果，重新对秦汉时期比的含义进行总结，笔者认为应当有以下三种含义：一是指作为司法审判方法的比，也就是比附、类推等司法行为；二是指立法规定的律令之比，虽然字面意思仍是司法比附行为，但是规定在律令之中，作为对某种案件处理的硬性规定，与作为司法方法的比附已有截然的区别；三是指作为司法审判中的法源，以判决成案的形式存在，可以作为司法审判时的参照或依据。

（一）司法审判方法：比附

作为司法审判方法的“比”一词，在史籍或出土史料中一般是作为动词使用的，表示一种司法行为，即将案件事实比附相关的律令条文或者其他法源，此外还作为动词性名词使用，表示一种司法行为的存在状态，用来描述司法官员比附行为的存在，这类动词性名词在史料中并不表示作为实体存在的法源，仍是指司法行为或方法。学者们一般都认为司法审判方法之比主要是指比附律令，也不乏援引旧案成例的做法，但是笔者认为，既然比是一种司法审判方法，那么所比附的对象并不会只局限于某种法源，将案件事实与法源对应的过程就是一种比附、比对的行为，因此比的对象可以是所有可能的法源。据笔者考察，秦汉时期司法中适用的法源主要有成文律令、旧案成例以及经义三种，这些主要的法源的适用方法被形象地称为“比”，因此作为司法审判方法的比，即是对这三种主要法源适用的一般方法。但是比这种司法审判方法是在某种前提下实施的，即在司法审判中遇到了超出律令范围的适用疑难，这是在律令无明文规定或者规定不全面的情形下产生的适用疑难，解决这种适用疑难的司法审判方法才

① 徐世虹：《汉代法律载体考述》，载杨一凡总主编、高旭晨主编《中国法制史考证》甲编第3卷《两汉魏晋南北朝法制考》，中国社会科学出版社，2003，第175页。

② 杨一凡、刘笃才：《历代例考》，社会科学文献出版社，2009，第16~34页。

可以称为比。

1. **比附成文律令**

在出土秦简《法律答问》中，对有关各种律令无明文规定或规定不全面的犯罪行为，解决方法大多是比附成文的律令，由于不能直接从成文律令中找出可适用的条文规定，于是便通过比附既定的相近罪名来完成定罪量刑。《法律答问》中有大量的这种比附成文律令的做法，为现实的司法提供解决疑难案件的指引：

> 殴大父母，黥为城旦舂。今殴高大父母，可（何）论？比大父母。
>
> 或与人斗，决人唇，论可（何）殴（也）？比疻痏。
>
> 盗封啬夫可（何）论？廷行事以伪写印。①

汉初立法粗疏，据史籍记载："汉兴之初，虽有约法三章，网漏吞舟之鱼。"② 现实中的很多罪行是律令无法全部包容的，比附成文律令的司法方法同样存在。在出土史料《奏谳书》中的案例九、十、十一、十二中，在遇到律令无明文规定的适用疑难时，案件上谳至廷尉，廷尉在当报的时候采用的就是比附律令的方法，如其中几个连续的案例所反映的"为伪书"罪的适用就是这种情形。③

很明显，比附成文律令的做法是在立法不完善的情形下，不得不采取的一种司法审判方法，针对的是应当惩罚的犯罪行为，在律令发展的早期——秦汉时代，这种司法审判方法发挥着非常重要的作用，不仅解决了现实中的司法疑难案件，同时也为后来的立法提出了新的要求和能够利用的方法。

2. **比附旧案成例**

在司法实践中，遇到律令无明文规定或规定不全面的适用疑难时，除了通过比附相近的律令条文外，还有一种重要的方式——比附以往可供参照的相类似判决，但是必须明确的一点是，这种方法的适用必须以先前出现过相类似判决为前提。司法中为解决前述疑难，汉代最早所采用的办法应当是比附律令的方法，当通过比附律令产生具体的个案后，个案的汇编

---

① 睡虎地秦墓竹简整理小组：《睡虎地秦墓竹简》，文物出版社，1990，第93～144页。

② （汉）班固撰、（唐）颜师古注《汉书》卷23《刑法志》，中华书局，1962，第1104页。

③ 张家山二四七号汉墓竹简整理小组：《张家山汉墓竹简［二四七号墓］：释文修订本》，文物出版社，2006，第96～97页。

公布就使得司法中比附旧案成例的做法成为可能。

秦代出土史料《法律答问》中出现“廷行事”一词，目前虽有一些关于其性质的争议①，但通过“廷行事”的适用来处理有关司法疑难，确是秦代司法实践中存在的事实，秦简中有许多比附“廷行事”来解决各种司法疑难的记载：

盗封啬夫可（何）论？廷行事以伪写印。

实官户关不致，容指若抉，廷行事赀一甲。

实官户扇不致，禾稼能出，廷行事赀一甲。②

在汉代，比附以往判决审理疑难案件同样是普遍存在的事实，在《奏谳书》案例三中，在议罪中为了使律令的适用更加有说服力，议罪官员举出了相似的司法判决，“人婢清助赵邯郸城，已即亡，从兄赵地，以亡之诸侯论。今阑来送徙者，即诱南。吏议：阑与清同类，当以从诸侯来诱论。”③ 但这种适用并不是用于解决超出律令范围的适用疑难，其目的仅仅是使某种律令的适用成为可能。不过可以相信，在汉代中后期，大量的特殊案例汇编公布后，特殊判决在解决司法疑难问题上将发挥重要作用，东汉时期的“轻侮之比”和“（叔孙）光比”就反映了这种特殊案例适用的情形：

建初中，有人侮辱人父者，而其子杀之，肃宗贳其死刑而降宥之，自后因以为比。④

安帝初，清河相叔孙光坐臧抵罪，遂增锢二世，衅及其子。是时居延都尉范邠复犯臧罪，诏下三公、廷尉议。司徒杨震、司空陈褒、廷尉张皓议依光比。⑤

其实，汉代司法实践中有大量的特殊案例适用的情形，此处不一一列

① 关于秦代“廷行事”，秦墓竹简整理小组认为是判例，杨一凡与刘笃才持否定观点，具体详情参见杨一凡、刘笃才《历代例考》，社会科学文献出版社，2009，第52～78页。

② 睡虎地秦墓竹简整理小组：《睡虎地秦墓竹简》，文物出版社，1990，第93～144页。

③ 张家山二四七号汉墓竹简整理小组：《张家山汉墓竹简［二四七号墓］：释文修订本》，文物出版社，2006，第93页。

④ （南朝宋）范晔撰、（唐）李贤等注《后汉书》卷44《张敏传》，中华书局，1982，第1502页。

⑤ （南朝宋）范晔撰、（唐）李贤等注《后汉书》卷39《刘恺传》，中华书局，1982，第1308～1309页。

举，这些特殊案例对于弥补律令的不足具有重要作用，大多数案例经过皇帝的权断，显得更有权威，虽然没有提出新的罪名，但是在量刑上有新的变化，超出了律令的规定，使得案件的处理有了可以参照的新内容。

3. 比附经义

在西汉中后期，随着经义在国家政治生活中地位的提高，经义对当时的司法产生的影响日益增大，在处理某些特殊案件时，比附经义进行判决成为一种可行的方式。比附经义来判决具体始于何时史籍记载不详，可以肯定的是，在汉武帝时期，适用经义解决疑难案件的事情已经确实存在。据《汉书·张汤传》记载，“是时，上方乡文学，汤决大狱，欲傅古义，乃请博士弟子治《尚书》、《春秋》，补廷尉史，平亭疑法。”[①] 其中提到了张汤审理各种重大案件时比附经义，并请博士弟子治儒家典籍，补廷尉史，由此可以确定张汤在审理各种重大案件中已经开始比附经义。

关于张汤治狱比附经义的做法，在《汉书·儿宽传》中亦有记载：“汤由是乡学，以宽为奏谳掾，以古法义决疑狱，甚重之。”[②] 此处记载与《张汤传》中相吻合，文中提到“以古法义决疑狱”，比附经义来决疑狱，张汤治大狱能够比附经义处理，完全是由于有一批像儿宽这样的掾属，精通经义，适用经义奏谳，妥善解决各种疑难案件，使皇帝满意。

比附经义的做法无疑属于司法审判方法，但是西汉中后期比附经义审理案件是司法活动中的重要组成部分，“春秋决狱”是极为常见的现象。

（二）立法规定的律令之比

在以前的研究中已有学者提到律令之比，睡虎地秦简、其他出土史料及史籍中均显示了秦汉时期有大量的律令之比[③]，其实学术界所提到的律令之比应当分为两种，一种属于司法实践中律令适用的范畴，是司法中的比附方法，一种则属于律令内容的范畴，是成文化的立法规定。关于司法方法的律令之比，前面已经讲述，而立法规定的律令之比，则必须考察律令规定，这是一种补充完善律令的立法措施。

---

① （汉）班固撰、（唐）颜师古注《汉书》卷59《张汤传》，中华书局，1962，第2639页。

② （汉）班固撰、（唐）颜师古注《汉书》卷58《儿宽传》，中华书局，1962，第2628～2629页。

③ 杨一凡、刘笃才：《历代例考》，社会科学文献出版社，2009，第17～20页；陈鸣：《秦汉比考论》，西南政法大学2012年博士学位论文，第5～14页。

汉初的《二年律令》中有许多事制类立法[①]，其内容虽然不是犯罪行为的刑罚规定，但足可见这种律令之比在汉代律文中的重要性。

而《津关令》中的律令之比则不仅仅是事制类的内容，还包括犯罪行为的刑罚规定，如《津关令》令文廿三中提到“皆比越塞阑关令”，规定新设置的夹溪河关的管理比附“越塞阑关令”的规定，而“越塞阑关令”就是指《津关令》令文一：“御史言：越塞阑关，论未有□，请阑出入塞之津关，黥为城旦舂……。制曰：可。”[②] 对于“阑出入塞之津关”“越塞”“吏卒主者弗得”等犯罪行为都有明确的刑罚规定，新设置的夹溪河关的管理中遇到这类犯罪行为，依照此令处理。

史籍中亦有许多此种律令之比，是采用颁布单一诏书令的形式进行立法的。单一诏书令属于汉令的原初存在形式[③]，我们所见到的《津关令》就是由单一诏书令汇编而成的，汉初文帝的遗诏就是此类单一诏书令：

> 其令天下吏民，令到出临三日，皆释服。无禁取妇、嫁女、祠祀、饮酒、食肉。……它不在令中者，皆以此令比类从事。布告天下，使明知朕意。[④]

上述令文内容属于事制类立法，对于那些不在令文中规定的事项，依照令文中相类似的规定来处理，使得令文的规定在形式和内容上涵盖了一切与皇帝丧葬有关的事务。王莽时期颁布的诏书令中也有立法规定的律令之比，“诸挟五铢钱，言大钱当罢者，比非井田制，投四裔。”[⑤] 携带五铢钱，声称大钱应当废除的，这些行为律令之中没有规定，则比附以前颁布的诏书令中有关“非井田制”的刑罚规定。东汉时期立法规定的律令之比依然存在，光武帝建武十三年（公元 37 年）时曾颁布诏书令：“益州民自八年以来被略为奴婢者，皆一切免为庶人；或依托为人下妻，欲去者，

---

① 具体的律文可参见陈鸣《秦汉比考论》，西南政法大学 2012 年博士学位论文，第 8 ~ 10 页。

② 张家山二四七号汉墓竹简整理小组：《张家山汉墓竹简［二四七号墓］：释文修订本》，文物出版社，2006，第 83、87 ~ 88 页。

③ 赵晓磊：《汉氏的令马诏》，载于杨一凡、朱腾主编《历代令考》（上册），社会科学文献出版社，2017，第 182 ~ 220 页。

④ （汉）班固撰、（唐）颜师古注《汉书》卷 4《文帝纪》，中华书局，1962，第 131 ~ 132 页。

⑤ （汉）班固撰、（唐）颜师古注《汉书》卷 99 中《王莽传中》，中华书局，1962，第 4112 页。

恣听之；敢拘留者，比青、徐二州以略人法从事。”[1] 在战乱年代因生活或者情势所迫，不得已寄托他人为下妻，如今想离开回家的，必须放行，如果有人敢拘留，比附“略人法”惩处。“略人法”是指光武帝早些时候颁布的诏书令：“吏人遭饥乱及为青、徐贼所略为奴婢下妻，欲去留者，恣听之。敢拘制不还，以卖人法从事。”[2]“略人法”同样也是立法规定的律令之比，无论是依托为人下妻被扣留，还是被抢掠为奴婢下妻被拘执，这些行为在律令之中无明文规定或者规定不全面，以立法的形式规定比附已有律令中的“卖人法”惩处。

（三）司法审判中的法源之比

作为司法审判中法源意义上的比，是以判决成案的形态存在的，这种意义上的比是秦汉时期比的主要含义，甚至学术界有些学者倾向于认为汉代的比是专指这种以案例形态存在的比，排除司法审判方法意义上的比。[3] 这种案例形态的比是一种客观存在的适用于司法审判的某种事物，因而属于司法审判中的法源，前面提到的东汉时期的“轻侮之比”和“（叔孙）光比”就属于这种意义上的比，它们本身作为判决成案在司法中再次得以适用，以至于相当多的学者用“判例”或者“判例法”来描述这种意义上的比。

但是秦汉时期的判决成案是否都会被作为法源而再次适用于司法审判中呢？无论是理论上还是实际上都是不确定的。由于判决成案并不确定是否会被后来的司法审判援引适用，因此每个案例都有可能成为法源之比，不过这些被再次援引适用的比在司法中的功能却是千差万别的，因为这些以案例形态存在的比，其存在样态并不是单一或同质的，其形态及性质是复杂多样的，下文专门对此种案例形态的比进行有效的分类研究。

二　秦汉时期法源之比的多种形态

秦汉时期的法源之比是以判决成案的形态存在的，但是秦汉时期审

---

① （南朝宋）范晔撰、（唐）李贤等注《后汉书》卷1下《光武帝纪下》，中华书局，1982，第63页。

② （南朝宋）范晔撰、（唐）李贤等注《后汉书》卷1下《光武帝纪下》，中华书局，1982，第52页。

③ 吕丽、王侃：《汉魏晋“比”辨析》，《法学研究》2000年第4期。

判体系以及司法体制使不同司法机构作出的各种判决成案，不仅形态上存在差异，而且在以后的司法适用中发挥的功能也存在明显的差异。秦汉时期的司法审判分为两种体系，一种是普通案件的审判体系，由律令规定的司法机构判决，另一种是诏狱的审判体系，由皇帝下诏命令有关机构审判并下诏书判决，这两种审判体系产生的判决成案在形态和性质上均有明显差异。汉代普通案件司法体制中存在的上谳及上请制度，使普通案件的判决成案再次分化为各种类型。根据各种类型的判决成案所产生的司法机构以及特殊背景的不同，本文将法源之比划分为下面几种类型。

（一）无律令适用疑难的普通案例

无律令适用疑难的普通案件，郡县司法机构无须上谳和上请，只需依照正常的司法程序处理即可，司法官员的审判依据基本上是律令。此类案件所发生的事实，律令中的规定非常清晰，案情简单且容易判决，问题关键在于对案件事实的认定。出土史料《奏谳书》中的乞鞫覆治（再审）案件就是这种情形，案情复杂但律令适用简单。① 普通案件的审判担当者主要是郡县司法机构，几乎所有的普通案件均必须先经郡县司法机构审理，如有律令适用疑难则上谳，法律规定必须上请的则上请，遇有乞鞫的则“覆治”（相当于再审），但上谳、上请及覆治的案件并不是普通案件的主要部分，由郡县直接判决的案件占绝大部分。郡县直接判决的案件基本上不属于律令适用疑难的案件，在律令适用方面对后来的司法审判影响也较小。

（二）发生律令适用疑难的上谳案例

汉代的谳狱制度确立较早，据史籍记载，高祖时期便下诏：“狱之疑者，吏或不敢决，有罪者久而不论，无罪者久系不决。自今以来，县道官狱疑者，各谳所属二千石官，二千石官以其罪名当报。所不能决者，皆移廷尉，廷尉亦当报之。廷尉所不能决，谨具为奏，傅所当比律、令以闻。”② 当县级司法机构上谳案件时，郡、廷尉和皇帝都有可能对案件进行“当报”，然后县级司法机构再根据获得的“当报”进行判决，郡级司

---

① 张家山二四七号汉墓竹简整理小组：《张家山汉墓竹简［二四七号墓］：释文修订本》，文物出版社，2006，第 101～102 页。

② （汉）班固撰、（唐）颜师古注《汉书》卷 23《刑法志》，中华书局，1962，第1106 页。

法机构上谳案件的情况也是如此，这种制度的设立主要是为了解决县级司法机构审判时遇到的律令适用疑难问题。根据出土史料《奏谳书》中所记载的案例可以发现，县级司法机构上谳的案件，郡级司法机构一般都继续上谳至廷尉，比如前面所列举的案例四“娶亡人为妻”案，虽然案情简单且律令适用明确，并不存在疑难，但一直上谳至廷尉，并最后得到回复：不应当上谳。但并不是所有案件都能上谳至皇帝，上谳至皇帝的案件只能是廷尉不能决断的案件，案件一旦上谳至皇帝，还可能引发皇帝组织朝中大臣进行集议，集统治群体的智慧来处理疑难案件。因此本文认为，发生律令适用疑难的上谳案例，主要由两部分构成，即廷尉“当报”和皇帝“当报”的上谳案例，这两类案例会对郡县以后的司法审判产生重要影响。

1. 廷尉“当报”的上谳案例

出土史料《奏谳书》中的案例大部分是廷尉“当报”的上谳案例，这些案例中既有律令范围内适用疑难的案例，也有超出律令范围的适用疑难案例，对解决律令适用疑难的案件发挥了极大作用。当郡县将疑难案件上谳至廷尉后，廷尉不仅对案件作出“当报”，还会审查案件是否为当谳的案件，之后作出两种形式的“当报”，一种是“（谳）固有审”，即案件属于应当上谳的案件，另一种是“律白，不当谳”，即案件事实中律令中规定得清清楚楚，不应当上谳。

但是这种状况在景帝时被打破，景帝专门下诏：“诸狱疑，虽文致于法而于人心不厌者，辄谳之。”后来又下诏曰：“狱，重事也。人有愚智，官有上下。狱疑者谳，有令谳者已报谳而后不当，谳者不为失。”① 首先，扩大了上谳案件的范围，上谳案件不一定都是关于律令适用疑难的案件，还有可能是“人心不厌”的案件，即人心不服；其次，规定上谳的案件经审查属于“不当谳”的案件，上谳的司法官员不为过失，因此汉初对个别“不当谳”的案件可能不再发生“廷报：律白，不当谳”的情形了，所有上谳案件廷尉都会同等对待，上谳案件的数量可能更为庞大。

廷尉“当报”的上谳案例，案例记载的后面大多有廷尉对案件作出的“廷报”，比如《奏谳书》案例一：“廷报：当要（腰）斩。”② 这一点是区别于皇帝“当报”的上谳案例的特征，后面在分析皇帝“当报”的上

---

① （汉）班固撰、（唐）颜师古注《汉书》卷23《刑法志》，中华书局，1962，第1106页。

② 张家山二四七号汉墓竹简整理小组：《张家山汉墓竹简［二四七号墓］：释文修订本》，文物出版社，2006，第91页。

谳案例时会指出这一特征。

籾山明曾指出，县之狱吏是在制度之最末端担任诉讼工作的主体。第一个面对种种疑难问题的，一定就是他们。这样的疑难案件被逐步上谳到廷尉，最终由廷尉做出“当报”。在这种制度安排之下，由郡县司法机构所产生的各种疑案，逐渐都会被积累在廷尉之下。于是，这些东西随时可能会被整理为编纂物，为提供给狱吏作实务参考而向全国颁布。《奏谳书》等书籍就是有这样之由来的教科书。各种司法实务经验，经廷尉得以汇集，然后就被再分配到各地郡县。①

2. 皇帝“当报”的上谳案例

廷尉是解决上谳案件的主要机构，如果廷尉无法解决或者无权限解决，那就必须上奏皇帝，这一点皇帝在诏书中讲得明白：“廷尉所不能决，谨具为奏，傅所当比律、令以闻。”② 在司法实践中皇帝“当报”的案件数量亦是相当可观的，从史籍记载来看，有不少复仇案件和大量的轻侮案件是奏闻皇帝，请求皇帝来裁决的。一般来说廷尉“当报”的案例的标志性用语是“廷报”，而皇帝“当报”的案例则不明显，使用何种词语来表示廷尉将案件奏闻皇帝尚不清晰，汉代廷尉向皇帝奏闻的常用书面语，高祖时的谳狱诏中有“傅所当比律、令以闻”，在规定一些必须上请的案件的诏书中则是“上请廷尉以闻”。

但出土的王杖诏书令和王杖十简中则记载了皇帝“当报”的上谳案例的部分原文，因为汉代皇帝的批语一定带有“制曰”二字，这是皇帝文书用语的标志性特征，无论皇帝做何种批示，必须有“制曰”二字。而王杖诏书令和王杖十简中的记载则是如此：

> 汝南太守谳廷尉，吏有殴辱受王杖主者，罪名明白。制曰：谳何，应论弃市。③

皇帝对上谳案件进行当报，都是以诏书的形式下达的，这一点也在史籍记载的“轻侮之比”中得到验证。据《后汉书·张敏传》：“建初中，

---

① 〔日〕籾山明：《中国古代訴訟制度の研究》，京都大学学术出版会，2006，第 278 页；〔日〕籾山明：《中国古代诉讼制度研究》，李力译，上海古籍出版社，2009，第 244～245 页。

② （汉）班固撰、（唐）颜师古注《汉书》卷 23《刑法志》，中华书局，1962，第1106 页。

③ 武威县博物馆：《武威新出土王杖诏令册》，载甘肃省文物工作队、甘肃省博物馆《汉简研究文集》，甘肃人民出版社，1984，第 37 页；李均明、何双全编《散见简牍合辑》，文物出版社，1990，第 16 页。

有人侮辱人父者，而其子杀之，肃宗贳其死刑而降宥之，自后因以为比。”[①] 这些轻侮案件张敏讲得很清楚，有关轻侮案件的处理，都是皇帝降恩，从来都没有被颁布为律令，轻侮案件都是由皇帝裁决的，经过皇帝的宽宥而减免死罪。我们可以清楚地看到，普通案件因为律令规定不全面造成适用的疑难而上谳，且最终上谳至皇帝，由皇帝下诏书裁决，因此《王杖诏书令册》中记载的皇帝“当报”的形式是汉代真实存在的。

廷尉将上谳的案件奏闻皇帝在汉代属于常见的现象，《汉书·张汤传》中就有记载，“奏谳疑，必奏先为上分别其原，上所是，受而著谳法廷尉挈令，扬主之明。”[②] 从这里可以明显看出，廷尉首先拟定好处理的意见，上奏皇帝，然后皇帝批准，必然以“制曰”的形式批准，以诏书的形式下达。

（三）皇帝下诏判决的案例

皇帝下诏判决的案例有两类，一类是郡县审理的普通案件上请至皇帝，皇帝必须做出裁决，因而下诏判决；另一类是诏狱，负责审理诏狱的机构在审理后必须上请皇帝，请求皇帝做出最终裁决。这两类案件的判决与皇帝掌控司法最终决定权是密切相关的，这些案件都是特殊的或者重要的案件，皇帝对案件最终裁决权的掌控有利于发挥皇帝的权断职能。

1. 郡县上请案例

目前学术界对汉代“上请”的认识尚不是特别清晰。一些学者认为，一般司法机关不能擅自对此类案件做出判决，必须将审理结果向皇帝请示，这种观点是将“先请”或“上请”视为特殊案件拟定判决的请示程序[③]；还有学者认为，司法机关遇到此类案件，必须先奏请皇帝裁定如何处理，得旨后再正式审理，或不审理。[④]但史料中有关上请的记载并不多，其中《汉书·东方朔传》中有关于上请的记载，昭平君醉酒杀死主傅，被

---

① （南朝宋）范晔撰、（唐）李贤等注《后汉书》卷44《张敏传》，中华书局，1982，第1502~1503页。

② （汉）班固撰、（唐）颜师古注《汉书》卷59《张汤传》，中华书局，1962，第2639页。

③ 王立民：《论上请》，《法学》1991年第6期；程政举：《汉代诉讼制度研究》，法律出版社，2010，第76~82页；陶舒亚主编《中国法制史》，浙江大学出版社，2006，第112页；曾宪义主编《中国法制史》（第2版），北京大学出版社，2009，第97页。

④ 范忠信、陈景良主编《中国法制史》（第2版），北京大学出版社，2010，第182页。

系狱内宫，由于主傅是公主的儿子，“廷尉上请请论”。武帝左右为难，但最终批准廷尉的判决，异常悲伤。① 该处史料中的“廷尉上请请论”很明显是发生在罪犯被逮捕下狱后，因昭平君已经“狱系内宫”，属于廷尉就拟定判决向皇帝请示裁决的行为，从接下来皇帝“可其奏”，昭平君被批准了死刑，皇帝“哀不能自止”“左右尽悲”，可以确定此处的“上请”是廷尉以拟定判决向皇帝请示的程序。但是我们必须看到这条史料所涉及的案件属于诏狱，并不是郡县上请的案件，这种诏狱审判中的上请程序与普通人犯罪的特殊案件适用的上请在内涵上还是存在一定差异的，诏狱中的上请是下狱审理后必须向皇帝进行的请示，这是由诏狱的本质特征所决定的。有关郡县上请的记载是在汉代皇帝的诏书中，是皇帝针对一些普通人犯罪的特殊案件的专门立法规定：

西汉宣帝地节四年（前66年）诏：自今子首匿父母，妻匿夫，孙匿大父母，皆勿坐。其父母匿子，夫匿妻，大父母匿孙，罪殊死，皆上请廷尉以闻。②

西汉成帝鸿嘉元年（前20年）令：年未满七岁，贼斗杀人及犯殊死者，上请廷尉以闻。③

两则诏书中规定的是普通人犯罪的特殊案件的最终判决必须上请至皇帝，由皇帝来裁决。这种请示是为获得最终的判决而向皇帝进行的请示，审判机关不能自主进行最终判决，这是皇帝将最终审判权收回的一种制度安排。很明显，郡县上请的案件，由皇帝进行最终的裁决，以诏书的形式下达判决。

虽然汉代常常“请”“谳”两字合用，但“请”和“谳”却是不同的制度或程序，前面讲述了谳狱制度，上谳是专门就律令适用疑难而设立的制度，而上请，一般都认为是特殊群体犯罪后在量刑上请示皇帝裁决的程序，属于获得最终判决的请示，上请与律令的适用有关，但不是专门解决律令适用疑难的制度。日本学者宫宅潔认为，请谳即上申制度，请是特殊人员经皇帝许可减罪的制度，谳是疑难案件向上级报告请求裁决；请是

---

① （汉）班固撰、（唐）颜师古注《汉书》卷65《东方朔传》，中华书局，1962，第2851～2852页。

② （汉）班固撰、（唐）颜师古注《汉书》卷8《宣帝纪》，中华书局，1962，第251页。

③ （汉）班固撰、（唐）颜师古注《汉书》卷23《刑法志》，中华书局，1962，第1106页。

义务上的上申，谳是疑义意义上的上申。[①] 笔者认同此说。

而普通人犯罪案件中的上请并不是一开始就存在的，是通过谳狱制度逐步形成的。关于普通人犯罪的特殊案件，史籍中还有大量记载，比如前面提到的轻侮案件，此类案件先经由地方司法机构审理完毕，在定罪量刑程序的处理上，因难以决定，而逐级上谳至廷尉，廷尉再奏闻皇帝，皇帝发挥权断职能，下诏判决。面对大量上谳的轻侮案件，皇帝一直以下诏判决的方式宽宥处理，虽然有官员提出制定轻侮法，但经过张敏的驳议后，皇帝最终消除了立法的念头。但是仍有某些类案大量上谳最终导致了皇帝下诏立法的情形，比如父匿子类案件，此类案件刚开始有不少官员貌似荒唐地上谳，或许上谳会失败，亦可能皇帝下诏施恩予以减刑，但是此类案件大量地上谳，最终导致宣帝下诏书对此类案件进行专门规定，这就是前面提到的宣帝地节四年诏书。皇帝下诏专门进行规定，使得原来可能发生的上谳转变为法定的上请，此后此类案件则必须上请至皇帝，判决结果必须由皇帝来裁决，而不再由地方司法机构和廷尉自主决定是否上谳至皇帝。因此，普通人犯罪的特殊案件所适用的上请程序，其实是由频繁地上谳而导致皇帝下诏规定此后类似案件必须向皇帝请示。

汉代的上请分为两种情形，一种是将拟定的判决向皇帝请示，一种是因案件特殊普通司法官员无权自主判决。第一种情形主要适用于诏狱审判，而第二种情形主要适用于特殊的普通案件审判，主要为郡县上请。由于一些普通案件存在某些特殊情节，符合律令关于上请的规定，普通司法官员无法自主决定，必须上请至皇帝，皇帝最终判决，因此特殊的普通案件中的上请程序属于汉代国家对律令适用疑难而进行的制度安排。但是在司法实践中，对不是律令规定的必须上请的案件，仍然会有一些官员将案件上请皇帝，请求作出特殊处理，主要是请求皇帝对罪犯的刑罚给予权断。

> 其年，迁（赵）憙平原太守。时，平原多盗贼，憙与诸郡讨捕，斩其渠帅，余党当坐者数千人。憙上言："恶恶止其身，可一切徙京师近郡。"帝从之，乃悉移置颍川、陈留。于是擢举义行，诛锄奸恶。[②]

---

① 〔日〕宫宅潔：《汉代请谳考——理念·制度·现实》，《东洋史研究》1966年第55卷第1期，第1～34页，转引自蔡万进《出土史料奏谳书研究》，广西师范大学出版社，2006，第122页。

② （南朝宋）范晔撰、（唐）李贤等注《后汉书》卷26《赵憙传》，中华书局，1982，第914页。

关于盗贼如何处理，汉代律令中是有明确规定的，汉初的《二年律令》中已有相关规定，依据律令处理已不是难事，但是问题在于盗贼余党应当处罚的有数千人，数量太庞大。郡守赵憙建议皇帝将他们“徙京师近郡”，但是郡守是没有这样的权限的，必须上请皇帝裁决，最终皇帝同意这种做法，而皇帝下诏判决后就形成了特殊的比。

2. **诏狱案例**

汉代的诏狱是专指由皇帝下诏书指派有关机构或人员审理的重大刑事案件，案件最终由皇帝下诏书来判决，既可能是皇帝对司法官员拟定判决的批准，也有可能是皇帝撰写判决以诏书形式下达。一般来说诏狱主要包括三类，一是皇帝命令有关机构或官员审理的案件，二是监察官员的劾奏案件，三是其他先请案件。诏狱案例在史籍中大量存在，诏狱多与政治斗争相关，定罪量刑多与皇帝的喜好以及意愿相牵连，如《汉书·张汤传》中所言：“所治即上意所欲罪，予监吏深刻者；即上意所欲释，予监吏轻平者。”① “上意”是诏狱审判的重要指引，毕竟最终决定权在皇帝那里，如果不能让皇帝满意，皇帝也不会批准。

诏狱中最典型的案例是“腹诽之法比”，大司农颜异不满意国家制造白鹿皮币，皇帝不高兴，门客说颁布造白鹿皮币的法令不妥时，颜异没有应答，只是微微反唇而已，“（张）汤奏当异九卿见令不便，不入言而腹非，论死。自是之后，有腹非之法［比］，而公卿大夫多谄谀取容矣。”② “腹诽之法”在大司农颜异案发生之前并不存在，律令中并不存在相关规定，而在大司农颜异案发生之后，“腹诽之法”便以比的形式存在，此后相似的案件完全依照“腹诽之法”来判决。根据此案例反映的情形，我们可以明确一点，“比”在汉代诏狱审判中作为汉代的法律载体是无疑的，汉代诏狱审判并不是完全依照律令条文，大量的比同样可以为诏狱审判提供判决依据。而且有很多律令无规定的罪行，都是通过比来定罪量刑的。据《汉书·陈汤传》记载：“廷尉增寿议，以为：‘不道无正法，以所犯剧易为罪，臣下承用失其中，故移狱廷尉，无比者先以闻，所以正刑罚，重人命也。’”③ 汉代的“不道”罪并非成文法律令中所规定的罪名，有比

① （汉）班固撰、（唐）颜师古注《汉书》卷59《张汤传》，中华书局，1962，第2639页。

② （汉）司马迁撰、（宋）裴骃集解、（唐）司马贞索隐、（唐）张守节正义《史记》卷30《平准书》，中华书局，1959，第1433～1434页；又见于（汉）班固撰、（唐）颜师古注《汉书》卷24下《食货志下》，中华书局，1962，第1168页。

③ （汉）班固撰、（唐）颜师古注《汉书》卷70《陈汤传》，中华书局，1962，第3026页。

的适用比来定罪，没有比的要先奏闻皇帝。“不道”罪仅仅是在诏狱审判实践中发展起来的，杨一凡和刘笃才认为，“‘不道’这一罪名实际上是一种口袋罪，什么都可以往里装。其包罗之广，见诸史籍者有谋反、谋为大逆、祝诅、巫蛊、妖言等数十种行为，皆曾以‘不道’论处，往往滥诛无辜。”① 大庭修也认为，“‘不道’是内涵较大的罪的概念，其中又有以‘大逆’为首的‘罔上’‘狡猾’等许多小概念。”② 因此，不道罪包含了大量的罪行，许多已有判决形成的比，对后来的“不道”罪的定罪量刑发挥着法源的作用。

汉代诏狱审判所形成的比的数量非常之大，据《汉书·杜周传》：“至周为廷尉，诏狱亦益多矣。二千石系者新故相因，不减百余人。郡吏大府举之延尉，一岁至千余章。”③ 史料中显示，武帝时杜周为廷尉期间，诏狱极多，二千石官员犯案者就有百余人，其他犯者一年就有一千多起案件，难以想象仅仅“不道”罪的案例就如此之多。

（四）上升为成文法的案例：决事比和辞讼比

前面讲述的三种形式的比，尤其是第二种与第三种在汉代司法中发挥着重要作用，但是它们仍然不是正式的成文法，比如“腹诽之法”并不是律令中规定的罪名，而“不道”罪同样也“无正法”。在汉代司法官员的思维中，有“法”和“正法”两种法源，汉代的“正法”如律令，必须经皇帝批准颁行，而“法”则不须皇帝批准颁行，司法实践中依然可以适用，比如“腹诽之法”和“不道”罪。但是到了汉代中后期，随着司法的积累，大量有用的特殊案例被汇编适用，逐渐上升为成文法，成为“正法”，依史籍的记载，在汉代成文化的案例主要是“决事比”和“辞讼比”。

汉代初期，法律载体主要是律令，但是到了汉武帝时期就不同了，据《汉书·刑法志》记载，汉武帝时已经“律、令凡三百五十九章，大辟四百九条，千八百八十二事，死罪决事比万三千四百七十二事。”④ 从班固对汉代法律的描述来看，决事比和正式的律令都是司法审判中适用的正式法源，当时法律庞杂，不仅律令条文繁多，而且决事比的数量也超出想

① 杨一凡、刘笃才：《历代例考》，社会科学文献出版社，2009，第30～31页。

② 〔日〕大庭修：《秦汉法制史研究》，林鸣剑等译，上海人民出版社，1991，第115页。

③ （汉）班固撰、（唐）颜师古注《汉书》卷60《杜周传》，中华书局，1962，2660页。

④ （汉）班固撰、（唐）颜师古注《汉书》卷23《刑法志》，中华书局，1962，第1101页。

象，就死罪而言，律令中死罪规定是 490 条，包含 1812 事，然而死罪决事比则 13472 事，可见汉代律令庞杂的原因之一是决事比的存在。决事比的数量已经相当庞大，远远超出了律令的规定，虽然正式的律令规定较为简单，但是决事比的存在使得律令涵盖面加大。

决事比与一般的案例是不同的，并不是所有的案例都可以成为决事比，汉代的死刑判决数量应该是远远超过决事比数量的，然而只有一部分特殊的案例成为决事比，被著于律令之中。决事比必须经由皇帝批准这一程序是显然的，既然存在于律令篇章之中，在汉代是经历了著令程序的，据《晋书·刑法志》记载，“（陈）忠后复为尚书，略依宠意，奏上三十三条，为决事比，以省请谳之弊。”[①] 可见决事比是经皇帝批准后的产物，即使是廷尉“当报”的上谳案例，要成为决事比，也需要皇帝的批准，皇帝的意志是所有法律产生的必备条件，这是决事比与一般案例的主要区别。

决事比属于律令的范畴，被包含于律令之中，以事为计数单位，与律令抽象规定中的事类相对应，但决事比并非抽象性规定，都是具体的事类。那么决事比究竟是何种样态的存在，今天尚无法看到原始的记载，我们今天对决事比的认识主要源自郑玄和贾公彦对决事比的解释：

> 《周礼·秋官司寇·大司寇》：“凡庶民之狱，讼以邦成弊之。”郑玄注：“郑司农云：‘邦成，谓若今时决事比也。弊之，断其狱讼也。’”贾公彦疏：“先郑云邦成谓若今时决事比也。比八者，皆是旧法成事品式，若今律，其有断事皆依旧事断之，其无条，取比类以决之，故云决事比也。”[②]

根据上述材料提供的信息，可以大致对决事比有以下两点把握，首先，决事比是司法审判中适用的正式法源，属于律令的范畴；其次，决事比的适用条件比较特殊，当遇到的案件事实是律令中无明文规定的事项，无法以律令条文来定罪量刑时，然后才依照决事比来判决，决事比属于律令中“比类”性质的法源。目前学术界大致都认为决事比的存在形态为案例[③]，本文也认为决事比在形态上属于案例。既然无律令条文可以适用，

---

① （唐）房玄龄等撰《晋书》卷 30《刑法志》，中华书局，1974，第 920 页。

② （汉）郑玄注、（唐）贾公彦疏《周礼注疏》卷 34，《十三经注疏》整理委员会整理《十三经注疏》，北京大学出版社，2000，第 1067 页。

③ 杨一凡、刘笃才：《历代例考》，社会科学文献出版社，2009，第 20～31 页；吕丽、王侃：《汉魏晋“比”辨析》，《法学研究》2000 年第 4 期。

那么只有比附权威性判决来处理，权威性判例则是通过上谳或上请产生的，有廷尉或皇帝的意志在其中，属于因律令适用疑难产生的案例。因此，决事比中的案例主要来源于两种形式的案例，首先是廷尉和皇帝“当报”的上谳案例，其次是皇帝下诏判决的案例。

关于一般的案例上升为成文法的记载，除了决事比外，还有辞讼比。据史籍记载：“（陈）宠为（鲍）昱撰《辞讼比》七卷，决事科条，皆以事类相从。昱奏上之，其后公府奉以为法。”① 其中提到陈宠撰《辞讼比》七卷，然后由鲍昱上奏皇帝，经皇帝批准，成为正式法律。此外，《后汉书·鲍昱传》注引《东观记》也提到了这件事情：“（鲍）昱奏定辞讼七卷，决事都目八卷，以齐同法令，息遏人讼也。”② 两处史料都记载了鲍昱奏定《辞讼比》的事实，应当是真实的，但是限于史料的匮乏，只知其中包含一系列案例，并不知如何编排体例。关于辞讼比中的案例，程树德在《九朝律考》辑有三则，其中一则“何侍搏姑”案例中有“南郡谳”及“司徒鲍宣决事曰”的文字，明确显示为上谳至皇帝的案例，由皇帝下诏让司徒鲍昱议罪，可能属于《辞讼比》中的案例。③

三　秦汉时期法源之比在司法中功能的分化

秦汉时期多种形态的法源之比分别产生于不同的审判体系及司法体制，是由不同层级的司法机构作出的判决成案，它们不仅形态上存在差异，而且在以后的司法适用中发挥的功能也存在明显的差异。前面将法源之比划分为五种类型的案例，其中一部分是以“现有律令条文”为判决依据作出的判决，属于律令的解释适用，此类案例中蕴含的规则依然是律令。无律令适用疑难的普通案例、廷尉“当报”的上谳案例等大多属于此类，它们在以后的司法审判中，发挥着指引律令条文适用的功能，此类案例并非是通过它们所蕴含的判决依据作用于以后类似的案件，它们仅仅是在发生的案件事实与现有律令条文之间架起了桥梁，成为解决地方司法官员遇到律令适用疑难时的工具。

---

① （南朝宋）范晔撰、（唐）李贤等注《后汉书》卷46《陈宠传》，中华书局，1982，第1548～1549页。

② （南朝宋）范晔撰、（唐）李贤等注《后汉书》卷29《鲍昱传》，中华书局，1982，第1023页。

③ 程树德：《九朝律考》卷1，商务印书馆，2010，第40～41页。

而另外一部分不是以“现有律令条文”为判决依据作出的判决，属于律令外法源的适用，其中蕴含了律令之外的其他法源。皇帝“当报”的上谳案例、郡县上请案例大多属于此类，它们多属于律令无明文规定产生的适用疑难案件和律令规定不全面产生的适用疑难案件，由于案件事实在实际上超出了律令可涵盖的范围，地方司法官员是没有权限来解决的，当然不排除一些敢于冒司法责任风险的官员武断判决。这些案例的产生是由皇帝的裁决给予了一种特殊处理办法，这些特殊处理办法中蕴含了不同于现有律令的全新规则，主要是涉及刑罚方面的。但是这些新的定罪量刑规则并不完全由皇帝本人产生，它依然是在廷尉府甚至朝廷官员整体智慧的基础上产生的。据《汉书·张汤传》中的“奏谳疑，必奏先为上分别其原”①，以及《汉书·儿宽传》中的“会廷尉时有疑奏，已再见却矣，掾史莫知所为。宽为言其意，掾史因使宽为奏”②，从两处史料的记载可以看出，皇帝发挥权断职能的前提是廷尉府各相关掾属展示聪明才智，权断完全是专业司法智慧的结晶，并不是皇帝随意的权断结果。此类案例在以后的司法审判中以其蕴含的全新的定罪量刑规则作用于相类似案件，但它们的适用必须通过上谳或者上请由皇帝裁决，其他审判机构不得随意适用。

其中诏狱案例更为特殊，它产生于诏狱审判体系之中，此后也仅仅在诏狱审判中发挥作用。此类判决的作出完全依赖皇帝的裁决，制定法——律令并不是被优先考虑适用的法源，相反大量的比反而是主要适用的法源，像前面所说的有关“不道”罪的比和“腹诽之法比”等，都在诏狱中大量适用，当然，比也不是优先适用的法源，何种法源优先适用，完全依赖皇帝的裁决，因此这类案例的产生以及再次适用更为偶然而不具有规律性。

在各种法源之比中，上升为成文法的案例是最为特殊的一类案例，如决事比或辞讼比等，它们同样不是以“现有律令条文”为判决依据作出的判决，但它们具备上升为成文法的潜质，通过著令程序被写入正式的律令之中，一旦上升为成文法之后，它们所蕴含的各种全新的定罪量刑规则就成为正式的规定，在后来的司法审判中与律令发挥同等作用，用于弥补现有律令的不足。这些案例在汉代法律体系中与律令处于同等的位置，它们

① （汉）班固撰、（唐）颜师古注《汉书》卷59《张汤传》，中华书局，1962，第2639页。

② （汉）班固撰、（唐）颜师古注《汉书》卷58《儿宽传》，中华书局，1962，第2628～2629页。

所发挥的功能是其他类型案例所不具有的。与稍微抽象的律令条文相比，上升为成文法的案例则是鲜活的、具体明确的，非常有利于司法官员的适用，司法官员只要考察具体的案件事实是否相似，便可以进行定罪量刑。

结　语

判例或者判例法来源于西方法学知识体系，其含义具有非常浓厚的西方司法制度传统色彩，而秦汉时期司法审判中所形成的大量案例，其形式及性质是参差不齐的，其在司法适用中发挥的功能也存在显著的差异，它们与西方法学概念中的判例或判例法相去甚远。可以进一步明确的是，秦汉时期并不存在判例法的法源，那些上升为成文法的“决事比”和“辞讼比”等，虽然可以发挥判例法的功能，但它们却不能被视为判例法，它们仅仅是通过立法程序被赋予了对以后相类似案件的拘束力，它们属于成文法或制定法的范畴。我们今天在学术研究中应当慎重使用西方法学概念中的判例或判例法，这些概念并不适合用来笼统概括或描述中国古代司法审判及法源的特征。

法律与信用伦理专题

社会信用体系建设背景下个人信用信息权利的冲突与协调*

高国梁**

摘　要：个人信用信息是现代社会信用体系建设的重要资源，它具有私人性和公共性的双重属性，在社会信用体系的建设中需要正确认识和处理个人信用信息的双重属性。在社会信用体系的建设中需要对个人信用信息作出合理的让渡和克减，这是维护市场交易安全、水平扩大信用交易范围、提高社会治理水平和重建社会信用秩序的必然要求。个人信用信息权利在社会信用体系建设中面临着保密与公开、自主与受控、真实与扭曲之间的内在冲突。对此应构建相应的协调机制，主要包括明确界定个人信用信息征集和公开的范围，合理设定信息主体的知情权和同意权，以及建立信用信息责任机制几个方面。

关键词：信用体系　信用信息　信息权利

社会信用体系是为促进社会各方诚实守信、遵纪守法、遵守契约而进行的一系列制度安排的总称。① 随着市场经济的发展、社会分工的深化和陌生人社会的到来，传统的社会信用体系和信任秩序受到了极大的冲击，中国社会一度陷入了严重的信任危机。为了重建信任秩序，为社会各项事业的健康发展创造良好的外部环境，我国开始了长期的社会信用体系建设过程。《社会信用体系建设规划纲要（2014—2020年）》的出台，表明我国已经完成了社会信用体系建设的顶层设计。该文件提出，“到2020年，社会信用基础性法律法规和标准体系基本建立，以信用信息资源共享为基础的覆盖全社会的征信系统基本建立，信用监管体制基本健全，信用服务

* 本文是2016年度江苏省教育厅高校哲学社会科学基金项目“信任风险的法律分配问题研究”（2016SJB820028）。

** 高国梁，博士研究生，常州大学史良法学院讲师，主要从事法理学及劳动法学研究。

① 王晓明：《征信体系构建：制度选择与发展路径》，中国金融出版社，2015，第6页。

市场体系比较完善，守信激励和失信惩戒机制全面发挥作用”。规划所提出的宏伟目标，需要通过一系列具体制度的科学设计和有效运行来加以落实。其中，如何正确认识个人信用信息在社会信用体系建设中的地位和作用，如何平衡和协调个人信用信息收集、加工、整理和应用中存在的权利冲突，对于社会信用体系的建设都会产生重要影响。

一 作为社会信用体系建设重要资源的个人信用信息

现代社会信用体系建设过程中一个重要的方面就是通过制度体系的设计和权利义务的配置，打破信息资源分配失衡的状态，改变信息严重不对称的局面，让守信和失信的信用信息都能够得到广泛的传播，为抑制和惩戒失信行为、激励守信行为提供相应的制度保障。其中，征信制度就是这样一个重要的制度。为了防范信用风险，西方国家率先发展出了征信制度，通过对相关交易主体的信用信息进行收集、整理、加工、传递、共享，相关交往主体能够及时识别和规避高信用风险的交往对象，寻找优质的合作伙伴，同时也降低了整个社会的信用风险，促进经济社会的繁荣发展。我国征信业的发展也经历了从无到有，从单一到综合的发展过程，金融征信、商业征信以及公共信用信息的征信都得到了前所未有的发展。征信机构所收集信息的涵盖范围越来越广，从信息主体的范围而言，包括各类行政机关、企事业单位和个人；从信息内容而言，包括基本的身份识别信息、信用交易信息以及部分违法犯罪的信息。随着信息技术的发展和大数据技术的推广，征信机构可以在更大范围和更大规模的基础上以更低的成本实现对信息的收集、加工和传递。

个人信息，尤其是个人信用信息是社会信用体系建设的重要资源。个人信用信息是社会成员在社会交往活动过程中所形成的，反映其遵守承诺、履行约定的德性、能力及实际表现等方面的信息。根据吴晶妹教授的信用三维构成论，信用是由诚信度、合规度和践约度三个维度构成的[①]，个人的信用信息也大体会体现这三个维度的内容。个人信用信息作为人们信用活动的外在表征，对于维护正常的市场交易秩序具有重要价值：“个人信用信息的价值突出地体现在信用交易中人们对交易对象信用状况的需

① 吴晶妹：《三维信用论》，当代中国出版社，2013，第28页。

求上。在信用交易中谁能够获得交易对象充分、完全、准确的信用信息，谁就会凭此做出一个正确的判断与选择，避免由于失信所带来的损失。个人信用信息的获取和利用还能够为交易主体挖掘潜在的交易对象并区分客户群体，从而增加交易的机会，增加交易的利润。”① 由于个人信用信息具有重要的价值，它逐渐成为众多的商业机构觊觎的目标，也成为众多征信机构收集、加工和共享的对象。可以说，个人信息，尤其是个人信用信息，是现代社会信用体系建设的基础性资源，是各类征信数据库的重要构成部分。征信机构通过对大量的个人信用信息的收集、整理、加工和共享，一方面可以极大地缓减社会中信息不对称的状况，进而减少人们交往活动中的信用风险，另一方面对信用信息的主体也可以起到守信激励和失信惩戒的作用，从而改善整个社会的信用状况。但是，个人信用信息自身有着复杂的属性，对个人信用信息的收集、共享和应用也涉及一系列复杂的权利和利益关系，如果不能充分认识其中存在的问题，并且对相关的权利和利益关系进行合理的平衡协调，社会信用体系的建设最终就会面临着失败的命运。

在对个人信用信息的收集、加工和利用的过程中，要充分注意和认真对待个人信用信息的双重属性。一方面，个人信用信息具有明显的私人属性，这是因为信用信息产生于个体与其他社会成员的交往活动，映射着个体的德性品质、生活方式和交往轨迹。信用信息的私人性使其与个体的人格尊严有密切联系，这些信息如果被随意外泄、扭曲、失真或做其他不当处置，将会给信息主体带来生活安宁的破坏、社会评价的降低和人格尊严的贬损，甚至可能进一步造成财产的损失或其他社会机会的丧失。由于个人信用信息与个体的人格尊严和自由等权利密切相关，并且会影响到个体的其他重要权利的实现，这就需要对其予以充分的尊重和保护，因为“保障主体对其个人信用信息的控制，就是对其人格尊严与自由的维护”②。因此，在信用信息的采集、加工和处理过程中，必须充分尊重信息主体的控制权、知情权和一定程度的参与权，以维护其基本的人格尊严。另一方面，个人信用信息也具有明显的公共属性。个人信用信息不仅与私人活动有关，而且还贯穿于公务活动和各类市场行为中，政府信息的公开、司法活动的透明化，以及各类市场活动中，都不可避免地要面对丰富多样的个

① 白云：《个人信用信息法律保护研究》，法律出版社，2013，第 14 页。
② 李仪：《征信背景下的个人信用信息权保护与限制》，《征信》2013 年第 1 期，第 38 页。

人信用信息。信用信息是社会交往得以顺利进行的基础，人们只有在掌握一定信用信息的基础上才能合理地选择交往对象，做出交往决定，规避信任风险。在市场经济时代，信用更是成为整个经济运行的基础，渗透到经济运行的各个环节。为了提高经济运行的效率，降低交易风险，也需要对不同社会主体的信用信息进行充分的收集、加工和共享。在日益激烈的市场竞争中，个人信用信息已经成为重要的战略资源和各方争夺的对象，掌握更多的个人信息也就意味着争取到更多的竞争优势。而随着政府职能的扩展和信息技术的广泛应用，公权力机关在进行公共管理和提供公共服务的过程中也越来越依赖对个人信息的收集和利用，其中也包括对个体信用信息的收集和利用。这样既能够提高公权力运行的效率和服务的质量，也能够实现公共资源的合理配置。

个人信用信息的私人性和公共性之间存在内在的张力，在社会信用体系建设的过程中，一方面要利用个人信用信息的公共属性实现对信用风险的管控和对维护社会信任秩序的维护，另一方面也要充分尊重个人信用信息的私人属性，注意保护信息主体的人格尊严和信用权益，防止因信用信息滥用所带来的权利侵害现象的发生。只有这二者的关系实现合理的平衡，社会信用体系的建设才能顺利推行。

二　社会信用体系建设中个人信用信息权利让渡的现实意义

社会信用体系建设中的一个重要的组成部分就是通过各类的信息提供者、征信机构、信息使用者等多个主体实现对个人信用信息的收集、整理、加工、共享和应用。这个过程也是个人信息主体对自身信用信息权利的部分让渡或克减，使其公共化的过程。市场需求和国家权力的双重驱动，再加上现代信息技术的有力支撑，使得越来越多的个人信用信息被纳入现代征信体系。对于社会信用体系的建设而言，个人信用信息权利的合理让渡有着强烈的现实意义。

（一）维护市场交易安全、提高社会治理水平

现代经济社会的发展产生更为强烈的信息不对称的结构，并导致信任风险的放大和信任危机的扩展。征信制度以制度化的方式来共享信用信息，减少信息不对称现象。征信意味着对信息主体的信用信息的收集、整

理、加工和在一定范围内的传播和使用。信用信息的共享，可以减少交易中的信息不对称，使交易主体可以在掌握更为充分的信息的基础上做出交易决策，从而有利于维护交易安全，减少交易风险。从整个社会的角度而言，信用信息的共享也提高了社会整体的诚信度，促进了公共利益。“信用信息共享与公开机制是一国信用体系建设的核心，是降低信息不对称、提高透明度、防范信用风险、营造良好的信用环境的重要手段，主要内容包括贸易信用信息、金融信用信息的共享，政府信息的公开，司法信息公开等。随着互联网技术的发展，一些机构拥有的网上行为信息也开始逐渐成为重要的共享内容。”① 从政府的角度来说，个体的信息成了重要的战略资源，通过对个体信息的监控、收集、加工和利用，政府能够更加高效地加强社会的管理、控制和服务。“自古以来，信息的内容、信息的处理与信息的传输，一直是国家的治理者所关注的。要使一个国家安定、稳定，继而发展繁荣，国家从立法角度，就不能不对这三个方面进行某种程度的管理。”② 随着社会信用体系的完善，公共信用信息所覆盖的范围越来越宽，适用面也越来越大，政府管理机关可以便捷有效地获取企业和个人的信用信息，并根据企业或个人的信用状况在重要的社会活动领域中给予奖励或惩戒，从而达到高效的社会治理效果。从企业的角度来说，借助于对信用信息的获取和分析，企业也能够更加精准地找到优质的客户资源，规避高风险的客户，极大地降低信用风险，提高经济效益。“与此同时，合理处理个人信用信息还能带来经济效益。理由是，个人信用信息反映着自然人在信用活动中的守信程度，征信者一经对它通过征集、传输与分析等方式处理，即能确定主体从事未来交易活动的能力与资格，从而为主体的交易相对方提供有价值的商情，进而提高整个信用社会的经济绩效。”③

（二）获取交易机会和扩大信用交易范围

从个体的角度而言，信用信息的让渡和共享是获取交易机会、扩大交往范围的必要条件。因为作为社会人来说，人们不可能孤立存在，只有与其他社会主体不断地进行物质、能量和信息的交流，才能维系正常的生存和发展秩序。“作为能够识别自然人的信息，个人信息存在的首要价值便

① 王晓明：《征信体系构建：制度选择与发展路径》，中国金融出版社，2015，第7页。

② 郑成思：《个人信息保护立法——市场信息安全与信用制度的前提》，《中国社会科学院研究生院学报》2003年第2期，第14~21页。

③ 李仪：《征信背景下的个人信用信息权保护与限制》，《征信》2013年第1期，第38页。

是帮助自然人实现社会交往。个人信息实际上是个人与他人，个人与社会的一种连接方式。因此，不管是在社会生活中，还是经济活动中，对于个人信息的知悉需求总是存在的。从某种意义上讲，不披露信息就意味着欺诈。”① 信用信息构成了社会成员的第二张身份证，社会成员的信用信息只有被更广泛地共享和传播，其良好的信用记录才能被更多的社会主体所了解和识别，从而获得更多的交易机会。信用信息的共享和传播也使得大量的信用交易成为可能，这对于市场经济的发展和信用经济的繁荣都具有积极的推动作用。

（三）约束机会主义行为和重建社会信用秩序

在完善的征信体系中，信用信息既包括正面的信息也包括负面的信息。正面信息的共享与传播固然可以使信息主体获得更多的交易机会、更低的融资成本和更大的投资收益，而负面信息的共享与传播也会使信息主体处于非常不利的境地，不仅社会评价降低，而且大量的交易机会将会流失、融资成本高涨、成长空间受限。现代征信体系的发展，使得征信覆盖的范围越来越广，除了金融征信之外，还有商业征信以及公共信用信息的征信。随着失信惩戒机制的进一步完善，征信产品除了被用于防范金融风险，还被用于公共资源的配置、优惠政策的享受、职业准入的考察等众多方面，如果有着不良的信用记录，就会面临着众多交易机会和长远利益的损失。当失信的成本远大于机会主义行为所带来的收益时，理性的行为主体就不得不严格约束自己的机会主义冲动，整个社会的信用水平也得以提升。由于征信体系的建设和完善是一个长期的过程，在各地的发展并不均衡，其应用领域也有所限制，因此其可对失信行为起到一定的遏制作用，但无法从根本上消除失信现象。

三　个人信用信息权利在社会信用体系建设中面临的内在冲突

（一）保密与公开之间的冲突

个人信用信息是个人信息的重要组成部分。个人信息是指与个人相关

① 任龙龙：《论同意不是个人信息处理的正当性基础》，《政治与法律》2016 年第 1 期，第 129 页。

的，能够直接或间接识别特定自然人的信息。个人信息一般包括个人身份、工作、家庭、财产、健康等各方面信息。个人信息是人格权的重要客体，个人信息的收集、处理或利用直接关系到信息主体的人格资源。虽然个人信息的外延比个人隐私更为宽泛，但仍然包含了大量的私密性的内容，与私人事务密切相关，在不涉及公共利益的情况下，个人信息不应被非法公开和披露，否则会对个人生活的安宁造成侵扰。当然，随着社会经济和信息技术的发展，个人信用信息的外延也在不断扩充，其中，个人信息的构成也越来越复杂，在其属性方面，除了传统的人格属性和个人属性之外，财产属性和社会属性也日益增强。为了提高政府的运行效率，提高企业的竞争力，各种信息的监控、收集、加工和再利用就不可避免，这一方面给经济社会的发展带来极大的便利，另一方面也对个体的权利带来了极大的威胁。尤其是在大数据时代，个体的隐私更易受到侵害，“在大数据时代，通过将不同地点、不同时间的监控所收集的数据联系起来，各种各样的个人信息就被彼此叠加、相互补充，从而增加了借助隐私而得到保护的多重价值受到损害的可能性和严重程度。即使彼此叠加、相互补充的个人信息的收集途径在主观上不一定是针对个人隐私的，但仅仅是它们的大量存在，也会使得相关个体因担心其隐私可能被泄露而放弃某些只有在具备可靠的隐私保护条件时才可能作出的行为”①。

在社会信用体系的建设中，一项重要的基础工程就是广泛收集个人信用信息，建立各类信用信息的数据库，以供人们查询和使用，这就不可避免地要处理好个人信息的公开与保密之间的关系。个人信用信息是个人信息的一种表现形式，既承载着人格尊严和人格自由的价值，又关系到信用风险的控制和社会正常交往秩序的维持。人们只有在掌握一定信用信息的基础上才能合理地选择交往对象，作出交往决定，规避信任风险。在市场经济时代，信用更是成为整个经济运行的基础，渗透到经济运行的各个环节。为了提高经济运行的效率，降低交易风险，也需要对不同社会主体的信用信息进行充分的收集、加工和共享。在日益激烈的市场竞争中，个人信用信息已经成为重要的战略资源和各方争夺的对象，掌握更多的个人信息也就意味着争取到更多的竞争优势。而随着政府职能的扩展和信息技术的广泛应用，公权力机关在进行公共管理和提供公共服务的过程中也越来

---

① 吕耀怀、罗雅婷：《大数据时代个人信息收集与处理的隐私问题及其伦理维度》，《哲学动态》2017 年第 2 期，第 65 页。

越依赖对个人信息的收集和利用，其中也包括对个体信用信息的收集和利用。这样既能够提高公权力运行的效率和服务的质量，也能够实现公共资源的合理配置。正因为个人信用信息具有诸多的社会功用，并且关系到公共领域的重大利益，现代各国法律制度普遍承认了对个人信用信息收集、加工和利用的正当性和合法性。

在个人信息，尤其是信用信息的收集和共享不可避免的情况下，应着力限定个人信息采集的范围和边界，防止信息的过度采集。哪些信息适宜被收集和公开，哪些信息不适宜被收集和公开，或者说只能被有限度地公开，这些都应该从制度层面进行明确的界定。按照学界的研究，个人信息也可以被划分为不同的类型，如将其分为直接个人信息和间接个人信息、敏感个人信息和一般个人信息、个体性强的个人信息和社会性强的个人信息等。[①] 在个人信用信息的收集过程中，为了实现信用风险的识别和防范，难免会对部分能够直接识别个人身份的信息进行收集和共享，但应将其限制在必要的最低限度之内，同时也要对其他的敏感信息和个人性强的信息的收集范围进行严格限定。

（二）自主与受控之间的冲突

个人信息与自然人的人格尊严和主体地位密切相关，为此，应当通过一定的制度设计来保障信息主体在个人信息的收集、处理和使用中的主体地位，使个体拥有一定的知情权、自决权和控制权。如果个体对自身信息被收集和利用的情况完全失去了控制，则不仅会使其人格利益受到损害，而且会进一步损害其财产权益和其他权益。为了保障个人信息的自主权，以德国为代表的国家形成了信息自决权理论。“信息自决权是指每个人都有权决定其个人信息是否被收集、处理和利用的权利。”[②] 根据德国宪法判例的内容，信息自决权的核心有三：第一，行政机关不得随意收集个人信息；第二，隐私保护；第三，收集所获得的个人信息的使用应受严格目的限制。[③] 信息自决权的原理后来被各国广泛接受，并且在社会信用信息的立法中有所体现，如我国的《征信业管理条例》第 13 条规定：“采集个人信息应当经信息主体本人同意，未经本人同意不得采集。但是，依照

① 项定宜：《个人信息的类型化分析及区分保护》，《重庆邮电大学学报》（社会科学版）2017 年第 1 期，第 34 页。

② 齐爱民：《大数据时代个人信息保护法国际比较研究》，法律出版社，2015，第 23 页。

③ 齐爱民：《大数据时代个人信息保护法国际比较研究》，法律出版社，2015，第23 页。

法律、行政法规规定公开的信息除外。”该法第 15 条规定：“信息提供者向征信机构提供个人不良信息，应当事先告知信息主体本人。但是，依照法律、行政法规规定公开的不良信息除外。”等等。虽然在现行的信用立法规范中设置了自决权的相关条款，但是在征信实践中滥用个人信息的情况依然存在，“由于实践中对个人信用信息的收集和利用存在着失控的现象，征信数据主体对哪些机构持有自己的信用信息，以及持有目的、内容和使用状况缺乏了解的途径和依据，因此无法知晓会有哪些机构依法享有能将自己信息提供给征信机构的权利”①。对此，在社会信用体系的建设中，对于个人信息的知情权、同意权、异议权的保护还有一定的提升空间。

对于个人信息自决权的理解和应用也不能绝对化。信息自决权作为现代信息社会的产物，可以对抗公权力和其他社会主体对个人信息的滥用行为，各国在相关的制度中设计了自然人信息主体对于信息的收集、处理和利用的控制程序，在一定程度上有利于保障信息主体的人格尊严和其他权益。但是个人信息的自决权不等于对个人信息的绝对的排他性控制权，否则就会画地为牢，阻碍信息的合理流动和社会的正常交往，使社会交易成本剧增，信用风险失控。因此，可以从社会公共利益和信任秩序维护的角度出发，为个人信息自决权设定合理的界限。

个人信息自决权在社会信用体系建设中面临着现实的制约。尤其在社会信用体系的建设过程中，一项重要的任务就是要打破信息孤立、信息垄断和信息不对称的局面，普遍建立信用信息数据库，实现信用信息的共享和广泛应用。尤其是公共信用信息数据库的建立，把很多行政许可、行政处罚、行政强制、行政给付以及司法裁判等需要依法公开的信息也纳入其中，对这些信息中所包含的个人信用信息的收集和使用一般无须征得信息主体的同意，这就极大地压缩了个人信息自决权的适用空间。从失信惩戒的角度出发，只有对于严重失信的个人的信息进行公示和传播，才能真正起到威慑和惩戒的效果。所以，社会信用体系的建设客观上需要限缩个人信息的自主空间，通过法律的强制收集、公示和共享传播等手段来实现守信激励和失信惩戒。但是如何把握其中的界限，如何保留个人信息的合理自治空间，防止政府机构和其他组织滥用个人信息和失信惩戒权，同时又能够促进社会信用体系和信任秩序的重建，这都是重大的课题。

---

① 罗艾筠：《个人征信法律关系与信用信息之上的法律权利》，《金融理论与实践》2016 年第 10 期，第 81 页。

（三）真实与扭曲之间的冲突

个体信息，包括个体的信用信息，是人格尊严的重要表征。每个公民都有获得客观公正的社会评价的权利，而人们评价的一个重要依据就是信用信息。在征信活动中，公民的信用信息要经历收集、整理、共享和应用的多个环节，难免会发生信息的扭曲和失真的现象，而一旦出现信用信息的扭曲和失真，就会使信用主体遭受不应有的负面评价，导致信用信息主体人格的贬损和尊严的丧失。“人格尊严是一种客观的社会评价和尊重，它不仅包括自然人获得他人和社会的最基本的认同和尊重，也包括名誉、荣誉这种评价在内。信息社会，个人信息是社会评价的重要参考材料和依据。”①

个人信用信息的失真和被扭曲主要体现在以下几个方面。第一，信息收集不准确。征信机构所收集的信息来源是多元的，既有来自金融机构的信贷信息，也有来自商业机构、行政机构和司法机构的信用信息，这些信息在最初的收集或归集的过程中难免会存在一些错误，如果没有被及时发现和纠正，就会对信息主体的权益造成损害。第二，信息收集不全面。只有全面地收集信息主体的正面信息和负面信息，才能对信息主体的信用状况作出更加准确的判断。如果只收集正面信息或负面信息，或者只对部分的正面的和负面的信用信息进行收集，就会影响对信息主体信用状况评价的客观公正性。第三，信息更新不及时。信息主体的信用状况是一个动态的发展过程，但是信用信息的收集和整理又具有一定的滞后性，这就使得征信系统中的信用信息难以及时准确地反映信息主体的信用状况，导致信用评价的扭曲。第四，信用评价有失公正。信用信息被收集和整理之后，还需要通过一定的评价体系对信息主体的信用状况作出评价。但是，评价模型设计是否合理和科学、评价主体是否基于中立和公正的立场来作出评价等都会影响信用评价的结果。信用评价涉及一系列复杂的因素，信用评价的模型设计难以做到尽善尽美，而是需要在实践中不断摸索和改进。另外，由于信用评价的结果关系到巨大的经济和社会利益，信用评价的主体也难免会受到各种利益的诱惑和权力的干预，而难以完全做到客观中立，这些因素都增加了信用信息被扭曲的风险。

---

① 齐爱民：《大数据时代个人信息保护法国际比较研究》，法律出版社，2015，第 29 ~ 30 页。

四　构建社会信用体系，建设个人信用信息权利冲突的协调机制

（一）明确界定个人信用信息的征集和公开范围

在社会信用体系建设的过程中，既要广泛收集和共享信息，也需要对信用信息的收集和公开的范围进行合理的界定，对于那些一旦被收集和披露就可能威胁公民的人身和财产安全的信息，以及可能会使公民受到不合理对待的信息，应该予以明确禁止。如美国的《公平信用机会法》禁止授信机构基于申请人的种族、肤色、宗教、原国籍国家、性别、婚姻状况、年龄等做出歧视性授信。中国的《征信业管理条例》第 14 条第 1 款也将个人的宗教信仰、基因、指纹、血型、疾病和病史信息等个人信息列入禁止征信机构采集的范围，同时对个人的收入、存款、有价证券、商业保险、不动产的信息和纳税数额等信息的收集也作了有条件的限制，需要征得信息主体的书面同意之后才可以采集。但由于《征信业管理条例》适用范围有限，不能覆盖公共信用信息等其他征信领域，因此在其他的社会信用法律法规的制定过程中，仍然需要结合不同领域中社会信用体系建设的内在特点和现实需要，设定禁止采集和限制采集的个人信息的范围。在进行相关采集范围的限定时，虽然个人的身份识别信息必不可少，但要注意区分敏感信息和非敏感信息，敏感信息又可以区分人身性信息和财产性信息。对于那些敏感性的同时又与个人信用状况关系不大的人身性信息，应该禁止收集，而对于那些属于敏感性的同时又与个人信用状况关系不大的财产性信息，则应充分尊重信息主体的自主权，在征得其同意的情况下予以有条件地收集。另外，对于应当予以公开的政府信息和司法裁判信息，如果包含个人敏感信息的，也应做出适当的处理，避免因个人敏感信息的外泄而带来不必要的伤害。只有对个人信息中的敏感性信息与非敏感性信息、可公开信息与不可公开信息进行明确而合理地界定，才能在保护个人权利和尊严的条件下实现信用信息的共享与传播，为化解信用风险、重建社会诚信提供基础性的保障。

（二）合理设定信息主体的知情权和同意权

为了降低社会的信用风险，减少信息不对称现象，在社会信用体系的

建设中，个人信息的控制权被部分地让渡了出去。这种让渡使信息提供者、征信机构、信息使用者等不同的主体能够以合法的方式参与对个人信用信息的收集、整理、加工和使用，减少信息主体的人为干预，为社会提供更为客观、真实和可靠的征信产品。但是，在不受任何监督和制约的条件下，信用信息的收集和使用主体同样可能会滥用权利，损害信息主体的切身利益。信用信息事关信息主体的人格尊严和人格自由，并且会影响信息主体的交易机会和财产利益，如果完全不受信息主体支配和控制，就无法在自身权益受到侵害时寻求及时的救济，也难以对征信活动形成充分的信任与合作。为此，应在制度设计中合理平衡信息提供者、征信机构、信息使用者与信息主体之间的利益关系，其中，赋予信息主体以一定的知情权和同意权是一个重要的制度手段。知情权是同意权以及其他信息权利的基础，各国法律制度普遍地赋予了信息主体知情权。而同意权则是信息主体对于信息权利的一种更高程度的控制，如果设置合理，可以在保障信息主体自主地位的同时推动信用信息的合理流动，如果设置不合理，则会阻碍信息的高效流动以及信用体系的有效运行。

各国在相关的信息法律制度中不同程度地赋予了信息主体以知情权或同意权，如美国《公平信用报告法》规定，消费者有权查看自己的信用档案记录；德国1990年的《联邦数据保护法》也规定，信息主体有权请求获知储存的关于其个人数据的来源、接收者、储存目的等。[①] 中国的《征信业管理条例》对于信息主体的知情权和同意权也高度重视，如第14条第2款规定了信息主体对于征信机构收集其敏感性个人财产信息的知情同意权，第19条规定了信息主体对以格式合同方式取得个人信息的同意权，第15条规定了对信息提供者提供不良信息的知情权，第18条规定了信息主体对查询个人信息的知情同意权，第20条规定了信息主体对使用个人信息的知情同意权，等等。总体而言，我国的《征信业管理条例》在个人的金融性信用信息的采集方面实行信息主体的有限同意原则，即对于个人的部分正面信息的采集要取得信息主体的同意，而对依法公开的信息和负面信息的采集则不需要取得信息主体的同意。而对个人信用信息的查询使用则一律需要取得信息主体的同意。

除了国务院所制定的《征信业管理条例》之外，各地先后制定了有关公共信用信息的地方法规，这些法规对公共信用信息一般都以信息公开为

① 艾茜：《个人征信法律制度研究》，法律出版社，2008，第167页。

原则，以不公开为例外。对涉及个人信息的公共信用信息的归集和使用，各地的法规一般规定不需要取得信息主体的同意，但是赋予信息主体基本的知情权，使其能够知晓个人信用信息被归集和使用的情况。所以，在公共信用信息领域，信息主体对其个人的信息控制权更为脆弱。

随着大数据时代的到来，个人对其自身信息的控制能力受到了极大的挑战，信息主体的同意权理论也受到了广泛的质疑，诸如“适用同意原则的成本过高”“权利人做出同意选择的有效性值得怀疑”“同意的适用阻碍了信息自由，损害了社会经济利益”等。[①] 这些挑战和质疑可能会进一步削弱信息主体同意权的地位，限缩同意权的适用范围和强度，但是难以从根本上消除同意权存在的必要性。在新的时代背景下，立法者应进一步探索信息主体的知情权和同意权的合理边界，合理平衡信息主体权利保障与社会信用体系建设之间的利益关系。

（三）建立信用信息的责任机制

信用信息的扭曲和失真都会给信息主体带来难以挽回的精神和经济损失。为了保证信用信息在收集、加工和使用过程中的真实性，一方面需要保障信息主体在信息收集、加工和使用中的知情权、参与权、异议权和要求更正错误的权利，以便及时发现并纠正信用信息中存在的错误或不实的内容；另一方面也需要建立一定的责任机制，以约束相关参与主体履行相应的义务，并对造成信用权利侵害的主体实施制裁。对于信息主体来说，有如实申报或提供信用信息的义务，不得隐瞒或虚构相关事实；对于其他的信息提供主体来说，有确保信息准确的义务，既不得虚构信息，也要对可能存在错误的信息尽到谨慎注意和审查义务。对于征信机构而言，要对其所采集的信用信息的真实性和全面性负责，并且要关注信息主体的发展动态，及时更新信用信息的内容，以便反映信息主体的真实信用状况。另外，征信机构还应科学设计信用信息的评价系统，确保其所提供的信用报告的准确性和公正性。对于信用信息的使用者，应该在约定或法定的范围内查询和使用相关征信产品，并根据对信息主体的守信或失信的等级对其进行相应的激励或惩戒。在对信息主体进行守信激励和失信惩戒的过程中，也要把握合理的尺度，公平应用信用报告或其他征信产品，要避免扭

---

① 徐丽枝：《个人信息处理中同意原则适用的困境与破解思路》，《图书情报知识》2017 年第 1 期，第 109～111 页。

曲信用评价的结果，对于失信主体作出超出合理限度的惩戒，损害信息主体的基本权益。

对于违反了上述基本义务的相关主体，应在法律制度中构建一定的责任机制予以追责。除了可以由相关的政府监管机构通过行政监管和行政处罚等方式来追究行政责任以外，更多地要依靠设定民事责任来约束相关主体的行为，保障信息主体的信用权益。在民事责任的设计中，如果相关主体之间存在合同关系，可通过追究违约方的违约责任来约束其提供或审查信息失真的行为，如果造成了信息主体信息权益的侵害，则可以通过追究相关主体的侵权责任来促使其尽到审慎的义务。目前，我国的《民法总则》对个人信息的民事权利地位予以了明确的确认，《网络安全法》也对网络环境下的个人信息保护问题做了较为全面的规定，2015 年 8 月颁布的《刑法修正案（九)》更是将个人信息的保护上升到刑法的高度，初步形成了个人信息保护的法律体系。但是，个人信用信息的保护有其特殊之处，现行的法律还无法全部涵盖个人信用信息的权益内容，为此，可考虑在将来的立法中进一步确立信用权的法律地位，并为个人信用权受到侵害的公民提供有效的救济。

法律与环境伦理专题

我国多地生态破坏的治理研究

——经济发展与环境保护之间的抉择

卫乐乐 *

摘　要：2010 年到 2012 年春连续三年云南出现大旱天气以及其他地区所发生的各种生态破坏事件，给经济社会生活带来了极大的损害，在造成生态损害的同时也产生了严重的经济损失。出现连续长时间大面积大旱以及其他的生态破坏的原因包括自然原因和人为原因，人为原因是主因。造成这样严重损失的原因主要有过度坚持人类中心主义发展观、忽视对传统文化中环境保护思想的继承等。对此，为了实现经济发展与环境保护的双赢，在发展过程中我们必须转变经济发展理念，实行经济与环保并重，并从传统文化中汲取有益的因素。

关键词：生态破坏　经济发展　传统文化　环境保护

2010 年到 2012 年春连续三年云南出现大旱天气，给当地经济社会生活带来了极大的困难，并造成了严重的经济损失。

正如恩格斯在《自然辩证法》中告诫我们：但是我们不要过分陶醉于我们对自然的胜利。对于每一次这样的胜利，自然界都报复了我们。[①] 气候领域内专家学者在解读云南大旱的原因时主要是从技术的角度出发，认为连续时间内的气候反常是导致云南大旱的最主要原因。当然，我们必须承认，当时存在的异常气候活动导致了云南连续三年大旱，然而，结合云南哈尼梯田的实际状况进行分析，我们认为自然因素是导致云南大旱并造成严重损害重要原因之一，但并非绝对因素，这是因为我们决不能忽略人为因素对云南大旱造成的重要影响。对于天灾所造成的损害尤其是产生天灾的原因，日本学者池田大作认为：尽管从表面上看，它似乎是大自然的独立现象，但若从本质上来看，可以认为是包含人类在内的整个生命世界

---

*　卫乐乐，常州大学史良法学院讲师，法学博士。

① 《马克思恩格斯全集》（第 20 卷），人民出版社，1971，第 519 页。

在起作用。[①] 与此同时，我们还需要关注其他地方所产生的环境污染与生态破坏的情形，诸如：福建紫金矿业污染案件以及其他地方所发生的各个因环境污染所发生的环境群体性事件。

一 云南大旱中人为破坏作用的分析

（一）过度的开发导致环境严重破坏

当前，我国经济发展处于转型过程中，产业升级换代发生在我国东、中、西地区。在产业更新换代过程中，基于利润最大化以及环境保护等的压力，产业也在向中西部地区转移。在产业转移过程中，许多污染性企业转移到中西部地区。这是因为这些污染性企业可以为当地带来巨额的税收收入，能够促进当地经济发展。云南为发展当地经济，也在不断地进行招商引资活动。在金光纸业发展造纸业的过程中，当地为满足投资方生产原材料方面的需要，将部分宜林荒地种植巨桉树这种丰产速生林，但是同时也将部分当地的原始林业划入了该企业发展所用的原料生产用地，将原始林中的原始树林砍伐后种植巨桉树。但是，根据相关专家的介绍与评估，单一的巨桉树种植将给原有的生态环境造成巨大的破坏，加之云南独特的地理条件，严重地破坏了当地的低矮灌木丛，导致地表裸露，生态环境遭到严重破坏。这些情况同样存在于其他环境污染与生态破坏的情形中，诸如：福建紫金矿业污染案、腾格里沙漠污染案等。人们未能克服自身对自然的盲目性，人们为了谋求自身的生存与发展，一直有意无意地侵害、损坏环境。[②]

（二）经济发展的短视

自人类明确提出环境保护的要求与主张之后，发展经济与保护环境的关系如何平衡始终处于较为艰难的选择之中。基于此，国际社会提出了“可持续发展”理论，而我国也根据自身实际情况提出了可持续发展理念与要求。根据可持续发展理论，需要实现经济发展、社会发展与环境保护

---

① 〔英〕汤因比、〔日〕池田大作：《展望二十一世纪》，荀春生等译，国际文化出版公司，1985，第37~38页。

② 冯天瑜：《传统生态之后的价值及限定》，《河北师范大学学报》（哲学社会科学版）2013年第1期。

协调发展，不能因为经济发展而造成环境污染与生态破坏的情形。在当前经济发展模式未得到根本性调整的情况下，二者关系始终处于一种难以选择的境地之中，要么因注重经济发展而导致环境破坏，要么因重视环境保护而造成经济发展缓慢甚至停滞不前，未能给当地人民生活水平的提高做出应有的贡献。在当前经济发展过程中，云南省整体经济发展水平较为落后，由此当地发展的重点在于加速经济发展以促进当地发展。在当前政绩考核模式仍以 GDP 为重点的情况下，政府发展的目标以及发展重点均未发生变化的情况下，当地政府的追求目标在于实现经济发展。这将会导致当地政府为促进经济的发展采用“先污染，后治理”的模式，从而对环境保护造成巨大的影响。在 GDP 至上的时期，这一价值观更激发了整个社会对待自然资源急功近利的态度，“成就”了先污染后治理的理论和行为模式。而且，现代社会的产品很少直接与自然资源本身相联系，即使生产过程污染和破坏自然资源，加工生产的主体和消费主体对自然的负罪感也会因此弱化，难以激发其对自然的感恩情怀。①

（三）环境保护传统文化被抛弃

云南省是我国少数民族最为集中的地区，那些少数民族长期居住于当地，其生产、生活方式早已顺应了当地的环境，并反过来通过其生产、生活方式促进当地的环境保护，二者处于一种协调发展的状态。这些保护措施既具有民族特色，也具有保护环境的重要功能。这些环境保护方式成为当地地方性特色文化之一，对环境保护目标的实现具有重要的意义。但是在当前大环境下，这些具有地方性特色的环境保护多被弃之不用，从而对云南的环境保护产生不利影响，难以发挥其应有的功能。例如，云南部分地区信仰的藏传佛教认为，人类源于自然，以自然为父母。崇尚“万物有灵”和“灵魂不灭”的观念，面对大自然是敬畏和尊重的态度，珍惜世界万物、珍惜生命。人在宇宙万物中居于中心地位，人应该尊重其他生物的生存权和生存领地；人是依赖其他生物而生存的，人与自然相互依存、相互融合为统一体。自然（神）是强大的，人类活动应顺从自然（神）的意志。人类顺应自然，与自然和谐生存时，自然（神）对人类是仁慈的、宽恕的，当人类企图违背自然性，破坏自然时，就会遭到自然神的惩罚。②

---

① 张翠叶：《藏民族传统文化生态观的形成研究》，《林业调查规划》2013 年第 4 期。

② 李爱年、刘翱：《环境执法生态化：生态文明建设的执法机制创新》，《湖南师范大学社会科学学报》2016 年第 3 期。

二　产生严重生态破坏的原因分析

可以明确的是，在既存的主观因素与客观因素并存的情况下，我们必须去追问那些隐藏于自然现象背后的主观因素，尽可能地在一定范围内去修正人类发展过程中的负面行为，从而实现保护自己家园的目标。

（一）过度坚持人类中心主义

人类思想史上曾经盛行并仍在发生重大影响的传统“人类中心主义”或人类沙文主义，对于今天已经十分危急的人类生存状况负有不可推卸的责任。传统的人类中心主义是从西方人与自然冲突的文化传统中发展起来的一种世界观、文化观、价值观、实践观、伦理观，这种观点的核心内容是人类是自然万物的主人——人可随心所欲地评价和安排整个世界。[①] 人类中心主义理论认为：人类是世界的中心，各种环境要素只是为人类服务的，供人类开发利用，而不需要人类对环境要素包括动植物给予道德上的关怀。在这种理论指导下的人类发展模式就是积极开发利用各种资源，以促进人类自身的经济发展，而对环境造成的各种负面影响甚至导致的环境退化可以不管不顾。这种模式的长处是可以鼓励人们利用各种因素积极发展，从而实现经济的飞速发展；劣势及不足是忽略了环境对于人类自身的制约性因素，造成对环境的严重污染与破坏，从而阻碍人类实现经济社会、环境文化的全面发展。当人类中心主义的思想已经渗透到作为判断事物的世界观、方法论的基础和标准，并且对这种方法的运用对人类一定时期的进步产生了巨大的社会影响时，人类便不会怀疑这种思想的谬误性，甚至会把它当作颠扑不破的真理来加以信奉，对于存在于地球的全体有机或无机物质来说，这当然是一件非常可怕的事情。[②] 这种思维方式和价值观念虽然推动了西方国家的工业化和现代化进程，带来了西方社会的经济繁荣和生活富裕，但也在长期的生产生活实践中造成了生态环境的恶化和人与自然关系的紧张。[③]

（二）忽视对传统文化的合理继承

传统文化，尤其是形成于古代的传统文化对人与自然关系的论述非常

---

① 李爱年：《环境法的伦理审视》，科学出版社，2006，第26页。

② 汪劲：《环境法律的理念与价值追求》，法律出版社，2000，第138页。

③ 张秉福：《中国传统生态只会激起现代价值》，《北京行政学院学报》2011年第2期。

丰富。这部分内容主要集中于传统伦理部分。古代文化中论及人与自然关系的主要是“天人合一”理论。此外，对我国传统文化的形成和发展具有重要影响的儒、释、道三家，均有着自己独到的人与自然观。以道家思想为主要代表，如人法地、地法天、天法道、道法自然等（《道德经》第25章）。我国古代思想家们已经有了对人与自然之间辩证关系的思考。这种思想认为人不能违背自然，不能超越自然界的承受力去改造自然、征服自然、破坏自然，只能在顺从自然规律的条件下去利用自然，调整各种关系使自然在一定条件下满足人的需求，并实现自然万物与人类社会同步协调发展。①

在云南乃至整个国民经济发展过程中，虽已提出了可持续发展观、科学发展观等重要的经济社会发展战略指导思想，但目前在对政府的考核方式、考核指标未发生变化的情况下，地方政府在发展中坚持的思路也难免完全以经济发展为中心，忽略传统文化中对于保护环境，实现人与自然和谐相处的合理的文化因子。在我国传统文化中，主要思想流派针对人与自然关系的论述提出了深刻的、科学的处理人与自然关系的内涵，但是由于当时生产力低下、生活水平不高、可获得的产品严重不足，加之我国传统伦理中强调修身、注重对自我修养的培育等，在实现人与自然关系和谐的方式中着重强调人们克制自己的欲望，从而减少对自然资源的消耗以及对自然的污染破坏，以便实现人与自然关系的和谐。这种主张与现实社会中在我国占据主导地位的物质消费观不相符。当前在“极大提高物质生产，提高人民生活水平，满足人民日益增长的物质文化需求”的发展要求下，这种主张必然处于一种较低的位置，甚至处于被弃之不用的状态。尤其是改革开放以来，以市场经济为取向的经济改革极大地激发了民众对于自身利益的关注，消费文化的冲击也使得物质需求欲望日益膨胀。在这一背景下，原有的以抑制物欲为手段的生态伦理观也就丧失了其所倚重的观念的支撑。②

此外，传统文化中也包括了那些长期居住于云南边疆地区的少数民族所创造的属于其民族本身的灿烂文化。虽然他们尚未从伦理的高度对其文化进行整理，总结那些关于人与自然关系的文化，但是其长期以来形成的独具特色的文化也反映了其所主张的人与自然关系的态度。然而这种适应

① 沈守愚、孙佑海：《生态法学与生态德学》，中国林业出版社，2010，第239页。
② 鄢斌：《社会变迁中的环境法》，华中科技大学出版社，2008，第73页。

当地自然生态系统的优秀文化在目前盲目追求生活水平的情况下逐渐被抛弃，导致了其所世代居住的环境也遭到了严重的破坏。当前云南大旱中所表现出来的对文化的不合理处理导致了在处理人的发展与环境保护方面不协调的后果。这也从一个侧面反映了“旱灾充分暴露了在经济转型时期文化多样性与环境保护的困难”①。

（三）环境保护法律中缺乏对传统文化的继承

当前保护环境的法律，特别是保护生态环境的法律，主要规定了相关的保护目标、保护主体等内容，而科学地确立生态环境保护方面的思想较为匮乏，而在整部法律中，在强调保护优先的情况下，对相应的生态环境保护思想的确立依然缺乏。在这种法律规定的背景下，难以继承我国社会发展过程中所创造的关于生态环境保护方面的思想、途径与措施，同时也不利于对少数民族地区，特别是在其文化中所形成的关于环境保护方面的思想与措施等的继承与发展。虽然当前我国新《环境保护法》中规定了“保护优先原则”，但在具体落实过程中尚需进一步实践应用与不断试错，并结合地区具体特点进行相应的调整和完善，在短期内难以有效地应用该原则指导我们的生产生活。

三　完善我国环境保护的建设性见解

面对我国目前所遭遇的严峻的环境破坏现实以及环境保护的压力，我们必须进行有针对性的完善。从法律方面进行思考，实现环境保护以及人与自然、人与社会和谐相处的目标。

（一）转变经济发展理念

欲实现环境保护的目的，同时不阻碍经济的发展，那么转变经济发展模式、发展理念就成了发展的应有之义。当前发展所坚持的发展理念可归属于人类中心主义。这种发展理念曾经指导经济建设，并在科学技术的研究与推广以及探索未知领域，实现人类自身价值方面发挥了重要的指导作用。但是在经过长期的发展之后，人类面临一个环境遭到严重破坏的现实，这又让我们不得不反思我们的发展之道、发展之路存在的问题。

---

① 余俊：《环境权的文化之维》，法律出版社，2010，第153页。

面对遭受了巨大破坏的环境，人们提出了生态中心主义、弱人类中心主义等思想，但是在人类发展的现阶段，生态中心主义思想因部分特定的难题难以解决而存在不符合现实要求的方面。对此，弱人类中心主义思想相对来说是一种可行的、符合实际的选择。弱人类中心主义主张坚持将环境作为发展所要考虑的重要因素，但是并不放松人类对经济、社会等发展目标的追求，只是人们在发展的过程中要适当地照顾人类所处的环境，这显然符合了当前我们既要实现经济飞速发展，也不能造成环境严重破坏的追求。人类的发展建立在自然环境的基础上，我们应秉承“人必须服从自然规律，在自然界中确定自己的恰当位置”的理念。“为了人类的生存发展，为了子孙后代的环境权益，我们要反对传统人类中心主义的那种对环境和自然资源采取急功近利、贪婪掠夺的行径。”①

（二）从传统文化中汲取有益的因素

在我国，传统社会的发展给整个中华民族带来了独特的因素并形成了独具特色的文化，其不同于世界上的任何一种文化。此外，在独特的文化指导之下也形成了独到的社会治理方法。因此，我们必须在借鉴国外有益做法的基础上结合自身的特点进行治理。此外，如果在处理我国自身环境保护问题时，仅从国外经验的角度出发，而不顾我国的实际，那么其处理结果将处于一种尴尬的境地。我国的经济建设及环境保护事业需要法治环境的支持，但是现行的法治建设因忽略了自身的法律根基，难以满足这一要求。对这种问题的解决，中国必须注重利用中国本土的资源，注重中国法律文化的传统和实际。

西方学界认为我国传统文化中的“天人合一”思想中含有难能可贵的人与自然和谐相处、实现人与自然协调发展的内容。我们应认识到，在当前环境遭到巨大破坏的情况下，盲目地、不加批判地固守道家的无为思想，可能导致一个既不能有效地拯救自然，也不能合理地促进人类可持续发展的结局。

在当代发展状况下，我们一方面可以在提高自身技术水平的情况下，坚持以环境自净的能力来实现对一些已经受到严重污染的环境进行良好的治理，从而减少对环境的再次污染；另一方面，坚持“天人合一”的思想，对那些生态已经严重退化的地区，坚持由其自身进行环境修复。最大

① 李爱年：《环境法的伦理审视》，科学出版社，2006，第28页。

限度地降低人为因素对其的干扰，遵循自然规律，从而实现生态环境的修复，最终实现人与自然的和谐相处。如何对民族传统文化体系做到去粗取精、扬长避短、去伪存真，使之更好地为人民的生产、生活和生态建设服务，是当前社会发展中一项急需解决的任务，拯救民族传统文化已经迫在眉睫。① 我们必须在制度上进一步加以规范和强化，使"天人合一"观念进入对现实状况的思考。对环境的保护、资源的开发利用以及环境效益的评估，我们需要从个人的行为规范上加以理性评价。②

中国传统法律文化建立在"天人合一"的哲学基础上，在传统中国人的世界观中，人的领域和自然界领域是一个不可分割的整体，古人对自然的总认识便是和谐。③ 对于传统文化的继承，我们可以在相关法律中就传统文化思想所包括的内容进行概要性的规定，或者是通过环境保护实施条例或者是地方环境保护条例等内容予以确定，并在相应的实施过程中严格遵守，从而更好地保护我国当前的生态环境。中国古代的环境保护法律、法规以及所表现出来传统法律文化，对我们建设环境友好型社会有着十分重要的现实意义。我们要继承、弘扬传统法律文化，建设环境友好型社会。④ 实现生态文化知识的普及，促进人与自然的可持续发展，必须用法律法规调节生态文化与人类现实生活之间的关系，因此，生态文化建设需要建立和健全各项环保政策、法规和标准。⑤

云南大旱，特别是其他生态破坏，不仅给当地人民群众带来了巨大的灾难，同时也给当地的生态环境造成了严重的破坏。我们必须从法律层面分析隐藏在自然现象之后的人类不合理的破坏环境的行为，并进行法律上的治理，以便实现保护环境的最终目标。不能因为经济发展带来了某些环境问题就因噎废食，消极地保护环境而放弃经济、社会发展。⑥

---

① 张翠叶：《藏民族传统文化生态观的形成研究》，《林业调查规划》2013 第 4 期。

② 赖平：《生态伦理的哲学映射与现代回应》，《学术论坛》2009 年第 6 期。

③ 〔美〕成中英：《论中西哲学精神》，东方出版中心，1996，第 175～177 页。

④ 肖传林：《古代的环保法文化及其现代意义》，《湖北大学成人教育学院学报》2010 年第 2 期。

⑤ 杨赫姣：《生态文化建设的当代构思》，《理论月刊》2014 年第 3 期。

⑥ 王晖龙、于始：《生态伦理常识读本》，广东世界图书出版公司，2009，第 197 页。

现代环境法治的习惯法资源发掘

——从温州八块“生态碑”谈起

林雅静*

内容提要：每块区域都有其独有的法律文化，形成十里不同风的面貌。“生态碑”记载古时当地居民保护生态的观念。从考察温州市八块“生态碑”入手，挖掘其中暗含的环境法治精神和环境法治价值，探讨“生态碑”的现代环境法治可能。建设中国特色社会主义法律体系尤其要汲取法律文化传统的营养，摒弃法条主义，回归本土资源，充分发掘传统，利导传统。

关键词：“生态碑”　环境法治　习惯法

法律首先产生于习俗和人民的信仰，其次乃假手于法学——职是之故，法律完全是由沉潜于内、默无言声而孜孜矻矻的伟力，而非法律制定者的专断意志所孕就的。[①] 因而在习惯、立法、法学的演进中，仍有必要追本溯源，发掘传统，利导传统，从传统中寻找现代法治文明的根源力量。古代保护自然环境的理念与现代法治中的环境保护制度、绿色发展观也是相吻合的，即在现代法治的形成过程中，宏观上从理念到制度，我们并不缺乏可利用的本土资源。

在建设法治中国的时代进程中，推进区域法治发展是探索法治发展的中国道路的必然要求，是实现区域社会治理现代化的有效途，也是保障国家区域发展总体战略顺利实施的题中应有之义。[②] 发掘地方本土资源，因势利导，推进区域环境法治现代化既是秩序生成之本，也是道德所系。

---

* 林雅静，女，浙江农林大学环境与资源保护法学硕士。

① 〔德〕弗里德里希·卡尔·冯·萨维尼：《论立法与法学的当代使命》，许章润译，中国法制出版社，2001，第 11 页。

② 公丕祥：《法治中国进程中的区域法治发展》，《法学》2015 年第 1 期。

一 温州“生态碑”的发现

（一）禁垦官山碑

禁垦官山碑位于金乡狮山。

乾隆四十二年（1777 年）秋，平阳县令汪增谦因多数地方人士反对金乡苏川、陈思芳等呈报的“开垦狮、球二山，种茶课纳”，故派员到金乡实地查勘后，支持反对方，并立“禁垦官山碑”于狮山之巅，规定“不许采樵、牧放、埋葬、私垦……立碑永禁”①。

（二）狮球留荫碑

嘉庆六年（1801 年）十二月，金乡顾廷玉、黄乾御等呈请平阳县令杨荣公议“狮球二山植树留荫、勒石永禁”一事。最终认为此举有利于保护风水、钟灵毓秀、民生安康，遂继“禁垦官山碑”又立“狮球留荫碑”于金乡狮山上，此碑现为县级保护文物。②

（三）清代禁伐石碑

“清代禁伐石碑”在苍南藻溪镇险口村发现，现被温州矾矿博物馆收藏。

在这片具有 600 多年采炼矾矿史的土地上，运输矾矿自古都是用人力肩挑。运矾古道有藻溪、赤溪、前岐 3 条，其中矾山至藻溪路段是 10 余里的高山峻岭，石阶狭窄，稍不小心就会跌下悬崖，还好路旁树木参天，起到了一定的保护作用。但是到了清代道光年间，有人唯利是图，大砍树木，危及人们的出行安全。该乡周辅、李延妥、欧百梓等人七次上书平阳知县，要求禁伐树木。于是道光二十五年（1845 年）立此禁伐石碑，警告违者严治不宽贷。③

---

① 《金乡历史（明清）》，http：//blog. sina. com. cn/s/blog_ 44c67f2c0100cu87. html，最后访问时间：2017 年 9 月 30 日；《苍南金石志》编辑委员会：《苍南金石志》，浙江古籍出版社，2011，第 209 页。

② 《金乡历史（明清）》，http：//blog. sina. com. cn/s/blog_ 44c67f2c0100cu87. html，最后访问时间：2017 年 9 月 30 日；《苍南金石志》编辑委员会：《苍南金石志》，浙江古籍出版社，2011，第 220 页。

③ 李如婷：《苍南发现清代禁伐树木古石碑》，《温州日报》2011 年 10 月 13 日。

（四）禁井碑

文成县大峃镇李山村鲤鱼塘东西两侧路边，至今完好无损地保存着一块200年前的石刻“禁井碑”。嘉庆戊辰岁（1808年），李山郑氏特立禁井碑，保护水井不受污染。碑文如下：

> 水火既济，自古为然，况处此高山，比户往往呼癸，村中之所尤系者水也。虽有此方清泉，自自所出，奈源远流长，亦无培植扩充。于是会众合议，建立石井为函，一便地方所饮，一具不测之防。至今公事告成，议条列禁。尔是如有犯者，不问外亲内族，均罚酒二席，罚钱七百公用；不服则众证鸣攻，必不容情。
>
> 谨此预闻。
>
> 禁：水圳不许截断，不许水流私放，不许井面浸桶，不许洗污衣菜，不许乱置杂物。

落款为：大清嘉庆十三年菊月　日立禁碑　省事（此从略）。①

此碑为郑氏宗族为保护水源、维持子孙后代的发展，共商共议竖立的“生态碑”，有效规制族人污染水源的行为。

（五）禁渔碑

禁渔碑位于龙港镇刘西村。

“禁渔碑”高76厘米，宽38厘米，全碑用楷书竖刻，共218字。原立碑处刘西村西河桥经历多次拓宽、翻新。立在桥边的“禁渔碑”被往来的汽车撞断后，碑身一分为二，后被村民藏在家中。

对照着碑文上的记载，从前“禁渔碑”前的这条河叫筝底河。每年到了春季河水暴涨的时候，鲈鱼、鲫鱼、鲢鱼成群结队，鳞光闪闪。当地人及附近的捕鱼者蜂拥而至，总能满载而归。但是大量村民的到来，不仅使筝底河两岸的数顷良田被踩踏，稻田被毁，给种田人带来了巨大损失，筝底河的生态环境也遭到破坏。于是，在乾隆三十一年（1767年），村民就以乡规民俗的形式立下此碑：“定鸣治以难宽，所愿去路都迷，勿问津而再至，毋许临渊健羡，更结网而重来，凡我同乡，各遵是

① 浙江省文成县地方县志编纂委员会：《文成县志》，中华书局，1966，第965~966页。

幸。”这块“禁渔碑”是目前苍南县发现的唯一由当地村民自发所立的禁渔石碑。①

（六）明代封矿令摩崖题刻

明代封矿令摩崖题刻位于泰顺龟湖牛头颈山。

古代温州作为浙江省的白银主产区，其下辖永嘉、乐清、瑞安、平阳、泰顺五个县，银矿分布很不平衡。明朝时期，温州辖内采银活动全面兴起，并形成较大的产业规模，开采时间在明朝洪武末年至弘治五年（1492 年），前后延续约一百年。就此之后，矿脉逐渐衰竭，产银越来越少，矿税渐次减免。即使矿税一减再减，地方仍然无能力交足税收，地方政府只好将完不成的矿税，摊派给农民和矿工，强行催收，弄得民不聊生。弘治五年（1492 年），温州知府林继衡根据朝廷诏令，封闭了辖内的银坑。但民间“盗采”行为频发，明朝政府为了禁止盗采银矿、滋生事变，于嘉靖四十五年（1566 年）在泰顺龟湖牛头颈山立碑，颁发封矿禁令。②

（七）奉宪勒禁碑

“奉宪勒禁”碑位于苍南县法云寺大雄宝殿前。由清代乾隆三十年（1765 年）六月平阳知县何子祥撰文，法云寺慧松和尚募刻。“奉”意指奉告，“宪”意指宪民，“勒禁”意指禁止。除个别文字经风吹雨打无法辨认之外，大致还能看得出碑文上记载的内容。

平阳知县何子祥为玉苍山主林氏与法云寺和尚判一场官司。“宋代圣僧‘三段祖师’来玉苍山建法云寺时，居住在这里的林氏正要建祠堂。三段祖师说：‘这玉苍山是风水宝，龙头出圣僧，龙尾出人丁。你们若把龙头让给我们建寺院，我帮你们到龙尾——泰顺泗溪去建祠堂。’林氏同意了，并欣然把大片山地、水田赠送给法云寺。到了清乾隆年间，林氏一名后裔名叫林正候，他因家道中落，要求法云寺归还部分山地水田，和尚不给，双方互不退让。最后何子祥这样断案：‘林氏后代一点也不能分享。’理由是：‘林正候的祖宗已经把这份财产送给别人，

---

① 夏婕妤、王晟：《龙港发现乾隆年间“禁渔碑”》，《新民晚报》2008 年 3 月 4 日；《苍南金石志》编辑委员会：《苍南金石志》，浙江古籍出版社，2011，第 29 页。

② 《温州古代银矿开采与泰顺建县》，http：//qoofan. com/read/B8pZOEzZlm. html，最后访问时间：2017 年 9 月 30 日。

这份财产不再属于林正候及其他林氏后裔所有，做子孙的无权把已经赠送出去的财产拿一部分回来。’”①

（八）禁农林石碑

禁农林石碑位于桥墩镇罗垟村杨府庙内。

碑上内容为中华民国 23 年 11 月 11 日，平阳县公安局第四分局布告：“案据民人郑氏、蔡氏、许氏称，为六木成林，屡遭盗……四面多山，均栽种树木杉竹等物，不料近有无赖之辈，恃强盗砍损……不听若再任其损害将何以堪？为此联名书请钧长，誉核出示严行禁止、籍资保护等。情据此尽。该民等不辞辛劳培植森林，殊甚嘉许，乃无赖之徒……本局长职责所在应严行保护……各民众不得再有盗砍或毁损行为，如敢故违从严拘究不贷……”②

二　“生态碑”的现代法治意蕴

由于历史变迁，温州多数碑文被毁，完整保存的仅为少数。此八块“生态碑”从不同方面展现温州地区古代对保护环境、可持续发展的认识。温州经过 6000 多年的繁衍生息，至今保留 46 处古村落，群山环绕，植被葱郁，溪流清澈，民风古朴，砍柴取薪，临河而渔，充分体现了“天人合一”思想。碑文中封山育林、保持水土、保护水源、可持续开发资源等内容是朴素的环保观念的传达，此种内心确信更是在长久生产生活中循环往复衍生出传统法律文化的土壤，与惯习交互。由此“生态碑”在一定时间内，促使温州山清水秀，人杰地灵，人丁兴旺。

（一）环境法治精神

初探温州市的八块“生态碑”，其上记载了数百年前当地居民对于生态保护的观念意识。根据碑刻内容可分为封山育林、保持水土、保护水源、可持续发展渔业、可持续发展矿产资源和明晰产权等（见表 1）。

---

① 《苍南县（浙江·温州 6）》，http：//www. 360doc. com/content/15/1227/12/15398581_523429139. shtml，最后访问时间：2017 年 9 月 30 日。苍南 1981 年从平阳析出独立建县。

② 《苍南金石志》编辑委员会：《苍南金石志》，浙江古籍出版社，2011，第 30 页。苍南 1981 年从平阳析出独立建县。

表 1　温州生态碑蕴含的法治精神

温州生态碑	环境法治精神
禁垦官山碑	封山育林
狮球留荫碑	封山育林
清代禁伐石碑	保持水土
禁井碑	保护水源
禁渔碑	可持续发展渔业
明代封矿令摩崖题刻	可持续发展矿产资源
奉宪勒禁碑	明晰产权
禁农林石碑	明晰产权

1. 封山育林

“禁垦官山碑”“狮球留荫碑”同位于现今金乡镇内，碑文共同体现封山育林思想，但略有不同。“禁垦官山碑”回应开发经济与保护生态之间的矛盾。面对开林垦荒，种植茶业，增加当地财税的诱惑，当地县令从长远角度考虑生态保护，禁止采樵、牧放等毁林行为。工业化进程一度以牺牲环境为代价，快速发展经济，只看到经济增长短期速成，却忽视环境的严重恶化。即使在“经济发展与保护环境并举”思想提出时仍有不少地方以经济发展优先。直到“两山论”和环境政策力压。近几年来淘汰落后产能、产业聚合、发展新技术、清洁能源等，经济发展转变为以环境保护为前提的发展。

“狮球留荫碑”从风水学角度肯定育林思想。传统风水术的观点有：“草木郁茂，吉气相随”“木盛则生风”“乡中有多年之乔木与乡运有关，不可擅伐”。风水意识盛行致使众多保护“风水林”的碑刻应运而出；道家思想“道法自然”和佛家思想“积善行德”“众生平等”“放生”与保护生态环境有许多契合之处，如《遵奉圣旨住庵文据》碑和《五仙洞记》碑碑阴铭文。①

将“林荫浓密”视为祖先庇佑子孙后代的象征，林荫越是浓密，氏族风水越好。当时虽未有直接“代际公平”观念，但暗含视“林荫浓密”

① 《遵奉圣旨住庵文据》下篇为《捨状》，不仅对请僧住庵管护林木的理由、规定作了说明，而且对住僧管护林木的范围也作了明确界定。并将“五仙洞山林地段、捨状文字粘连，谨具状上，庶免无图人毁斫林木伏状”。由于朝廷和地方州县的重视，《遵奉圣旨住庵文据》的约束作用，及住僧的严加管护，当时五仙洞一带曾出现了“林峦扶舆磅礴，鹿豕昼游，狐狸夜嗥，蹊径不通，人迹罕至”（《五仙洞记》）的自然景象。

为祖先留给后代的资源。

在早些时期人们以经验为判断标准，现实中缺乏进行科学实验论证的客观条件，导致某些经验论缺乏科学性。不容置疑，出于他种目的而保护生态环境的环境习惯在客观上起到保护生态环境之功效，但环境习惯法是人们在日常生活中长期积累归纳起来的经验论。

2. 保持水土

“清代禁伐石碑”以保持水土为目的而设立。石阶狭窄，边上有悬崖，若是滥垦植被，将造成暴雨时土壤被冲刷，道路踏荒，危及行人生命。该碑意识到保护植被、涵养水土的重要性，禁止一切砍伐。个人砍树而得的蝇头小利与整体生命安危的大益相比，自然侧重后者。保持水土从古代作为植被功能到现代作为微观的生态平衡理念，理念在提升。

3. 保护水源

“禁井碑”视水为资源，一方既有饮用清洁水源的权利也有防止水体污染的义务。同时，“禁井碑”附有惩罚条款和规制对象。“禁井碑”具有目的、对象、惩罚要素，是典型的、完整的“生态碑”。水是生命之源，万物之母。人发展到现在，也无法摆脱对水的依赖。《2016 中国环境状况公报》指出：黄河、松花江、淮河和辽河流域为轻度污染，黄河流域为重度污染。全国地表水 1940 个评价中劣 V 类水质断面占 8. 6% 。① 2014 年以来浙江实行“五水共治”，攻坚克难，取得了阶段性成果。当前浙江全省打响了劣 V 类水剿灭战。保护水源、治理水污染，不仅在古代受到重视，在现代仍是迫在眉睫的任务。

4. 可持续发展渔业、矿产资源

温州有得天独厚的地理条件，拥有丰富的渔业资源和矾矿资源。在利益驱使下涸泽而渔、盲目开采，常常造成当地资源严重破坏，矾矿空洞引起塌方更是危及生命，故而“禁渔碑”和“明代封矿令摩崖题刻”警示古时人们资源开发应遵循可持续发展原则。这与现代理念完全重合，足以显示古时人类环保观念的先见之明。

5. 明晰产权

资源既有权属，则有纠纷。“生态碑”不乏有定纷止争、明晰产权之价值。“奉宪勒禁碑”将官司判决刻于碑上，流传万世，远胜于口口相传。

---

① 《环境保护部发布〈2016 中国环境状况公报〉》，http：//www. zhb. gov. cn/gkml/hbb/qt/201706/t20170605_ 415442. htm，最后访问时间：2017 年 9 月 15 日。

"禁农林石碑"在产权明确前提下，严明禁止偷盗等非法行为。

埃克哈特·施里特曾说："在任何社会，产权体系都是经济和社会互动的基础。产权根植于习俗，即习俗产权不仅存在于习俗经济之中，而且也存在于现代经济生活之中，市场过程建立在习俗和法律上。"[①] 赞成此观点的日本著名经济学家青木昌彦从博弈论的角度讨论了"'习俗性产权'的出现或者起源问题，并认为'习俗性产权'是一种自我维系的内生性秩序，它产生于自利和理性有限的个人之间的相互作用，一经确立，它就将在纳什均衡的意义上自我实施，没有任何一方想单方面偏离该种状态"。[②]"在法律认可的产权制度之前，人们对财产的权利实际上就是一种习俗产权，……习俗不仅是产权的来源，而且产权本身就是习俗进一步演化的结果，或者说产权是习俗的制度化。"[③] 由此可见，习惯法也是产权形成的重要来源之一，它在某些情况下弥补国家法的角色缺陷，作为一种非正式制度和辅助性的手段亦发挥产权界定的功能。

（二）环境法治价值

1. 本土资源价值

孟德斯鸠认为："法律应该和国家的自然状态有关系；和寒、热、温的气候有关系；和农、猎、牧各种人民的生活方式有关系；法律应该和政制所能容忍的自由程序有关系；和居民的宗教、性癖、财富、人口、贸易、风俗、习惯相适应；最后，法律和法律之间也有关系，法律和它们的渊源，和立法者的目的，以及和作为法律建立的基础的秩序也有关系，我们应该从所有这些观点去考察法律。"[④]

每个地域的地理风貌、风土人情、经济文化、生产生活特点等的不同，造成了不同地域的居民在环境习惯和环境习惯法上的差异。"生态碑"正是建立在当地语境下的环境习惯法，具有明显的接地性。我国在借鉴外国制度建立起本国环境法律制度时，必须充分考虑本国国情，适用时对制度进行语境转换。寻求本土资源作为桥梁不失为一种明智选择。借助人们对本土资源的认同，进而迅速便捷地推进环境法律制度变迁，此时迫切需

---

① 〔德〕埃克哈特·施里特：《习俗与经济》，秦海、杨煜东、张晓译，长春出版社，2005，第3页。

② 杜晓斌：《农地习惯法与国家法的冲突与融合》，浙江农林大学2013年硕士学位论文，第19页。

③ 洪名勇：《农地习俗元制度及实施机制研究》，经济科学出版社，2008，第160页。

④ 〔法〕孟德斯鸠：《论法的精神》（上册），张雁深译，商务印书馆，第199页。

要环境习惯和环境习惯法来协助构建环境法律制度，它们是重要的本土资源。

2. **“善治”价值**

“良法”与“善治”是相辅相成的关系。亚里士多德指出：“法治应当包含两重意义：已成立的法律获得普遍的服从，而大家所服从的法律本身又应该是制定得良好的法律。”① 按照亚里士多德的观点，根据部分人的利益而不是根据城邦整体人民的利益制定的法律就不是良法。对被调整的社会群体具有高度的认同感时，法律的内心确信不言自明。环境习惯法基于人们对环保与资源利用的经验归纳，形成群体一致性的利益共识，对人们行为具有指引、评价、预测、教育、强制的作用。每个人在实施行为时已经能预测到行为后果，在接受嘉奖或应得处罚时，提前做好接受的心理准备。所以，在实施效果上，受处罚人不会对决定结果产生异议，也不会出现反抗执行的情况。环境习惯法的实效性尤为明显。

3. **“活法”价值**

埃利希提出，法并不都是由国家制定，许多保证社会秩序化的社会规则都是法，这些非国家制定的法被称为“活法”。②“生态碑”所体现的环境习惯法非为正式的国家法律制度，但调整人与自然的关系，规范社会秩序，是人们信赖的“活法”。苏力教授曾说中国现代法治的建立和形成最需要的也许是时间，因为任何制度、规则、习惯和惯例在社会生活中的形成和确立都需要时间。③ 与古老悠久的民法、刑法相比，年轻的环境法律制度也更需要在悠悠的时间维度中累积自己的习惯资源。正如埃里克森所概括的，法律制定者如果对那些促进非正式合作的社会条件缺乏眼力，他们就可能造就一个法律更多但秩序更少的世界。④ 所以缺失环境习惯和环境习惯法，有可能导致成文法补位，造成环境法律制度条文繁多，但语义机械、使用效果欠佳。

卢梭说：“规章只不过是穹隆顶上的拱梁，而唯有慢慢诞生的风尚才最后构成那个穹隆顶上的不可动摇的拱心石。”⑤ 如果将现代环境法治资源比作穹隆顶上的拱梁，那么，习惯法资源便是穹隆顶上的不可动摇的拱

---

① 〔古希腊〕亚里士多德：《政治学》，商务印书馆，1997，第199页。

② 张乃根：《西方法哲学史纲》，中国政法大学出版社，1993，第254页。

③ 苏力：《法治及其本土资源》，中国政法大学出版社，1996，第21页。

④ 〔美〕罗伯特·C. 埃里克森：《无需法律的秩序》，苏力译，中国政法大学出版社，2003，第354页。

⑤ 〔法〕卢梭：《社会契约论》，何兆武译，商务印书馆，2003，第70页。

心石。

4. 弥补国家法

国家法追求法效力的普遍性和内容的稳定性，所以具有一定的抽象性。然而我国幅员辽阔，各地域的地形地貌、气候水文、历史习俗等皆不完全相同，有地域性差异。以本土风貌为根本，长久形成的环境习惯法与当地的气息相吻合。这种接地性与抽象的国家法形成鲜明对比。当复杂多变的环境问题发生时，国家法可能失灵，但根植于该特定文化土壤中的环境习惯法则具有针对性，更能因地制宜地解决当地复杂的生态问题。

环境习惯法能存在于国家法效力难以遍及的地方，如偏远山区和一些少数民族地区。“护林碑刻”在全国范围内普遍存在，形成庞大的联系网，从中可窥视出环境习惯法的普遍范围和影响深度。环境习惯法是当地居民对生命敬畏、环保理念和生态环境的写照，融合了历史沉淀下来的对环境习惯的感知，在国家法效力难以遍及时发挥了原生态的弥补作用。

三　“生态碑”的现代环境法治可能

纵向而言，传统也并不是形成文字的历史文献，甚至也不是当代学者的重新阐述，而是活生生地流动着的、在亿万中国人的生活中实际影响他们行为的一些观念；或者从行为主义角度来说，是他们的行为体现出来的模式。[①] 虽然“生态碑”碑体本身庞大废材，甚至有些碑体经过时间销蚀变得残破或遗失，但碑上内容体现为环境习惯法存留下来，当地居民薪火相传，内化于心外化于形，表现为保护生态环境的一种自觉行为。以“生态碑”为例的环境习惯法作为地方法治资源，搭建起现代环境法治的桥梁。

横向而言，建立当代中国法治社会，实现法律的社会化，在吸收、借鉴或移植别国法律文化的同时，在法治模式的构建上，应立足于中国传统文化基础。[②]

（一）正确对待中国的法律文化传统

传统的文化在我国已有几千年的积淀和延续，割断这样一个“文化脐

---

① 苏力：《法治及其本土资源》，中国政法大学出版社，1996，第14页。

② 蒋传光：《中国特色法治路径的理论探索》，中国法制出版社，2013，第18页。

带”是根本不可能的。[①] 习惯法具有地域性，当地居民受源远流长的中国法文化潜移默化的影响，盲目割裂根深蒂固的“文化脐带”非明智之举。故应汲取中国本土法律文化中的养分，建设适合中国国情的中国特色社会主义法律体系。

首先，必须对本土法律文化传统充满内心确信。法律文化传统暗含现代法治意蕴，作为中国特有标记的本土资源，仍有供现代法治借鉴的有益成分。其次，识别、萃取其精华是必经步骤。环境习惯法中的内容并不全然符合当今的法治观念。一些内容上缺乏科学性，存在土壤已丧失，程序上有失公正，执行上与人权相悖的环境习惯法必须被识别出来，而后汰除糟粕，萃取环境习惯法中历久弥新且与现代环境法治相一致部分。最后，全面阐释法律文化传统。结合时代背景给萃取出的精华注入新内涵，使其适应当代中国特色社会主义法治建设。

（二）妥善处理中西法文化关系

西方的法治理念看似先进能否照搬？回答当然否定，中国的法律文化传统仍有存在的合理性，摒弃传统照搬西方制度而建立的法律制度只怕会“水土不服”。中西两种法律文化并非决然对立，应在重视本土法律文化资源的基础上借鉴西方先进制度理念。当前建设中国特色社会主义法律体系，尤其要立足中国国情，取其精华，弃其糟粕，对外以我为主，吸收借鉴西方法律理念、制度中的有益成分。

（三）实现“生态碑”与制定法的良性互动

环境习惯法与制定法的互动亦可称之为两者的博弈。当地某个习惯法在与制定法的碰撞中可能演变为以下几种结果。

（1）制定法合法，但条款机械僵硬，缺少灵活性，对偏远地区特殊情形鞭长莫及，且当地习惯法合法合理，故两者并行。

（2）习惯法与现存制定法高度契合，故软法转向硬法，习惯法转化为制定法。

（3）一般习惯法与现存制定法严重冲突，废止习惯法。

（4）习惯法与制定法冲突，变更制定法，这只存在于少数民族地区和特别行政区。《宪法》及《行政法》中均规定自治条例和单行条例可以依

---

① 蒋传光：《中国特色法治路径的理论探索》，中国法制出版社，2013，第 19 页。

照当地民族的特点，对法律和行政法规就民族自治地方的规定作出变通规定。国家赋予地方自治机关变更的权力体现为合理性方面，同时这种变更也必须配以合法性检验即备案审查。

（5）习惯法自然性失效。长期以来因地质地貌改变、种族迁徙、外来人口冲击、自然灾害、朝代更迭、城市化进程等改变当地固有的法律文化土壤，借此赖以存在的习惯法便以“毛之不存，皮之焉覆”的角色淡化出历史。

环境习惯法与制定法的博弈，有利于发挥法文化传统的作用，弥补制定法的解释空白，有助于识别法文化传统中的精华与糟粕，进而做出取舍。

随着民法典绿色化，吕忠梅教授提出后环境法时代是从台前到幕后的转变，落实到执行。挖掘地方的法治资源，有利于实现环境习惯法与制定法的良性互动，有利于回归法律文化传统的根基，汲取养分建设现代环境法治国家。

（四）完善环境法治的习惯法资源研究

作为一种带有很强地域性、民族性、弥散性甚至非理性的习惯法，要想进入具有很强理性色彩的制定法律之中，就必须经过法学家或法律家的研究和加工。因此，中国法学对习惯法的研究是习惯法得以进入中国当代法治的必要“工序”。①

1. 内部视角

当前对环境习惯法的研究着重于功能性价值，以“环境习惯法”或者“习惯法”为整体概念与“制定法”“习惯”的概念、特征、类型划分等相比较，以制定法立场研究习惯法的融合价值问题，以外部视角研究环境习惯法。这种视角不可或缺，但从环境习惯法的内部视角更能挖掘资源历久弥新的精髓。

2. 微观角度

若说外部视角已经达到相当广泛的横向角度，则微观视角则是纵向角度的深入。以人为着眼点，从功能论转向人本论，构建人为本位，权利义务为内容，社会环境为背景的权利规范体系研究。

3. 跨学科研究

事物的普遍联系，使得环境习惯法绝不仅仅单一存在法学上的延续，

---

① 张洪涛：《边缘抑或中心：大历史视野中习惯法命运研究》，《法学家》2011 年第 4 期。

也需要其他学科的勠力同心。跨学科研究下的大数据相关性分析也能使地方资源在法治轨道上大放异彩。

五　结语

如同历史上的佛教在印度本土式微而在中国的文化中被发扬一样，这些具有价值的思想和理念在中国却常常因为其是“传统”而受到漠视或批判。[①] 也如苏力先生所说：“我们一定要摒弃那种认为‘乡土的’就是‘传统的’看法，而要敏锐地观察到随着社会的发展，一些虽然发生在乡村，但却是不同于传统的新型民间习惯也在不断产生，而这些习惯往往和现代社会有着很大的契合性。”[②] 随着现代社会环保理念的盛行，环境习惯历久弥新，从生态碑中汲取与时俱进的理念、管理制度与处罚机制，实现环境习惯法与制定法的良性互动，具有重大意义。

“杀人偿命，父债子还”的思想仍在农村偏远地区根深蒂固，“保持水土”的传统也流传千年。法律文化与人的作用是相互的。法律文化滋养人们，人们的信仰亦使其流光溢彩、生机勃勃，并愈加明显地作用于人们。每块区域都有其独有的法律文化，形成十里不同风的面貌。因而，法治认识观、法治素养在不同地方、不同人身上参差不齐是历史使然。继而，挖掘习惯法资源、发挥法律文化传统作用应是立足中国国情、建设中国特色社会主义法律制度不可或缺的，也是最便捷的桥梁纽带。

---

① 曾宪义主编《法律文化研究》（第四辑），中国人民大学出版社，2008，第5页。

② 苏力：《当代中国法律中的习惯——一个制定法的透视》，《法学评论》2001年第3期。

法律与财税伦理专题

财政与国民性关系机理探析

——兼论对国民性培育的现代启示

姚轩鸽*

内容提要： 笔者认为，财政与国民性二者之间紧密相关。近现代“国民性”问题研究尽管看到了国家制度对国民性的决定性作用，却忽视了国家制度对国民性影响的具体路径与枢纽——财政税收制度。百年来，中国社会的现代化转型步履维艰，或与我们对财政在国家治理中的重要地位，关于财政对“国民性”的培育和塑造功能之认识严重不足有关。财政体制优化是“国民性”培育和塑造的核心途径，财政启蒙是国家现代化转型的思想前提。而培育和塑造国民之独立自由精神是“国民性”重建的最高目标，培养国民公正平等精神则是“国民性”重塑的根本目标。

关键词： 财政　国民性　机理　自由　公正

如果没有“国民性”的现代化，国家发展的现代化无异于沙上建塔。其实这是近代以来大多仁人志士的基本共识、思维逻辑和奋斗目标。不论是最先关注“国民性”问题的梁启超先生，还是陈独秀、李大钊先生，或者鲁迅与胡适先生，等等，无不如此。① 道理或如英格尔斯和史密斯所言：“如果在国民之中没有我们确认为现代的那种素质的普遍存在，无论是快速的经济成长还是有效的管理，都不可能发展；如果已经开始发展，也不会维持太久。”② 毋庸置疑，在“国民性”改造运动中，鲁迅先生的影响最大，最久远。而且，“鲁迅正是从对‘中国之情’的洞彻，对‘欧美之

---

* 姚轩鸽，《基层税务研究》副主编。

① 《新民说·释新民之义》：“凡一国之能立于世界，必有其国民特具之特质。”而且，“然则苟有新民，何患无新制度，无新政府，无新国家。非尔者，则虽今日变一法，明日易一人，东涂西抹，学步效颦，吾未见其能济也。夫吾国言新法数十年，而效不睹者何也?”《梁启超选集》，上海人民出版社，1984，第211页。

② 〔美〕英克尔斯、史密斯：《从传统人到现代人——六个发展中国家中的个人变化》，顾昕译，中国人民大学出版社，1992，第454～455页。

实’的深察，舍弃了世纪初一般人追逐西方近代文明以建设本世纪初中国文化的思路，确定了‘非物质’，重精神的文化建设思路”①。而鲁迅先生倾其一生的志业，正如许寿裳在《怀亡友鲁迅》中所总结的：“一、怎样才是理想的人性？二、中国国民性中最缺乏的是什么？三、它的病根何在？”

遗憾的是，一代仁人志士尽管看到了制度、经济和文化教育等体制要素对“国民性”塑造的重要影响，同时在政治上主张推翻专制体制②，在经济上主张“实业救国”，在文化上主张清理传统文化，进行人的伦理启蒙，等等。然而，他们唯独没有看到“财政”对“国民性”塑造的关键性、基础性与枢纽性的作用，从而借此途径以重塑优良的“国民性”，推进中国社会的现代化转型。然而，由于特定时代的多种因素所规制，最终却是“救亡图存”、繁荣富强等现代化志业，不得不走上了疾风暴雨式的“革命”或“阶级斗争”之道，教训惨痛，必须记取。固然，一个国家的政治、经济与文化制度建设从总体上决定一个国家“国民性”之优劣，但财政制度作为国家治理系统的核心、基础与支柱，它对“国民性”塑造的影响则是渐进、巨大、客观、长效的。基于此一认知和判断，本文旨在探讨“财政”对“国民性”塑造的一般性规律与机理，以期为国民现代化转型或国民性优化提供理论支持与实践启示。

一　“财政”“国民性”概念采信

要探讨“财政”对“国民性”塑造的一般性规律与机理，逻辑上，必须首先弄清楚“财政”“国民性”之内涵与本质。

（一）“财政”的内涵与本质

众所周知，汉语“财政”一词是维新派在引进西洋文化思想的过程中，从日本“进口”的一个舶来词。而日本“财政”一词来自英文 public

---

① 李德尧：《鲁迅早期重精神思想之再剖析》，《鲁迅研究月刊》1998 年第 12 期。

② 学者杨联芬认为：国民性其实“根本地不是‘国民性’，而是与专制政治密切相关的‘专制国家’的‘人性’”，由此，国民性理论是一种“不具备真理性的现象理论，或者说，它更多地是一种现实的策略”。杨联芬：《晚清至五四：中国文学现代性的发生》，北京大学出版社，2003，第 165 页。

finance。目前国内学界主流认为：财政就是政府的“理财之政”。在国外学界，代表人物熊彼特认为：“财政是探讨社会的结构，特别是——虽然说并不唯一是——探索政治结构的最佳着眼点。”① 阿瑟·塞西尔·庇古则认为：财政的本质发端于国家必有的一定形式的统治组织，统治当局的职能与支出相伴，因此也必须筹划收入。② 关于“财政”的本质，目前有“价值分配论”③“共同需要论”④“再生产前提论”⑤ 等。

笔者以为，就“财”的本意是金钱和物资而言，“财”是指财宝、财富、钱财。《说文解字》认为：“政”，会意兼形声，从攴从正，正亦声。攴（pū），敲击。“正”是光明正大。本义：匡正。释义：治理国家事务。合而言之，“财政”是指对“财宝、财富、钱财”活动的治理，关键是对公共“财宝、财富、钱财”活动的治理，不是对私人“财宝、财富、钱财”活动的管理。即“财政”是指对国家公共资金收支活动的管理，其本质是通过提高公共资金的收支活动效率，提高公共产品生产与经营的效率与性价比，增进全社会和每个国民的福祉总量。

而且，对公共资金收支活动的管理——财政，可分为两部分：一是税收治理，即借助税权，通过税制（税收道德和税法），对公共资金收入活动进行管理；二是预算管理，即对公共资金支出活动的管理，是借助预算权，通过预算制度（预算道德和预算法）对公共资金支出活动进行管理。二者的共同目的，或者说终极目的，无疑都是通过提高公共资金的收支效率，提升公共产品生产经营的效率与性价比，优化公共产品的结构，最终增进全社会和每个国民的福祉总量。因此，R. A. 马斯格雷夫、A. T. 皮考克认为，公共资金管理应当收支同时考虑，且二者的相互依赖是财政的核心问题，而“其中最为重要并已在理论上初步确认的观点是，作为预算表的两边，财政收入与财政支出应同时进行考虑，对二者进行决策在相当大程度上是同一个问题。……财政收入与财政支出的相互依赖性，就这样成为问题的核心，并内在地决定了受益原则相对于量能原则的优越性”⑥。

---

① 〔日〕坂入长太郎：《欧美财政思想史》，中国财政经济出版社，1987，第349页。

② 〔日〕坂入长太郎：《欧美财政思想史》，中国财政经济出版社，1987，第383页。

③ 财政部财政科学研究所、中央财政金融学院主编《财政学问题讨论集》（上册），中国财政经济出版社，1965，第220页。

④ 何振一：《财政起源刍议》，《财贸经济》1982年第3期。

⑤ 财政部财政科学研究所、中央财政金融学院主编《财政学问题讨论集》（上册），中国财政经济出版社，1965，第60页。

⑥ 〔美〕R. A. 马斯格雷夫、A. T. 皮考克：《财政理论史上的经典文献》，刘守刚、王晓丹译，上海财经大学出版社，2015，第9页。

学者武玉坤也持同论，认为“在宏观上，预算是对政府的政策意愿和方向的反映，是在资金支出与要完成的计划目标之间建立系统联系的过程。”①即国家从纳税者那里收税，是为了生产公共产品，用税于每一个国民，满足每一个国民的公共需求，增进每一个国民的福祉总量。

显然，“公共性”是区别公共经济与私人经济、公共产品与私人产品的主要特征，也是财政之所以成为财政的本质特征。即“财政”一定姓“公”，不是姓“私”，它具有“非竞争性和非排他性”②，其终极目的一定是增进全社会和每个国民的福祉总量。因为“公共财政的决策和运行是基于社会公众的意志”③。而马斯格雷夫在充分肯定了德国财政学的历史功德之后指出：“德国财政学在下面一点出了偏差，即在承认私人需求和公共需求的差别的同时，却迭盖和淹没了私人产品与公共产品之间的差别。”④

问题是，一个社会要对公共资金收支活动进行有效管理，就得有规矩——财政法与财政道德，以便告诉财政管理者和被管理者的公共资金收支活动“应该且必须”和“应该”如何行动，否则，公共资金收支活动就会混乱不堪，背离财政增进全社会和每个国民福祉总量之终极目的。而这些规矩——财政法与财政道德，都是权利与义务的规范，不是法定的权利与义务之权力性规范，比如财政法、税法、预算法之权利与义务规范，就是德定的权利与义务之非权力性规范，比如财政道德、税收道德、预算道德权利与义务规范。因为权利是权力保障下的利益索取，义务是权力保障下的利益奉献。逻辑上，权力是权利与义务分配的必要条件，合法权力是权利与义务平等交换分配的必要条件，财权是国

① 武玉坤：《“预算政治”转型：由博弈政治到政策政治》，《社会科学家》2010年第8期，第43～46页。

② 吴学军：《公共产品供给的制度性障碍及其矫正——基于政府“经济人”特征的分析》，《中国制度经济学年会论文集》，2006。1959年，马斯格雷夫在其《财政学原理》一书中，就首先提出了按照消费上的非竞争性和非排他性来划分公共产品。同时，马斯格雷夫等人也从“公共产品”关联度方面对其特性做了进一步探索，认为：“一种纯粹的公共产品在生产或供给的关联性上具有不可分割性，一旦提供给社会的某些成员，在排斥其他成员的消费上显示出不可能或无效。”（许彬：《公共经济学导论》，黑龙江人民出版社，2003，第50页。）进而，以萨缪尔森和马斯格雷夫为代表的经济学家认为，严格说来，公共物品应具有三个特性：非竞争性、非排他性和不可分割性。（孙学玉：《公共行政学》，社会科学文献出版社，2007，第221页。）

③ 李发戈：《宪政背景下公共财政的本质》，《四川行政学院学报》2008年第2期，第5～7页。

④ 江旭东：《财政理论中的国家职能》，《财政研究》1995年第11期，第20页。

民与国家之间权利与义务分配的必要条件，税权是纳税者与国家之间权利与义务分配的必要条件，预算权是国民与国家之间权利与义务分配的必要条件。质言之，财权、税权和预算权是国民与国家之间财税权利与义务分配的必要条件。财权、税权和预算权的合法性及其对权利与义务分配过程的监督制衡状况，直接关涉国民与国家之间财税权利与义务分配的公正平等与否。

（二）“国民性”概念的采信

1. “国民性”的内涵与本质

关于“国民性”的内涵，国内学术界的界定有几十种，但袁洪亮先生概括为四种类型[①]：第一类观点属“心理特征论”，代表学者有许庆瑞[②]、李义平[③]；第二类观点属“人格论”，代表学者沙莲香[④]、常立霓[⑤]和吕锡探；第三类观点属“心理结构论”，代表人物有郑师渠[⑥]、刘再复[⑦]、崔志海[⑧]等；第四类观点属“国民积习论”，或“劣根性论”，代表

---

① 袁洪亮：《中国近代国民性改造思潮研究综述》，《史学月刊》2000 年第 6 期，第 135 ~ 141 页。

② 许庆瑞：《管理学》，高等教育出版社，1997，第 249 页。其认为“国民性是指一个民族多数成员所普遍具有的比较稳固的社会心理特征、精神状态。它是多数国民所具有的稳定的、反复出现的心理特质，是一种深藏于心灵深处的潜意识，属于低层次的社会意识，从本质上说，它是那个民族国家中的社会心理”。

③ 李义平：《“人力资本”研究的脉络及启迪》，《光明日报》2001 年 9 月 11 日。其认为国民性“是一个民族在长久的历史发展过程中形成的表现于民族共同文化特点上的习惯、态度、情感等比较稳定持久的精神状态、心理特征”。

④ 沙莲香：《中国国民性》，中国人民大学出版社，1988。其认为国民性是“一个民族的绝大多数人在思想、情操及行为上所表现出来的某种大概固定形态”。

⑤ 常立霓：《“国民性”问题再思考》，《上海大学学报》（社会科学版）2006 年第 4 期。这种形态表现为“一个民族多数成员共有的反复出现的心理特质和性格特点的总和，是人格的综合体。”而“人格的综合体是一个系统，是多种心理特质按一定的结构方式组成的有机整体，这些心理特质有的是核心特质，有的是次要特质，核心特质与次要特质互相补充，共同构成有机的人格类型”。

⑥ 郑师渠：《辛亥革命后关于国民性问题的探讨》，《天津社会科学》1988 年第 6 期。其认为“国民性指的其实就是人的文化心理结构。国民性改造则是从人的文化心理结构的深层反映了文化主体意识的崛起和中华民族在反思中深沉的觉醒”。

⑦ 刘再复、林岗：《传统与中国人》，安徽文艺出版社，1999，第 407 页。从人的角度反省民族文化，并通过这种反省开始“人的现代化艰巨工程，即民族性格的改造”。

⑧ 崔志海：《中国近代改造国民思想的先声——戊戌维新派对传统民族文化心理的反思》，《史学月刊》1994 年第 4 期。其目的是要在中国建立一个与时代发展相适应的新的民族文化心理。

学者有李何林①、朱学勤②、张岱年③、鲍昌④、邵伯周⑤等。

据王学钧考证："晚清国民性概念的引入，有两条通道，一是似乎无需也缺乏定义的日文媒介，一是有明确定义的英文媒介。"而英文媒介的引入者是梁启超。⑥ 在资深研究专家袁洪亮先生看来，"国民性""是一个高度综合的概念，它反映了一个民族的大多数成员在一定的历史时期内所普遍具有的观念、社会心理与行为方式的固有特征，它与人格、人性、民族性等单纯的学科性概念有明显的不同"。⑦ 周晓红、郑欣淼等也持同论。在美国著名的社会学家和社会心理学家艾利克斯·英格尔斯看来，"国民性"是指"社会成年成员中具有众数特征的、相对持久的人格特征和模式。"而且从"国民性"的客观性、中立性看，西方话语中的"国民性"是一个学术概念。⑧ 即国民性研究关注的是群体心理的共时态差异，是生活在不同社会文化环境中的、不同国家或民族成员共有的社会心理特征及民族间的社会心理差异。⑨

---

① 李何林：《从"国民性"问题谈〈阿Q正传〉》，《鲁迅"国民性思想"讨论集》，天津人民出版社，1982。李何林认为"国民性"这个概念不科学。其认为在一个国家民族内部，尽管有比较多的人有某种性格，但不能说成是国民性格。因为按字面讲，国民性就是全体国民都具有的性，这是不可能的，在阶级社会里，即使同一阶级的人也不一定都有一样的思想。

② 朱学勤：《从马嘎尔尼访华到中国》，《南方周末》2001年11月29日。朱学勤先生说得更直接："但是鲁迅的'改造国民性'，则是我无论如何也难以同意的。国民性者，全体国人之性也，人性能改造，精神世界里还有什么事务不可以搅动，不可以'改造'。"

③ 张岱年、程宜山：《中国文化与文化论争》，中国人民大学出版社，1990，第297页。其认为，国民性根本就不是中国人的本性，不是天生的遗传性或什么"根性"，而是在以自给自足的小农经济为基础的封建社会中形成的不良习惯、陈规陋习，应叫"国民积习"。

④ 鲍昌：《论鲁迅的"改革国民性"思想》，《鲁迅"国民性思想"讨论集》，天津人民出版社，1982。鲍昌则认为，国民性是在某一主导阶级制约下的社会心理，并非各个阶级心理的融合，它也不可能存在一个完整的思想体系。

⑤ 邵伯周：《试论势迅关于"国民性"问题的见解》，《鲁迅"国民性思想"讨论集》，天津人民出版社，1982。邵伯周认为："国民性可以指人民大众的精神状态和思想觉悟；可以指封建统治阶级的思想意识以及在其影响下所形成的某种精神状态；也可以指社会各阶级的人共有的心理素质、精神状态和思想意识。"

⑥ 王学钧：《刘禾"国民性神话"论的指谓错置》，《南京工业大学学报》（社会科学版）2004年第1期，第48~53页。

⑦ 袁洪亮：《"国民性"概念的辨析与界定》，《株洲师范高等专科学校学报》2002年第1期，第69~83页。

⑧ 〔美〕艾利克斯·英格尔斯：《国民性：心理—社会的视角》，王今一译，社会科学文献出版社，2012，第196页。

⑨ 周晓虹：《理解国民性：一种社会心理学的视角——兼评英克尔斯的〈国民性：心理—社会的视角〉》，《天津社会科学》2012年第5期，第49~55页。

由于本文重点探讨“财政”与“国民性”塑造之间的一般性规律与机理，因此，暂不陷入“国民性”内涵与外延的纠结与论证，笔者暂且认同并采信袁洪亮先生对“国民性”的界定。或许，这是笔者一种不得已的选择。因为直到今天，学术界对“国民性”内涵依然没有明确且权威的定义，同时却在“国民性”名义下糅合与衍生了一系列的复杂阐述与微妙关系。① 以至于有人认为：“从事国民性（民族性）研究是一件注定要受指责的事。”② 因此，如果不能删繁就简，有所取舍（哪怕是有缺憾的采信），便无法切实进入探索的主题。道理或在于，无论如何，“国民性”都是客观存在的，正如哈耶克所言：“我们之所以能够相互理解，彼此相处，并能成功地按照我们的计划行动，这是因为在多数时候，我们文明中的成员无意识地遵从了某些行为模式，从而在其行动中显示出某种规则性。”③

“国民性”的本质或在于性质不同的国家，或者说政体不同的国家，便有不同的“国民性”。即有专制国家的“国民性”，寡头国家的“国民性”，也有民主宪政国家的“国民性”。因为国家的性质，诸如国体、政体会从总体上决定一个国家的“国民性”。特别是国家政体的优劣，将从总体上决定“国民性”的优劣。对此，马克思早有精辟论述：“政治解放一方面把人变成市民社会的成员，变成利己的、独立的个人，另一方面把人变成公民，变成法人。”④ 孟德斯鸠在《论法的精神》中也认为，君主政体是无法造就祖国的公民以及其对祖国的热爱的，其认为“只有民主国家，政府才由每个公民负责”。⑤ 因为政体不同，便有以人道、自由、法治、平等、民主等文明为基本特征的“国民性”与以不人道、不自由、无法治、不平等、专制等野蛮为基本特征的“国民性”。具体来说，有基于自由平等原则缔结契约之国民性与基于不自由与不平等原则缔结之国民性。毋庸置疑，唯有基于自由平等原则缔结契约形成之国民性才是应该的，值得造就和塑造的。相反，凡是基于不自由与不平等原则缔结形成之国民性都是落后的、恶劣的，也是不值得造就和塑造的国民性。或许这才是“国民性”应有的现代含义。而赋予中国国民现代含义者是梁启超先

① 吴晓蓉、林倩：《国民性的内涵及其养成》，《教师教育学报》2004 年第 2 期。
② 苗明杰：《管理学—现代的观点》，上海人民出版社，1999，第 38 页。
③ 〔英〕哈耶克：《自由宪章》，中国社会科学出版社，1998，第 96 页。
④ 《马克思恩格斯全集》（第 1 卷），人民出版社，1956，第 443 页。
⑤ 〔法〕孟德斯鸠：《论法的精神》（上册），商务印书馆，1961，第 34 页。

生，早在1899年，他在《论近世国民竞争之大势及中国前途》一文中对“国民”的论述认为：“国民者，以国为人民公产之称也，国者积民而成，舍民之外，则无有国。以一国之民，治一国之事，定一国之法，谋一国之利，捍一国之患，其民不可得而侮，其国不可得而亡，是之谓国民。”①

进而言之，社会是基于一种“契约”，它是“两个不同的单独意志相交在一点上的合量”。② 而且，“公民必须是一个相互的主体”。③ 国家的文明程度与其“国民性”相辅相成，互为条件。可以说，“国民性显示着一个民族在道德、政治和文化等方面所达到的文明程度”。④ 即有什么样的国家和财政，便有什么样的国民与国民性。反过来，有什么样的国民与国民性，便有什么样的国家，有什么样的财政制度。对此，杨昌济先生直言不讳，他说：“有不良之国民，所有不良之政府。”⑤ 因此，正是基于这一逻辑与价值判断，鲁迅先生痛感：“凡是愚弱的国民，即使体格如何健壮，如何茁壮，也只能做毫无意义的示众的材料和看客，病死多少是不必以为不幸的。所以我们的第一要著，是在改变他们的精神，而善于改变的精神的是，我那时以为当然要推文艺，于是想提倡文艺运动。”⑥ 并毅然决然，做出了“弃医从文”的重大人生抉择。

当然，“国民性”总体上并不仅仅受制于国体与政体，它既然是一个综合性概念，便受制于多种社会因素。对此，孟德斯鸠指出：“人类受各种事物的支配，那就是气候、宗教、法律、施政的法则、先例、习俗、礼仪等，由此形成了一个总精神。”⑦ 而“总精神就是美国人类学家所说的一国的文化，即某种生活方式和共同的形式，而这种方式或形式不是一种因素，而是一种结果，在长期内构成一个社会类型的全部自然影响和精神影响的结果。”⑧ 即是说，一个国家的“国民性”，受制于多种社会因素，特别是在总体上，既受制于政治体制，也受制于经济体制，还受制于文化教育体制，以及国民性培养机制等，包括国民个体修养功夫的深浅等具体因素。

---

① 《梁启超全集》（第一册），北京出版社，1999，第309页。
② 〔德〕贝迪南·滕尼斯：《共同体与社会》，商务印书馆，1999，第102页。
③ 〔英〕尼尔·史蒂文森：《文化与公民身份》，吉林出版集团，2007，第53页。
④ 李建军：《“国民性批判”的发生、转向与重启》，《文艺研究》2009年第10期。
⑤ 杨昌济：《告学生》，《国民》1919年第1卷第1号。
⑥ 《〈呐喊〉·自序》，载《鲁迅全集》（第1卷），人民文学出版社，1982。
⑦ 〔法〕孟德斯鸠：《论法的精神》（上册），商务印书馆，1997，第305页。
⑧ 〔法〕雷蒙·阿隆：《社会学主要思潮》，华夏出版社，2000，第29页。

2. “国民性”之结构

国民性的界定告诉我们，它由国民性认知、国民性情感、国民性意志三者构成。

国民性认知是指国民个体所得到的国家道德认识，是国民个体对于国家道德认识方面之人性的“得”。国家道德即指国家应该如何对待国民，“应该”如何治理诸如经济、文化产业、人际活动、政治、法律、德治、道德活动，以及处理与非人类存在物之间关系活动之规范知识的总和。诸如何为国家，国家治理的道德原则体系，国家与国民之间关系的本质，国家治理的终极目的，国民行为规律事实，国家道德价值及其判断标准，国家治理的道德规范体系，等等。

显而易见，如果一个国民没有一定的国家道德认识，便不会有相应的国家道德行为，也就不会有相应的国家品德，即“国民性”。至少在笔者看来，“国民性”是指一个国民长期的、一系列的国家道德行为所形成的稳定的心理状态，是一个国民长期遵守或违背国家道德规范行为所形成的道德人格与个性。问题是，一个国民仅有国家道德认识，并不保证其必然拥有国家道德品德——“国民性”。这是因为，“任何认识——不论是理性的还是感性的——都只是行为的指导，而不是行为的动力；行为的动力乃是欲望和需要”①。即国民个体的国家道德认识只是国家道德行为的必要条件而非充分条件，只是“国民性”的必要条件而非充分条件。因为“成熟的道德判断是成熟的道德行为的一个必要条件，而非充分条件。”②

国民性情感是指国民个体的道德感情，是作为国民性结构的一个成分之道德感情，是国民对于国家之道德感情或国家道德感情方面的人性，比如怜悯心之“得”，是国民个体所得到或具有的国家道德感情。由于“感情无疑是主体对其需要是否被客体满足的心理体验：感情是直接引发每个人行为的原动力；而需要则是直接引发感情、间接引发每个人行为原动力。”③ 因此，国民性情感便是指国民个体所具有的引发自己国家道德行为或伦理行为之感情，也就是对国家之感情。即引发一个国民对国家之感情，是引发国民个体对国家之伦理行为目的的感情。

由于国民道德感情是直接引发每个国民一切国家伦理行为的唯一原因和动力。因此，一个国民如果没有这种国家道德感情，也就是爱国之心，

---

① 王海明：《新伦理学》，商务印书馆，2008，第1531页。

② 转引自沈六著《道德发展与行为之研究》，台湾商务印书馆，1967，第230页。

③ 王海明：《新伦理学》，商务印书馆，2008，第1533页。

便不会有相应的爱国伦理行为之原因和动力，也不会有相应的爱国伦理行为，更不会有相应的国民品德——“国民性”。但是，如果一个国民有了某种爱国的道德感情，便一定会产生相应的爱国伦理行为，最终具有相应的国民品德——“国民性”吗？孤立地看似乎没有问题，但全面地看则未必。这是因为，如果一个国民即使有了某种爱国道德感情，他一定想做、愿做、欲做相应的爱国伦理行为但却未必会实际做出这种爱国伦理行为。无疑，对一个具体国民而言，他有多种需要、欲望和感情，需要权衡和计较。即国民道德感情虽然是国家伦理行为的原因和动力，但却仅仅是引发国家伦理行为的必要条件而非充分条件，因而也就仅仅是国民品德——“国民性”——形成的必要条件而非充分条件。

国民性意志是指国民个体实现其国家道德感情和道德愿望的整个心理过程。比如爱国道德感情便会引发爱国的动机，产生爱国的行为——服兵役、交税等——转化为爱国的行为效果。而且，国民性道德意志包括两个阶段，在第一阶段，也就是做出国家伦理行为决定阶段所要克服的主要困难是如何解决动机冲突，一是每个国民都有多种欲望、多种目的；二是国民的同一目的又可以通过不同手段实现，这便会发生各种手段之间的选择和冲突。

进一步说，国民个体道德意志的有无和强弱，不仅表现在他采取道德决定阶段时对于动机冲突的解决，同时还表现在他执行道德决定时对于所遭遇的各种困难之克服。质言之，如果一个国民的道德意志比较强，他便一定有国民道德认识和比较强烈的国民道德感情，便一定有相应的国家伦理行为，最终有相应的国民品德——“国民性”；反之，如果他没有国民个体道德意志，或者说其国民道德意志比较弱，即使他有国民个体道德认识和道德感情，也一定没有相应的国民伦理行为，没有相应的国民品德——“国民性”。这是因为，“个人道德意志是伦理行为的充分且必要条件，从而也就是品德形成的充分且必要条件”①。

可见，狭义的“国民性”即国民品德，一定形成于国民个体长期的国家伦理行为——利害国与民的行为。因为国民个体的国家道德认识是国家伦理行为的心理指导、必要条件，是国民品德（“国民性”）的指导因素、首要环节；国民个体国家道德情感是国家伦理行为的心理动因、必要条件，是国民品德（“国民性”）的动力因素、决定性因素，是国民品德

① 王海明：《新伦理学》，商务印书馆，2008，第1546页。

（“国民性”）的基本环节；国民个体道德意志是国家伦理行为的心理过程、充分且必要条件，是国民品德（国民性）的过程因素、最终环节。[①]

3. **“国民性”的类型**

与结构不同，类型是各种事物相互间的外部划分。因此，划分的标准不同，事物的类型便不同。同理，根据不同的标准，“国民性”也可划分不同的类型。比如，如果以国家为标准划分，便有中外不同的国民性，有中国的国民性——大多数中国国民所具有的国民品德，也有英、美、德、日等国家的国民性——大多数国民具有的国民品德；如果以时间为标准划分，便有古代、近代与现代的国民性；如果以国民性的隐性和显性为标准划分，便有隐性国民性与显性国民性；如果以优劣划分，便有优良、先进的国民性与恶劣、落后的国民性（劣根性）等。

当然，如果以国民性的性质划分，即以普遍性与特殊性划分，便有共同国民性与特定国民性；如果以相对性与绝对性划分，便有绝对国民性与相对国民性；如果以客观性与主观性划分，便有客观国民性与主观国民性。

（1）共同国民性与特定国民性

所谓共同国民性是指任何国家、任何国民所具有的品德，即人类共同的国民品德，是人类一切国家大多数国民都具有的道德品德。而特定国民性则是一些国家大多数国民所具有的道德品德——“国民性”。

（2）相对国民性与绝对国民性

所谓相对性国民性是指“一国国民性中所表现的某一方面并不是一个该国国民单独具有的，它是在各国的相互关系中体现出来的，因而也只有通过各国国民的相互比较来加以说明。”所谓绝对性国民性是指“一国国民性是不同于它国而客观存在的，虽然有不同程度的相似之处，但终究是两个不同的主体属性。”[②] 笔者以为，绝对国民性是指一切国家、一切国民的一切伦理行为都具有的品德。相对国民性是指除绝对国民性之外的国民品德。“绝对国家道德”是指一切国家、一切国民在任何条件下都应该遵守的国家道德原则，是在任何条件下都没有例外而绝对应该遵守的国家道德原则。因为“如果说某些道德原则是‘绝对’的，那就是意味着这些道德原则是没有例外的。”[③] 而相对国民性是指一些国家、一些国民的

---

① 王海明：《新伦理学》，商务印书馆，2008，第1546页。

② 栗建新：《“国民性”解析》，《湖南医科大学学报》（社会科学版）2007年第2期。

③ George Sher, *Moral Philosophy: Selected Readings*, Harcourt Brace Jovanovich , Publishers New York, 1987, p. 158.

一切伦理行为。“相对国家道德”是指除“绝对国家道德”之外的国家道德原则。而且，“绝对国家道德”是终极道德原则，即增进全社会和每个国民的福祉总量。

（3）客观国民性与主观国民性

客观国民性是指一个国家、一个民族的国民在长期的历史发展进程中，遵从“客观国家道德原则”所形成的，其大多数社会成员所普遍具有并重复出现的道德价值观念、社会心理以及相应的行为方式的特征的总和。主观国民性是指一个国家、一个民族的国民在长期的历史发展进程中，遵从“主观国家道德原则”所形成的，其大多数社会成员所普遍具有并重复出现的道德价值观念、社会心理以及相应的行为方式的特征的总和。

毋庸置疑，越是具有客观性的国民性越是优良，越是值得追求和塑造；相反，越是具有主观性的国民性越是优良，越是不值得追求和塑造。道理在于，“道德既具有主观性又具有客观性：就其内容——道德价值、道德目的和行为事实——来说是客观的、不以人的意志而转移的；就其形式——道德规范——来说则是主观的、以人的意志而转移的”[①]。这意味着，有实践价值和意义的国民性分类应该是优良国民性与恶劣国民性。由于越是具有客观性的道德越优良，越是具有主观性的道德越恶劣。因此，国民越是遵从客观性国家道德原则，形成的国民性便越优良；相反，国民越是遵从主观性国家道德原则，形成的国民性便越恶劣。这是因为，道德之优劣，取决于国民对道德价值、道德目的和行为事实如何之客观规律认识的真理性，越是具有客观性的道德，越是接近道德的真理性，自然遵从这种优良道德所形成的国民品德（“国民性”）便越优良。相反，越是具有主观性的道德，越是远离道德的真理性，自然遵从这种恶劣道德所形成的国民品德（“国民性”）便越落后。

客观国民性与主观国民性辨析启示我们，一方面，“众趋人格本身对整个社会来说，可能被认为是正常的，但可能不会有一半人共有这种人格”[②]。国民性也如此。另一方面，“人们不能自由选择自己的生产力——这是他们的全部历史的基础，因为任何生产力都是一种既得的力量，是以往的活动的产物”[③]。

---

① 王海明：《新伦理学》，商务印书馆，2008，第359页。

② 〔美〕哈维兰：《当代人类学》，王铭铭等译，上海人民出版社，1987，第320页。

③ 《马克思恩格斯选集》（第4卷），人民出版社，1995，第532页。

（三）小结

毋庸置疑，影响国民性的因素是多元的。早在19世纪，法国社会学家托克维尔在《论美国的民主》中，就全面论述过环境、法律制度（联邦制度、乡镇制度和司法制度）和习俗塑造了美国人独特的国民性格，使得他们“往往不会为政治激情所振奋，他们的胸膛中激荡的是商业激情”[①]。在学者栗建新看来，影响国民性的因素既有自然条件、物质生产要素，也有政治制度、文教习俗等要素。[②] 但总体而言，直接影响国民性的因素主要是经济体制、政治法律体制、国民道德体制与文化产业体制之优劣。具体则受制于国民性培养，主要是国民性舆论环境与教育体制，以及国民个体的国民性修养功夫之大小。

就影响国民性的总体要素而言，国民性的优劣一是取决于一个社会的经济发展水平及其物质财富分配的公正与否。即经济发展越快，物质财富增加得越多，而且，如果物质财富的分配越公平，国民的生理需要、物质需要的相对满足程度便越充分，因而国民做一个好国民的道德需要和欲望便越多，国民品德便越高尚，国民性便越优良；反之国民品德便越低劣，国民性便越恶劣。二是取决于一个国家政治体制之优劣。即政治越优良越清明，国民的德福便越一致，国民做一个有美德之国民的动力便越强大，做一个有美德的好国民之道德愿望便越强大，国民善的爱国动机便越强大，越能够有效克服恨国之动机和实现爱国动机之内外困难，国民的国家道德意志便越强大，他们的国民品德便越高尚，国民性便越优良；反之，如果政治体制恶劣落后，国民的德福便越难一致，国民做一个有美德之国民的动力便越弱小，做一个有美德之好国民的道德愿望便越弱小，国民善的爱国的动机便越弱小，便越难以克服恨国之动机和实现爱国之动机的内外困难，国民的道德意志便越弱小，他们的国民品德便越低劣，国民性便越低劣。三是取决于一个国家科教文化体制之优劣。科教文化越发达意味着，该国国民普遍的道德认识水平越高，国民的品德越高尚，国民性越优良；反之，如果一个国家的科教文化体制越落后，该国国民普遍的道德认识水平便越低，国民的品德便越低劣，国民性便越低劣。四是取决于一个国家国民道德规范体系之优劣。[③]

---

① 周晓虹：《西方社会学历史与体系》（第1卷），上海人民出版社，2002，第126页。

② 栗建新：《“国民性”解析》，《湖南医科大学学报》（社会科学版），2007，第2期。

③ 王海明：《新伦理学》，商务印书馆，2008，第1571～1572页。

就影响国民性的具体要素——培养途径与方法而言，国民性的优劣取决于国民相互间的品德培养——言教、奖惩、身教和榜样四种具体方法与国民自己对自己的品德培养——学习、立志、躬行和自省四种具体方法。[①]无疑，培养途径与方法越优良，越有助于具体国民性的塑造。

二　征税与“国民性”关系机理分析

从税收是国民与国家之间就公共产品交换价款缔结、履行契约的活动，是为公共产品筹集生产经营资金的活动之属性而言，一方面，征税意味着国民可支配购买力的降低，私人需求满足的匮乏；另一方面，由于各种社会治理制度，诸如政治、经济、文化制度属于典型的公共产品，因此，便会通过这些公共产品的优劣，从总体上决定国民性的优劣。即一个社会所提供的公共产品，特别是制度类的公共产品越优良，则一个国家的国民性越优良，劣根性越少；反之，如果一个社会所提供的公共产品，特别是制度类的公共产品越恶劣，则一个国家的国民性越恶劣，其劣根性便越多。同时，由于国民品德培养机制也属于一种公共产品，同理，社会教育的言教、奖惩、身教和榜样与个体自己的学习、立志、躬行和自省四种具体方法越科学，国民个体的国民性越优良，劣根性越少；反之，社会教育的言教、奖惩、身教和榜样与个体自己的学习、立志、躬行和自省四种具体方法越背离科学，国民个体的国民性越低劣，国民劣根性越多。

就上述影响国民性优劣的总体与具体要素，以及税收的本质——对国民可支配财富的剥夺，征税意味着国民可支配财富的减少而言，征税对国民性的影响机理分为以下几点。

（一）从征税本质在于国民满足自己需求的资金减少之要素分析

首先，国家征税多少与国民个体需求紧密相关。国民个体需求，主要是物质类的生存需求。如果国民个体物质类的生存需求无法得到满足，便不会产生做一个好国民的需求，也不愿做一个好国民。而且，由于国民个体需求未满足是因为国家的征税，国民便有可能产生一种恨国的心理，不会产生爱国的行为目的与手段，便不会形成优良的国民性。道理在于，征

---

① 王海明：《新伦理学》，商务印书馆，2008，第1628页。

税是一种“政治权力垄断的剥削方式”。① 老子也讲：“民之饥，以其上食税之多，是以饥。”② 关于物质需求满足与道德品德相关性的论述，管子的观点最简洁精要，他说：“仓廪实则知礼节，衣食足则知荣辱。”③

毋庸讳言，国家征税意味着国民个体可支配资金的减少，意味着可满足国民个体需要之私人产品的减少，即私人需求满足程度的减少，因此，征税多少便与国民性之优劣紧密相关。征税越多，国民的税负越重，可支配资金越少，可供满足私人需要的购买力越低，国民个体生理需要、物质需要的相对满足程度越低，做一个好国民的道德需要和欲望便越少，国民性便越低下；反之，国家征税越少，国民的税负越轻，可支配资金越多，可供满足私人需要的购买力越高，国民个体生理需要、物质需要的相对满足程度越高，做一个好国民的道德需要和欲望便越多，国民性便越高尚。就企业法人而言，国家征税越多意味着企业的税负越重，企业可用于生存与发展的资金越少，可持续发展的经济动力便越弱，如果税负不公，且财富分配不公的话，法人可供满足企业生存与发展的实力便越小，企业满足生产与发展需要的相对满足程度便越低，做一个好国民的道德需要和欲望便越少，国民性便越低下；相反，国家征税越少，企业的税负越轻，企业可用于生存与发展的资金越多，可持续发展的经济动力便越强，如果税负公平，且财富分配公正的话，法人可供满足企业生存与发展的实力便越大，企业满足生产与发展需要的相对满足程度便越高，做一个好国民的道德需要和欲望便越多，国民性便越高尚。

其次，国家征税多少与国民家庭和成员之教育需求紧密相关。国家征税越多意味着国民可用于满足家庭和成员之教育资金越少，因为国民道德认知是影响国民性的必要条件。即国家征税越少，可用于国民提高国民道德认知的资金便越多，便可能促进国民道德认知水平的提高，国民知道做一个好国民回报更大的知识便越丰富；相反，如果国家征税越多，可用于国民提高国民道德认知的资金便越少，便可能降低国民道德认知水平，致

---

① 王海明：《国家学》，中国社会科学出版社，2012，第 42 页。王海明先生认为：“政治权力垄断的剥削方式，主要讲来，确实是对公共资源的控制，亦即控制税收和国有资源、公共资源。当然，不论任何国家，政治权力都控制税收和国有资源、公共资源。但是，政治权力对税收和国有资源、公共资源的控制未必导致剥削。因为实行民主制的国家，每个人完全平等地执掌最高权力，从而每个人也就完全平等地控制税收和国有资源、公共资源。每个人都完全平等地控制税收和国有资源、公共资源，显然不会导致剥削。”

② 梁海明译注《道德经》，山西古籍出版社，2002，第 75 章。

③ 房玄龄注《管子·牧民》，上海古籍出版社，1989。

使国民知道做一个好国民回报更大的知识越贫乏。但是，国家征税多少与国家可提供之教育制度类公共产品的质量与数量呈现一种比较复杂的关系。国家征税多，如果用税机制优良科学的话，便可能提供“高性价比”的教育制度类公共产品，有助高尚国民性的培育。当然，如果用税机制落后、不科学的话，则可能提供“低性价比”的教育制度类公共产品，无助于高尚国民性的塑造。

最后，国家征税多少与国民应对行为内外困难的能力紧密相关。因为国家征税越多意味着，国民做一个好国民将要面对的目的与手段，以及内外困难越多，应对能力越低。具体来说，国家征税越多，国民将会陷入可支配资金分配的冲突与权衡之中，致使爱国伦理行为面临更多的动机与行为冲突，从而增加做一个好国民的行为困难。因此，国家征税越多，国民性便越低下；国家征税越少，国民性便越高尚。

当然，并非国家征税越少越好，越少越有助于优良国民性的培育，至少有一个平衡点需要关注。

（二）从征税方式对“国民性”影响之要素分析

如果说国家征税多少对国民性的影响是基础性的，那么，国家征税的方式，诸如征税的透明性、公正性与合法性对国民性的影响则是根本性的。

首先，国家征税的透明性不仅关涉国民的尊严性，而且与税权监督的有效性紧密相关。因为透明意味着，征纳双方彼此尊重，互信互任，“心口一致”，“言行一致”。因此，国家征税的透明性与国民诚信品德的培养和塑造紧密相关。与透明性相对，如果征税方式具有很大的隐蔽性，比如实行的是“间接税为主、直接税为辅”的税制，便难以促进征纳互信和国民诚信品德的培养和塑造。道理在于，正如马克思、恩格斯所言，间接税具有隐蔽性，无助于纳税者权利意识的培养。[①] 而且，“直接税不容许进行任何欺骗，每个阶级都精确地知道它负担着多大一份国家开支。”[②] 当代日本税法学家北野弘久也持此论，在他看来，在间接税情况下，纳税人

① 《马克思恩格斯全集》（第16卷），人民出版社，1964，第222页。“间接税使每个个人都不知道他向国家究竟缴纳了多少钱，而直接税则什么也隐瞒不了，它是公开征收的，甚至最无知的人也能一目了然。所以，直接税促使每个人监督政府，而间接税则压制人们对自治的任何企求。”

② 《马克思恩格斯全集》（第8卷），人民出版社，1961，第543～544页。

通常在法律上被置于“植物人”的地位。[1] 因此，从对国民性的塑造而言，马克思认为：“如果需要在两种征税制度间进行选择，我们则建议完全废除间接税而普遍代之以直接税。”[2]

其次，国家征税的公正性与国民公正性品德的大面积培养和塑造紧密相关。因为“社会存在的基础与其说是仁慈，毋宁说是公正。没有仁慈，社会固然处于一种令人不快的状态，却仍然能够存在；但是，不公正的盛行则必定使社会完全崩溃。”[3] 也如罗尔斯所言：“我们可以设想一种公开的正义观，正是它构成了一个组织良好的人类联合体的基本条件。”[4] 质言之，一个国家、一个社会及其国民的公正品德，无疑是这个国家、这个社会基本的生活秩序，或者说生存与发展所需要的基本条件与基础。

就是说，如果一个国家能按照公正道德原则征税，这个国家和社会的征纳税权利与义务分配便是“等利害交换的善行”，即征纳税者涉税权利与义务交换就是“等利害交换的善行”。具体而言，征纳税者基本权利与义务交换就符合完全平等原则，非基本权利与义务交换就符合比例平等原则，这个社会的税收治理基础就坚实牢靠，就有助于增进全社会和每个国民的福祉总量，便有助于国民公正平等品德（国民性）的大面积培养和塑造。反之，这个国家和社会的征纳税权利与义务分配就是“不等利害交换的恶行”，即征纳税者涉税权利与义务交换就是“不等利害交换的恶行”。具体说，征纳税者权利与义务交换的“等利害交换”意味着，这个社会的税收治理基础就不坚实和牢靠，便无助于增进全社会和每个国民的福祉总量，便无助于国民公正平等品德（国民性）的大面积培养和塑造。

根本说来，因为国家征税的公正性与国民的富裕、幸福紧密相关。国家征税公正意味着德富一致、德福一致。具体说，国家征税公正意味着一个社会创获财富活动的繁荣与发达，且物质财富分配的公正与平等——德富一致；同时意味着一个社会税收治理活动的清明——德福一致。因此，便有助于促进每个国民物质需求的满足，增进每一个国民愿意做一个好

① 姚轩鸽：《21世纪将会是和平·福利的租税国家社会——著名税法学家北野弘久教授访谈》，《中国经济时报》2005年6月23日。

② 《马克思恩格斯全集》（第16卷），人民出版社，1964，第221~222页。

③ 〔英〕亚当·斯密：《道德情操论》，商务印书馆，1998，第106页。

④ 〔美〕约翰·罗尔斯：《正义论》，何包钢等译，中国社会科学出版社，1998，第5页。

的、高尚国民之欲望，国民性塑造便会走高。相反，如果国家征税不公平，便意味着这个社会创获财富活动的低迷，且物质财富分配如果不公正、不平等的话，德富便难一致；同时，这个社会的税收治理活动清明程度便会大打折扣，德福难以一致。结果便无助于每个国民物质需求的满足，从而减退每一个国民愿意做一个好的、高尚国民之欲望的增强，国民性塑造便会走低。

最后，国家征税的合法性与国民交税的终极目的紧密相关。国家征税合法有助于国民人道自由品德（国民性）的大面积培养和塑造。毋庸置疑，国家征税合法意味着税权合法，税权合法意味着国家的所有征税都是经过全体国民同意的。直言之，凡未经纳税人同意的征税都是不合法的。核心道理在于，和权力是一种强力一样，税权也是一种强力。权利与义务分配的公正性，无疑是以权力合法及其监督的“闭环性”为前提的。

对此，莫里斯·迪韦尔热早就精辟地指出：“权力的合法性只不过是由于本集体的成员或至少是多数成员承认它为权力。”① 事实上，国家征税的合法性不仅与税收的终极目的——增进全社会和每个国民的福祉总量紧密相关，而且意味着纳税人权利主体地位的确立，意味着人道自由的两大原则——“把人当人看”和“使人成为人”已经在税收领域实现了制度性的“嵌入”，逻辑上，便就有助于从总体上培养和塑造国民的人道自由品德（国民性）。具体来说，便有助于从总体上培养和塑造国民的平等、法治、限度以及政治、经济、思想自由的品德（国民性）。

（三）小结

可见，国家征税的多少，以及征税的方式，诸如透明性、公正性与合法性等，都会从总体上通过影响每个国民的国家道德认知、情感与意志，进而增进或者消减国民性的优劣。一般而言，如果征税越少，征税方式越文明、越科学，即征税方式越透明、越公正、越合法，便越有助于优良国民性的培养和塑造。反之，如果征税越多，征税方式越落后、越隐蔽、越不公正、越不合法，便越无助于优良国民性的培养和塑造。征税多少、透明性、公正性与合法性对国民性的影响见图 1。

---

① 〔法〕莫里斯·迪韦尔热：《政治社会学》，杨祖功、王大东译，华夏出版社，1987，第 117 页。

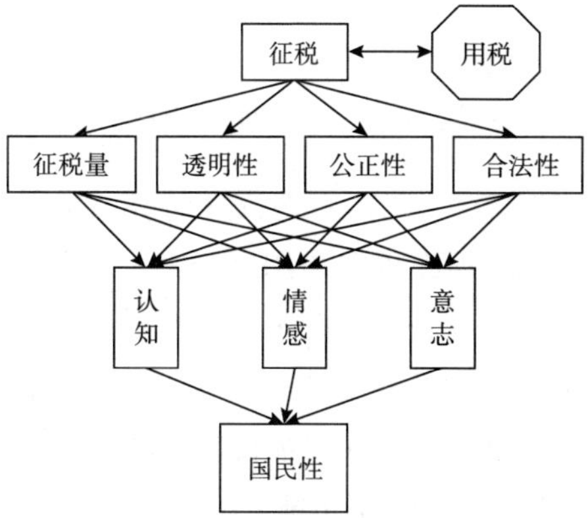

图1　征税量及征税透明性、公正性与合法性对国民性的影响

即是说，征税多少以及征税透明性、公正性与合法性等方式，都将通过影响国民道德认知、道德情感和道德意志，或直接或间接地从总体上影响培养和塑造国民品德——“国民性”。或者说，税制（税收道德与税法）的优劣将从总体上影响培养和塑造国民品德——“国民性”。即税制越优良先进，越会从总体上培养和塑造优良先进的国民品德——“国民性”；税制越恶劣落后，越会从总体上培养和塑造恶劣落后的国民品德——“国民性”。

三　用税（预算支出）与“国民性”关系机理分析

根本说来，一个社会的经济发展快慢，物质、精神财富增加的多少，物质、精神财富分配公平与否，国民生理需要、物质需要、精神需要的相对满足程度，一般与这个社会的经济体制、文化产业（精神财富创获活动）体制和政治体制类公共产品的性价比高低紧密相关。如果经济体制、文化产业（精神财富创获活动）体制与政治体制类公共产品性价比高，这个社会的经济发展便可能快，物质、精神财富增加便越多，这些物质、精神财富分配便可能越公平，国民的生理需要、物质需要与精神需要的相对满足程度便越充分，国民做一个好国民的道德需要和欲望便越多，国民性便越高尚；反之，如果经济体制、文化产业（精神财富创获活动）体制和政治体制类公共产品性价比越低，这个社会的经济发展便可能越慢，物质、精神财富的增加便越少，这些物质、精神财富的分配也不可能做到基本的公平，国民的生理需要、物质需要、精神需要之相对满足程度便越不会充分，国民做一个好国民的道德需要和欲望便越少，国民性便越低劣。

（一）用税（预算支出）多少与“国民性”关系要素之分析

如果说征税是“取之于民”，对纳税者而言，交税便是义务，对征税者而言，征税便是权利。但在税款“用之于民”环节，对纳税者而言，用税便是权利，对征税者而言，“预算支出”便是义务。逻辑上，如果征税者的征税权利大于预算支出义务便是一种不公，如果征税者的征税权利等于预算支出义务便是一种公平，如果征税者的征税权利小于预算支出义务便是一种“分外善行”（事实上不可能）。

就征税的本质在于为公共产品生产经营筹集公共资金而言，就国民给国家交税是为了从国家那里交换到相应的公共产品与服务，国民与国家之间是一种目的与手段的交换关系而言，唯有征税与用税的权利与义务分配实现了公正分配，才有可能符合国家创建征税体制的终极目的——增进全社会和每个国民的福祉总量，才会提高每个国民愿意做一个好国民的需要和欲望，从而有助于培养和塑造高尚的国民品德——“国民性”。相反，如果征税与用税的权利与义务分配尚未实现公正分配，特别是国家征税的权利大于其预算支出的义务，或者大于国民“用税”权利的话，便远离了国家创建征税体制的终极目的——增进全社会和每个国民的福祉总量，便会减少每个国民愿意做一个好国民的需要和欲望，从而不利于塑造高尚的国民品德——“国民性”。

根本说来，国家除过征税与用税的基本成本外，如果能“用之于民”，便是一种基本公平，如果能“用之于民之所需”便更好。具体来说，如果国家通过预算支出为国民提供了“高性价比”且合意性强的公共产品，满足了大多数国民的公共需要，国民便会因为相应物质和精神需要的满足，增加做一个好国民的需要和愿望，从而从总体上促进优良国民性的培养和塑造。相反，如果国家通过预算支出为国民提供了“低性价比”且合意性差的公共产品，没有满足大多数国民的公共需要，国民相应的物质和精神需要便无法得到相应满足，从而不会产生做一个好国民的需要和愿望，进而从总体上便会促进恶劣国民性的培养和塑造。

就是说，如果国家征税能“取之于民，用之于民”，而且“用之于民之所需”，便会有助优良先进国民性的培养和塑造，如果国家征税未能“取之于民，用之于民”，而且不是“用之于民之所需”，便不会促进优良先进国民性的培养和塑造，只会塑造和培养恶劣落后的国民性。

（二）用税（预算支出）方式与“国民性”关系之要素分析

如果“取之于民，用之于民”仅就税款的数量而言，那么，“用之于民之所需”，提供合意性大、性价比高、结构合理的公共产品与服务的机制和方式，同样与国民性的培养与塑造紧密相关。

首先，国家提供公共产品的方式越透明，即预算支出越透明，越有助于从总体上培养和塑造优良先进的国民性。道理在于，一方面，预算支出越透明，预算权被滥用的概率越小，公共资金被浪费的可能性越小，公共资金适用效率越高，公共产品的“性价比”及效率可能越高，越有可能满足大多数国民的物质与精神需求，从而增强国民愿意做一个好国民的欲望和愿望；另一方面，预算支出越透明，征纳互信度越高，越容易培养和塑造国民的诚信品质。事实上，诚信既是保障一个社会税收治理秩序的基石，也是降低预算支出成本，提高预算效率的精神资源。因为诚信不仅是公民道德建设的重要内容，也是构建和谐征纳关系的客观要求，同时还是依法治税的目标和内在要求。[①] 关于诚信的价值，有学者概括为五点，即整合作用，社会交往的有效和增效作用，示范作用，导向作用，辅助、支撑作用。[②] 而国民总体诚信品德的缺失，其负价值和危害在于：诚信缺失会严重影响市场经济的健康运行，诚信缺失严重影响社会稳定，诚信缺失败坏社会风气，诚信缺失严重影响企业的国际竞争力，也严重损害国家声誉。[③]

其次，公共产品提供的公正性直接关系国民公正品德的培养和塑造。这是因为，一方面，公共产品供给的公正性体现在国家与国民之间涉税权利与义务的平等交换。即国家与国民之间涉税基本权利与义务的完全平等交换，涉税非基本权利与义务的比例平等交换。这是用税公正的根本要义。另一方面，公共产品供给的公正性还体现在国民与国民之间、征税者之间涉税权利与义务的平等交换。具体来说，国民与国民、征税者之间涉税基本权利与义务的完全平等分配和交换，以及涉税非基本权利与义务的比例平等分配和交换。当然也应包括国民代与代之间、国家之间、人与非人类存在物之间涉税基本权利与义务

---

① 谭建淋：《诚信税收：公民道德、政府信用与社会和谐》，《法制与经济》2006 年第9 期。

② 涂争鸣：《试论诚信的内涵与价值》，《江汉论坛》2006 年第4 期，第 78 ~83 页。

③ 金路、李祖华：《谈北京公考热点——社会诚信问题的再思考》，http：//news. edu5a. com/html/xxxw/2007 -3 -20/225606675. shtml，最后访问时间：2017 年5 月2 日。

的完全平等分配和交换，以及涉税非基本权利与义务的比例平等分配和交换。

事实上，一个公正的征税与用税体系，它的运行过程本身就是在对涉税国民进行税收公正与社会公正品质的培养和塑造。且不说，公共产品公正分配和交换所给国民带来的物质、社会与精神需求满足后所产生的做一个好国民的欲望与愿望之增强。具体来说，它会通过教育类公共产品的享用，提升国家道德认知水平，并通过经济体制、政治体制、法律、德治、道德，以及生态环保类公共产品的提供，激活国民的道德情感，获得做一个好国民的物质与精神动力。同时也克服国家道德意志领域的动机与行为冲突，愿意遵从优良国家道德规范，做一个好国民，从而塑造和培养优良的国民性。

最后，提供合意性大的公共产品也直接关系优良国民品德的培养与塑造。因为合意性越大的公共产品，越容易满足大多数国民的公共需求，诸如公共物质需求、公共社会性需求和公共精神性需求，其结果，也最容易激发大多数国民愿意遵从优良公共道德，做一个好国民的欲望和愿望，进而在这一过程中，培养和塑造优良的国民品德——“国民性”。

提供合意性大的公共产品本身意味着对全体国民社会治理权利主体地位的尊重和敬畏，因此，有助于从总体上增进每个国民的优良国民性。试想，如果不预先征求汇聚国民的公共产品需求，又如何能提供合意性大，且“高性价比”的公共产品与服务？而且，征求汇聚国民公共产品需求的过程，也是在引导全体国民遵从和敬畏人道自由、法治、限度，以及政治、经济和思想自由等公共道德原则的过程，也是在培养和塑造国民的人道自由、法治、限度，以及政治、经济和思想自由等公共道德品质，是在培养和塑造优良先进的国民性。

（三）小结

可见，用税（预算支出）方式，诸如用税的多少、透明性、公正性与合意性等同样会从总体上影响“国民性”的培养和塑造。“用之于民”的税收越多，用税透明性越大，公正性越强，合意性越大，越能“用之于民之所需”，则国民的人道自由、法治、限度，以及政治、经济和思想自由公共道德品质，即优良先进文明的国民性越容易被熏陶和培育。反之，如果“用之于民”的税收越少，透明性越小，公正性越弱，合意性越差，越是不能“用之于民之所需”，则国民的人道自由、法治、限度，以及政治、经济和思想自由公共道德品质，即优良先进文明的国民性越不容易被熏陶和培育。具体见图 2。

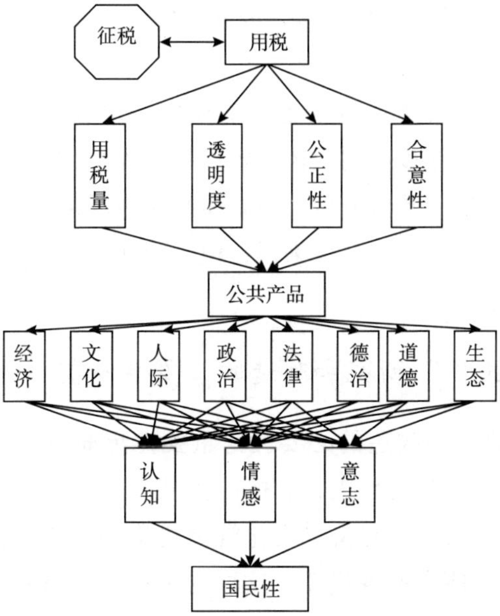

图 2　用税量及用税透明度、公正性、合意性对国民性的影响

逻辑上，“取之于民”、“用之于民”以及“用之于民之所需”，即用税（预算支出）之多少、用税之透明性、用税之公正性与合意性等方式，以及八类公共产品将影响国民的道德认知、道德情感和道德意志，或直接或间接地从总体上影响培养、塑造国民的公共道德品质。而且，越是优良先进文明的国民性，越容易被熏陶和培育。反之，如果“用之于民”的税收越少，透明性越小，公正性越弱，合意性越差，越是不能“用之于民之所需”，则国民的人道自由、法治、限度，以及政治、经济和思想自由等公共道德品质，即优良先进文明的国民性，便不容易被熏陶和培育。

四　兼论对“国民性”培育的现代启示

上述征税、用税及其方式与“国民性”关系机理分析告诉我们，税收不论是征或用，都与国民性的培养与塑造紧密相关。税制优劣、预算制度优劣，即财政体制优劣，会从总体上影响大多数国民的公共道德品质——

"国民性"。税制、预算制度、财政制度越优良，越容易培育和塑造优良的国民性，诸如人道自由、法治、限度，以及政治、经济和思想自由等国民性。相反，如果税制、预算制度、财政制度越恶劣落后，便越容易培育和塑造恶劣落后的国民性，诸如奴性、异化、歧视、冷漠、自私、人治等国民性。

当然，国民性的优劣反过来也影响税制、预算制度与财政体制的优劣，制约税制、预算制度与财政体制的优化和改革，影响国家现代化的转型。即国民性与税制、预算制度、财政体制互为因果，相辅相成，会以合力的态势推进社会的进步。具体来说，税收治理与国民性相关性分析之现代启示有以下几点。

（一）"国民性"研究和改造的必要性与重要性毋庸置疑

"国民性"研究和改造的必要性与重要性毋庸置疑。因为"一个国家，只有当它的人民是现代人，它的国民从心理和行为上都转变为现代的人格，它的现代政治、经济和文化管理机构中的工作人员都获得了某种与现代化发展相适应的现代性，这样的国家才可真正称之为现代化的国家。"[①] 这个道理，陈独秀说得很明白，因为"个人之人格高，斯国家之人格亦高；个人之权巩固，斯国家之权亦巩固"[②]。即"人的现代化对社会现代化起主导作用"[③]。以至于美国学者杜赞奇认为："在中国和印度那样的新民族国家，知识分子和国家所面临的重要任务之一，过去是、现在依然是重新塑造'人民'。"[④] 而且，鲁迅先生疾呼，只有把沉默、驯服的"奴隶"改造成有尊严、有个性、有独立意志的"人"，中国才有出路。因为"国人之自觉至，个性张，沙聚之邦，由是转为人国。……人立而后凡事举。"[⑤] 如果没有这种能够"发挥自性"的精神自由、个性鲜明的人，那就什么都谈不到，所以，凡事之立，"首在立人"，"若其道术，乃必尊个性而张精神"[⑥]。胡适先生也认为，必须反省

---

① 〔美〕英格尔斯：《人的现代化》，殷陆军译，四川人民出版社，1985，第 8 页。

② 《一九一六》，载《陈独秀著作选》（第 1 卷），上海人民出版社，1993，第 172 页。

③ 李秀林：《中国现代化之哲学探讨》，人民出版社，1990，第 6 页。

④ 〔美〕英克尔斯、史密斯：《从传统人到现代人——六个发展中国家中的个人变化》，顾昕译，中国人民大学出版，1992，第 459 页。

⑤ 《坟 · 文化偏至论》，载《鲁迅全集》（第 1 卷），人民文学出版社，1981，第57 页。

⑥ 《坟 · 文化偏至论》，载《鲁迅全集》（第 1 卷），人民文学出版社，1981，第 46 页。

我们的国民性。[①] 而且在尊重个人自由上，胡适与鲁迅完全一致。或正因如此，有论者指出，“鲁迅已决心把旧我的灵魂和躯壳永远埋葬”[②]。

（二）近现代“国民性”问题研究尽管看到了国家制度对国民性的总体决定性，但却忽视了国家制度对“国民性”影响的具体路径与枢纽——财政税收制度

关于这一判断，学者韩明港已有觉察和发现。他认为：近现代“国民性”改造的思路，虽然目标是建立现代民族国家，但其路线却是与农业文明相配适的传统的伦理国家的设计。遗憾的是，他没有发现财税体制这一具体路径与枢纽，仅仅看到了国家和民生的现实性、物质性、利益性的决定作用。[③] 就是积极投身“国民性”改造运动的领军人物，比如梁启超、李大钊、陈独秀、鲁迅、胡适等，也多是从制度、文化等要素对“国民性”的影响角度提出“国民性”改造的宏观思路与方案，显然缺乏具有现实操作性的路径与方法。而且，多少年来学界大多沿用这一思路。比如殷海光先生[④]。而现实宿命在于：“‘国民性’就这样在几年之间发生了天翻地覆的变化。”[⑤] 更为吊诡的是，到了 20 世纪 40 年代的解放区，“国民

---

① 《信心与反省》，载《胡适选集》，天津人民出版社，1991，第 336 ~ 337 页。“我们的民族信心必须站在‘反省’的惟一基础上。反省就是要闭门思过，要诚心诚意的想，我们祖宗的罪孽深重，我们自己的罪孽深重；要认清了罪孽所在，然后我们可以用全副精力去消灾灭罪。……经过这种反省与忏悔之后，然后可以燃起新的信心：要信仰我们自己正是拨乱反正的人，这个担子必须我们自己来挑起。”

② 黄梓荣：《“具象化的心象”——简析鲁迅〈影的告别〉和〈墓碣文〉》，《中国社会科学院研究生院学报》1986 年第 4 期，第 51 页。

③ 韩明港：《反思“国民性”：儒家政治哲学与“国民性”论题的产生》，《重庆大学学报》（社会科学版）2010 年第 16 卷第 4 期。其认为：“‘苟有新民，何患无新制度，无新政府，无新国家’和‘国人之自觉至，个性张，沙聚之邦，由是转为人国’的大致轮廓，因此便失之于‘一种文人的浪漫’”，“引发得更多的是对国民的道德期望和道德苛责，是文人的道德自许和精神自恋，却未必能通向国家富强和民族复兴。”

④ 殷海光：《中国文化的展望》，中国和平出版社，1988，第 94 页。其认为：“伦理道德是文化的核心价值，伦理道德的价值是其他文化价值的总裁官，也是文化价值的中心堡垒。如果一个文化的伦理道德价值解体了，那么这个文化便有解体之虞。所以，谈挽救文化的人，常从挽救伦理道德开始。”

⑤ 樊星：《新时期文学与“新民族精神”的建构》，《文学评论》2009 年第 4 期。“但这变化显然与鲁迅那一代人理想主义的设计很不一样……今天，在理想主义已经遭遇了重大挫折，务实的人生态度已经成为时代主流的背景下，作家看世事的眼光已多是‘理解’与‘同情’了。……虽然‘五四’先驱们痛加针砭的‘国民劣根性’问题（诸如‘瞒’和‘骗’、‘精神胜利法’、马马虎虎、缺乏韧劲……）并没有得到根本的改观，但毕竟，时代变了。在这个文化价值观念已经多元的时代，‘个性解放’常常意味着：按照自己的意愿生活。”

伦理”被置换为“人民伦理”，“国民”这个中性的社会学概念，也被置换为“人民”这样一个包含着“倾向”和“立场”的政治概念。[①] 况且，改造“国民性”本身就是一项十分艰巨的系统性工程。对此朱熹早就感叹道：“自秦始皇变法之后，后世人君，皆不能易之，何也？曰：秦之法，尽是尊君卑臣之法，所以后世不肯变。”[②]

毋庸讳言，从目前发达国家，比如英、法、美、德等国的现代化实践看，通过财税制度优化这一路径和枢纽，展开现代化启蒙，进而优化国民性，撬动现代化转型这一主动轮，或是实现社会治理现代化转型的最佳突破口与着力点。现代国家的契约性决定了——国民和国家之间是一种目的与手段的交换关系，因为国家是国民为了自身利益最大化不得不选择的一种“必要的恶”之手段。或者说，国民与国家之间最根本、最原始的利益关系在于税收，在于国民给国家交税并不是一种无私的行为，而是一种“目的利己手段利他”的利益交换关系，国民给国家交税，就是为了从国家那里购买交换到国民个体不愿、不值或不能由自己生产的公共产品，比如人身安全等公共物品。[③] 因此，要成功改造“国民性”，消减国民“劣根性”，有力有效的抓手或在于财税制度的优化与改革。遗憾的是，百年来的“国民性”再造问题的研究，至今很少有学者从财税角度探寻思路和出路。

（三）财政优化或是“国民性”培养和塑造的核心途径

既然财政体制优化，也即税制与预算制度优化与“国民性”塑造有这么紧密的关系，逻辑上，财政体制优化和改革便是优良“国民性”培养和塑造的基本，甚至是根本途径。如前所述，因为税制与预算制度的优化，从总体上影响“国民性”的培养和塑造。事实上，不论是征税的多少或者征税方式的透明与隐蔽，公正与不公正，合法与不合法，或者用税的多少，用税的方式是否公开透明，是否公正平等，是否合意，都与“国民性”的塑造紧密相关。即征税、用税越合法、越透明、越公正、越合意，优良国民性便越容易被塑造和培育。相反，征税、用税越不合法、越不透

---

① 冯乃超：《知识分子的道路》，转引自〔美〕舒哲衡著《中国启蒙运动：知识分子与五四遗产》，1989，第 345 页。问题在于，“‘五四’知识分子缺乏‘中国性’和‘人民性’，这导致他们犯了许多错误，做了许多坏事。一个人如果丧失了‘中国性’和‘人民性’，他就会成为外国人及其买办的奴隶”。

② 《朱子语类》（卷 134），浙江人民出版社，1986。

③ 姚轩鸽：《理顺征纳税人关系是税改前提》，《深圳特区报》2015 年 10 月 28 日。

明、越不公正和不合意，优良国民性便越不容易被塑造和培育。

因此，本课题研究的最大启示便在于，财政体制优化，也即税制与预算制度优化便成为"国民性"培养和塑造的核心途径。而且，通过财政体制优化改造国民劣根性或是最有效的途径和方法，能起到事半功倍的效果。或因为，"国民性"论题首先是一个政治问题，一个国族问题，是政治哲学而非单纯的文化思潮。[①]

（四）财政启蒙是国家现代化转型的思想前提

既然财政优化是"国民性"培养和塑造的核心途径，那么财政启蒙便是国家现代化转型的思想前提。这不仅是因为，财政是国家治理的基础和重要支柱[②]，"国家岁入生产（revenue production）的历史即国家的演进史"[③]。而且，"统治的一个主要限制条件是岁入，即政府的收入。国家的岁入越多，统治就可能延伸得越广。岁入增强了统治者的能力，使他们能够精心建立国家机构，将更多的民众纳入这些机构的治理范围之内，并增加国家所提供的公共产品的种类和数量"[④]。更重要的是，财政是连接国民与国家的核心利益关系，是权利与义务关系的基本纽带，财政体制优劣关系"国民性"的优劣，关涉一个社会的文明程度。即"国民性显示着一个民族在道德、政治和文化等方面所达到的文明程度。"[⑤]

逻辑上，财政现代化、税制现代化和预算制度现代化便是国家现代化转型的最佳突破口。

五　结语

总之，财政与"国民性"紧密相关。近现代"国民性"问题研究尽管看到了国家制度对国民性的决定性作用，但忽视了国家制度对"国民性"影响的具体路径与枢纽——财政税收制，对此必须引起学界和社会各

---

① 韩明港：《反思"国民性"：儒家政治哲学与"国民性"论题的产生》，《重庆大学学报》（社会科学版）2010 年第 16 卷第 4 期。

② 十八届三中全会关于全面深化改革的系统部署中，以前所未有的历史高度定位财政，赋予了财政以"国家治理的基础和重要支柱"的特殊定位。

③ 〔美〕玛格丽特·利瓦伊：《统治与岁入》，周军华译，格致出版社、上海人民出版社，2010，第 1 页。

④ 〔美〕玛格丽特·利瓦伊：《统治与岁入》，周军华译，格致出版社、上海人民出版社，2010，第 2 页。

⑤ 李建军：《"国民性批判"的发生、转向与重启》，《文艺研究》2009 年第 10 期。

界的高度重视。百年来中国社会的现代化转型步履维艰，或与我们对财政在国家治理中的重要地位，以及财政对“国民性”培育和塑造功能之重要性的认识严重不足有关。

“国民性”研究和改造的必要性与重要性毋庸置疑，财政优化是“国民性”培养和塑造的核心途径，财政启蒙是国家现代化转型的思想前提，这是近代以来志士仁人用鲜血和生命换来的宝贵财富，对此我们再也不能熟视无睹，甚至有意悬置和遮蔽了。本文观点未必周全，但多寻找和尝试一些有助中国社会现代化转型的其他途径，未必不是一种新的选择。万变不离其宗，培育国民的独立自由精神与个性是“国民性”改造的最高目标，培育国民公正平等精神是“国民性”改造的根本目标。梁启超先生一再告诫我们：“然则苟有新民，何患无新制度，无新政府，无新国家。非尔者，则虽今日变一法，明日易一人，东涂西抹，学步效颦，吾未见其能济也。夫吾国言新法数十年，而效不睹者何也？”[①] 诚哉斯言。笔者陋见，曾经忽视的财政优化在“国民性”培育和塑造中的枢纽与关键作用，此课迟早要补，理性地讲，还是越早补越好。

① 《梁启超选集》，上海人民出版社，1984，第211页。

法律职业伦理专题

论辩护人对翻供的态度与策略

——兼谈律师的职业伦理

骆福林[*]

摘　要：犯罪嫌疑人、被告人翻供是他们的一项应然权利；现实中侦、控、审、辩对翻供的认识不同，态度也迥然有异；辩护人对自己当事人的翻供应在遵守职业道德和疑罪从无、从轻原则下，明确翻供原因后视情况采取不同的态度和策略；辩护人要杜绝教唆翻供，对犯罪嫌疑人、被告人的自我翻供应当客观、审慎地审查，对有理、有据的翻供应予支持，对无理、无据的翻供不予支持，对有理、无据的翻供，判断翻供难以获得法官采信的，劝导翻供者放弃翻供。

关键词　辩护人　翻供　律师职业伦理

犯罪嫌疑人、被告人翻供是刑事诉讼中常见的现象，作为辩护人，对之应采取什么样的态度并采取什么相应策略我们必须认真思考。

一　翻供的法律性质

认识和明确翻供的法律性质是对之所采态度的前提。不同的认识有不同的态度，事实上，在刑事诉讼中，侦、控、审、辩对翻供的认识是不同的，态度也迥然有异。

学界对翻供有不同的定义，有人认为“所谓翻供，是指犯罪嫌疑人、被告人在刑事诉讼活动中部分或者全部地否定对自己犯罪事实的供述，或者做出新的供述，或者不再如实供述犯罪事实”①。

有人认为“翻供是口供的特殊形态，是指在刑事诉讼期间，犯罪嫌疑人、被告人做了有罪供述后又推翻其全部或部分的供述，翻供的本质是对

＊　骆福林，常州大学史良法学院副教授。

①　黄晓亮：《试论自首时辩解及其刑事法意义》，《刑事法判解研究》2004 年第 3 期。

案件事实的供认或否认。”①

笔者认为翻供是指在刑事诉讼中，犯罪嫌疑人、被告人部分或者全部地推翻、改变原来所作的认罪供述的行为总称。因为我国刑事诉讼法把供述与辩解相区分，所以，翻供仅指改变有罪供述为无罪辩解或者罪轻辩解，而不包括改变无罪辩解为有罪供述的情形。

翻供究竟是种什么行为？犯罪嫌疑人、被告人有无翻供的权利呢？

按照翻供的定义，翻供仅指改变有罪供述为无罪辩解或者罪轻供述或辩解，所以，翻供者是为有利于自己而翻供的（现实的结果很可能是不利于自己）。一方面，如果原供是基于某种原因的虚假供述，而新供反映事实，这符合我国刑诉法“如实供述”的要求；另一方面，即使倒过来，原供是事实，新供是虚假的，这也符合现代刑事诉讼法反对自证其罪的原则。由此看来，翻供是犯罪嫌疑人、被告人的一项应然权利。也就是说翻供是可以的，只不过可能要承受不利的后果。

二　辩护人对翻供的态度

在我国的传统法律文化中，翻供与狡辩在很大程度上是重合的，并且直接反映了被告人的主观恶性、认罪态度和悔罪表现。可以说，翻供的次数越多、频率越高，被告人的悔罪态度往往就被认定为越差，主观恶性也就越大。

对于翻供，由于职能的性质不同对之采取的态度会不同。侦、控人员对翻供往往是反感、厌恶的，他们往往把翻供称为恶意翻供，“也称无理翻供、虚假翻供，即原来作有罪的供述，后来由于畏惧法律惩处，避重就轻，推卸责任，把原来供述改变为无罪或罪轻的供述。而把原来作无罪或罪轻的供述，后来通过教育感化等产生了悔过想法，把原来口供改变为有罪或罪重的供述称之为合理翻供”②。而法官对翻供的态度从一份调研文章中可见一斑。“我国的刑事审判中，裁判者对翻供的态度呈现出独特的两分格局：一方面，在裁判过程上，法官对翻供能够保持较为中立的立场，并不一味地排斥翻供；另一方面，在裁判结果上，法官对翻供却表现

① 郑高键：《被告人翻供案件证据认定的基本思路——被告人翻供案件证据认定系列论文之一》，《甘肃社会科学》2009 年第 1 期，第 77 页。

② 任秋生、云汉：《翻供原因分析及恶意翻供侦讯对策研究》，《中国人民公安大学学报》（社科版）2007 年第 3 期，第 64 页。

出极为明显的倾向性，极少采信被告人的翻供。”①

作为犯罪嫌疑人、被告人的辩护人对自己的当事人的翻供应当持何种态度呢？是肯定、支持甚至指使，还是否定，抑或劝导不翻供呢？

笔者认为辩护人对翻供采取什么样的态度有涉律师的职业伦理。律师既不是天使，也不是魔鬼。所以，对律师的执业不能有过高的伦理道德要求，但律师必须遵守职业伦理。在对待犯罪嫌疑人、被告人翻供上，辩护人必须坚持两个原则，其一是遵守职业道德的原则，其二是坚持疑罪从无、从轻原则。虽然律师法、律师职业道德和执业纪律并没有对辩护人唆使犯罪嫌疑人、被告人翻供作出明确规定，但李庄案是我们律师引以为戒的典型案件。原北京律师李庄被某市法院终审判决认定“辩护人伪造证据”一案，所依据的一项重要理由就是李庄曾在看守所会见被告人龚某时，教唆龚某推翻在侦查阶段的供述，并帮助编造被告人曾被警察刑讯逼供。尽管学界有观点认为李庄即使有教唆翻供的行为也不构成辩护人伪造证据罪，认为就目前的刑事法律规范而言，结合辩护人的诉讼地位与庭审方式，参照刑事诉讼法学的普遍伦理，辩护人教唆被告翻供被认定为“帮助伪造证据罪”既于法无据，又不合情理。甚至有人说，“刑法第 306 条遵照了‘恶法亦法’的实证主义逻辑，而笔者则以为，律师帮助被告人改变口供，甚至连‘恶法’的边都没沾上。李庄案中，即便是司法机关查实了李庄教唆其当事人翻供，也不构成我国刑法第 306 条的‘伪造证据罪’”。②

然而，“理论很丰满，现实很骨感”，李庄案不是至今没有翻案吗！因此，刑辩律师不能忘却高悬在我们头上的刑法第 306 条这一达摩克利斯之剑。明确而言，辩护人在目前甚至在相当长的时期内不要去教唆犯罪嫌疑人、被告人翻供。辩护人一定要有防控风险的意识，不要为了取得理想的辩护结果，为名、为利铤而走险。忠于宪法和法律是当下中国律师的第一职业道德规范。

不过，辩护人的责任是根据事实和法律，提出证明犯罪嫌疑人、被告人无罪、罪轻或者减轻、免除其刑事责任的材料和意见，维护犯罪嫌疑人、被告人的合法权益。这就要求我们在犯罪嫌疑人、被告人自我翻供后，根据所掌握的证据材料全面分析以决定是否支持其翻供。概言之，辩

---

① 孙晓玉：《刑事审判中的被告人翻供问题——从裁判者角度出发的分析》，《西南民族大学学报》（人文社会科学版）2012 年第 10 期，第 104 页。

② 薛潮平：《辩护人教唆翻供行为研究——以“李庄案”为切入》，《学理论》2011 年第 32 期，第 114 页。

护人首先要杜绝教唆翻供，其次，对犯罪嫌疑人、被告人的自我翻供应当客观、审慎地审查，对有理、有据的翻供应予支持，对无理、无据的翻供不予支持，对有理、无据的翻供，判断翻供难以获得法官采信的，劝导翻供者放弃翻供，因为一旦翻供得不到法官采信，被告人将因为认罪态度不好而获得不利的现实量刑结果。此乃遵守律师的普遍职业伦理——勤勉尽责，尽职尽责地维护委托人的合法利益。

三　辩护人对翻供的策略

态度是心理的、观念的东西，在这种态度的指导下，我们对不同的翻供情形应当采用不同的策略。

（一）客观、理性地审视犯罪嫌疑人、被告人的自我翻供

犯罪嫌疑人、被告人会出于多种原因想翻供或者已经翻供，辩护人对他们的翻供想法或者翻供行为必须客观、理性地审视以做出是否支持的决定。

有些辩护人为了取得理想的辩护结果，遇到犯罪嫌疑人、被告人自我翻供便心中暗喜，丧失了清醒的判断，轻信甚至鼓励翻供。这样做虽不至于存在教唆翻供的法律风险，但辩护效果往往适得其反。

翻供的原因有很多，包括但不限于以下：记忆错误，笔录记载错误，侥幸心理，害怕判刑或者判重刑，他人唆使，原供系替人顶罪，遭刑讯逼供、诱供、指供。有学者在相关调研基础上，对翻供的原因、数量和所占比例进行了分析（见表1）。

表1　被告当庭翻供的原因、数量和比例①

单位：件，%

法院（数量和比例） 翻供原因	J法院数量和比例	N法院数量和比例	G法院数量和比例	三法院合计数量和比例
因刑讯逼供而翻供	10/37	6/28.6	3/42.9	19/34.5
因骗供、诱供而翻供	2/7.4	1/4.8	0	3/5.5
因笔录记载有误而翻供	3/11.1	2/9.5	1/14.3	6/10.9
因被告记忆错误而翻供	2/7.4	2/9.5	1/14.3	5/9.1
因其他原因而翻供	3/11.1	1/4.8	0	4/7.3

① 孙晓玉：《刑事审判中的被告人翻供问题——从裁判者角度出发的分析》，《西南民族大学学报》（人文社会科学版）2012年第10期，第105页。

我们必须首先了解翻供的原因，然后才能决定采取何种态度。查明翻供原因的方法很多，可以直接询问、察言观色、做相关的调查、查阅案卷等。对于确信属于记忆错误，原供系替人顶罪，遭刑讯逼供、诱供、指供后的翻供，我们应当予以支持，如果属于侥幸心理、害怕判刑或者判重刑、他人唆使等的翻供则不予支持。

（二）不支持翻供的策略

在确定犯罪嫌疑人、被告人的翻供属于出于侥幸心理、害怕判刑或者判重刑、他人唆使等不合理的原因后，我们固然应该不支持翻供，但也应讲究策略，毕竟辩护人是为当事人提供法律服务的，我们应与当事人保持良好的关系。笔者提供以下方法以供参考。

1. 帮助分析翻供的不利后果，劝导放弃翻供

辩护人应当耐心而明确地告知犯罪嫌疑人、被告人不合理的翻供不但得不到法院的支持，反而极可能因为认罪态度不好而在量刑上不利。甚至原本是自首，因为翻供而没有获得支持从而失去了自首这一从轻、减轻处罚的情节。即使没有自首，但归案后认罪了再翻供就不再属于坦白。所以，辩护人应作不合理翻供的成本分析。如笔者办理的一起非法持有毒品案，犯罪嫌疑人发现有公安人员从楼上下来时就把裤袋中的一小包毒品扔下楼梯，后被公安人员搜查获得。经过讯问，他承认该毒品是其所扔。在其被采取强制措施后，笔者在看守所会见他时，他咨询能否翻供，笔者在得知其翻供的动机是害怕承担刑事责任并且毒品确为其携带所扔的情况下，耐心为他进行分析，明确告知其翻供如果没有正当、合理的理由法院是不会支持的，而法院不支持，不但罪名成立而且于量刑不利。经过笔者的分析和劝导，犯罪嫌疑人放弃了翻供的想法。

2. 犯罪嫌疑人、被告人不听劝导，坚持翻供的，建议辞去辩护

有的犯罪嫌疑人、被告人一意孤行，不听劝导，坚持翻供，虽然辩护人有独立的地位，可以不受被告人的意志控制独立发表辩护意见，但显然，这样的辩护会非常别扭，所以，在此情形下，建议我们辩护人辞去委托。

（三）支持翻供的策略

确信犯罪嫌疑人、被告人的原供属于记忆错误或者讯问笔录记载错误，系替人顶罪，遭刑讯逼供、诱供、指供的，我们辩护人应当坚决支持翻供。

1. **属于记忆错误或者讯问笔录记载错误的翻供支持策略**

有记忆就有遗忘，而且每个人都会产生错误的记忆。错误记忆是指人们会回忆或再认那些没有出现过的事件，或者对经历过事件的错误回忆。心理学研究表明错误记忆产生的原因是当人们体验了一系列有密切联系的信息之后，易于将一些和以前呈现过的信息相关但实际上并未呈现过的项目判断为是发生过的，并且错误的记忆会影响人们的行为。因此，犯罪嫌疑人、被告人在回答讯问时因为错误记忆而陈述了不符合事实的现象非常正常。当然，问题的关键在于如何使法官相信是因为错误记忆而作的不实陈述。此时，辩护人就可大显身手，充分发挥作用了。第一，运用逆推法逻辑的力量。假如基于错误记忆而作的不实陈述为真，那么，就……。就后面的结论不存在或者不真实，我们可以运用假言判断否定后件就否定前件的逻辑规则，得出“基于记忆而作的不实陈述为真”是假的。我们可以多用几个这样的假言判断。第二，与其他证据相比对。虽然犯罪嫌疑人、被告人的供述目前不再被强调是“证据之王”，但仍然被作为重要证据看待。不过我国刑事诉讼法规定了只有被告人供述没有其他证据证明的，不能认定有罪。所以，我们应该把疑似不实供述与其他证据进行比对，以发现矛盾。现实中我们常遇到庭审时被告人否认公诉人宣读的其侦查阶段有罪供述的讯问笔录，理由是笔录记的与当时的陈述不一致。如果犯罪嫌疑人没有机会或者不能、不敢认真详细地阅读核对讯问笔录，就极有可能出现笔录多记、少记或者错记的情况，被告人在庭审时推翻先前供述，公诉人往往是以“以上看过，与我讲的一致”和被告人签名为由进行驳斥，认为被告人以此为由的翻供，是“妄图逃避惩罚”而进行的“最后挣扎”。“在三个法院的调查表明，对于被告当庭翻供但不能提出理由、以记忆不清、笔录有误以及遭遇骗供、诱供为由而翻供等类型，庭审时法官均未给予足够的重视。在控方只是宣读讯问笔录并简单强调侦控阶段制作的讯问笔录有被告人的签名捺印，除此之外并无其他证据证明讯问笔录的真实性和自愿性的情况下，法官即对庭审前供述予以采纳，而几乎无视被告人的当庭翻供。只有在被告提出遭遇了刑讯或其他方式的逼供时，被告的主张才会受到裁判者重视。”① 所以，如果此时辩护人不给被告人有力支持，

① 孙晓玉：《刑事审判中的被告人翻供问题——从裁判者角度出发的分析》，《西南民族大学学报》（人文社会科学版）2012 年第 10 期，第 107 页。

其翻供是极难得到法院采纳的。第三，辩护人积极调查，获得被告人无罪或者罪轻证据。事实不是从窗外自己跳进来的，而是靠律师跑出来的。辩护人对此种情形下的翻供支持最积极、有效的手段就是调查，掌握被告人无罪或者罪轻的证据，从而事实胜于雄辩。

2. 系替人顶罪翻供的支持策略

犯罪嫌疑人、被告出于某种原因为他人顶罪，后又还事实真相，推翻以前的有罪供述。此种翻供往往能引起司法机关的高度重视，一般会得到采纳。辩护人对此种翻供除给予鼓励外一般不需要予以特别的支持。

3. 遭刑讯逼供、诱供、指供的翻供的支持策略

这种翻供自然就涉及非法证据的排除，辩护人应当勇于依照刑诉法和最高人民法院关于非法证据排除的相关规定提出原供属于非法证据，应当予以排除的申请。辩护人提出被告人审判前供述是非法取得的，应当按照法庭的要求提供涉嫌非法取证的人员、时间、地点、方式、内容等相关线索或者证据。对被告人审判前供述的合法性，公诉人不提供证据加以证明，或者已提供的证据不够确实、充分的，该供述就不能作为定案的根据。对这种翻供的支持难度是最大的，不但需要勇气、胆量，更需要智慧和技术。

辩护人对待犯罪嫌疑人、被告人的翻供，不只是技术问题，还是个态度问题，采取何种态度，彰显辩护人对律师职业伦理的遵守程度。

域外法苑

在校学生违法犯罪之预防*

〔美〕J. 大卫·霍金斯　托德·I. 赫伦科尔 著　赵赤 译**

一　在校学生之违法犯罪预防

孩子未来成为建设性公民或者反社会成年人之生涯轨迹的主要分叉年龄段为6岁至17岁。那些未来成长为建设性公民的孩子，在校学习期间开始学会阅读、计算、控制冲动以及学会与其他孩子交朋友，往往进步很大。对许多孩子而言，基于其对学习的热爱、更高的个人期待和道义期待，以及对促进友好团结之行为的乐趣，上述发展进步达到最佳状态。

然而，就在相同的时间里，那些即将成为反社会成年人的孩子却表现出这样的特点，也即在未能接受强化教育的情况下难以学会识别并控制自己的冲动行为。通常，上述类型的孩子在小学阶段就难以在学业上有良好开端。由此，他们也就丧失了努力获得良好教育这一人生成功之钥匙的勇气和斗志。实际上，与同龄孩子相比，这些孩子很可能更早地参与吸烟、酗酒、吸毒等越轨违法行为。此外，这些孩子也更有可能过早地参与性行为，且更有可能难以完成学业考试或者高中毕业。

对小学生在校期间个人表现的考察表明，导致孩子未来成为反社会成年人的风险因素主要是三个方面：一是持续实施身体攻击行为，包括打架与欺凌（Farrington，1991；Mrazek and Haggerty，1994；Kellam et al.，1994；Robins，1978）；二是学业失败；三是低程度的学校投入（Dryfoos，1990；Maguin and Loeber，1996）。以上三个方面的主要风险因素均可以通

---

* 外文原文为《成年人反社会行为早期预防研究》（*Comparative Early Prevention of Adult Antisocial Behaviour*）英国剑桥大学出版社2003年版（Cambridge University Press. 2003）之第八章《学校之违法犯罪预防》（Prevention in the school years），原作者是〔美〕J. 大卫·霍金斯、托德·I. 赫伦科尔（J. David Hawkins and Todd I. Herrenkohl）。

** 赵赤，湖南邵阳人，常州大学史良法学院教授，法学博士，主要从事犯罪学、刑法学研究。

过在校教育环境予以针对性的改变。随着孩子们由小学升入初中，来自学校同龄伙伴的社交及行为影响也是导致反社会行为的风险性因素。好几个针对 11 岁至 16 岁学生的有效课程旨在应对和消除以上出现的后期风险性因素。本文拟就基于学校的预防 6 岁至 17 岁孩子成年后反社会行为之干预项目的有效性及其前景进行考察。这些考察表明，预防项目的相关知识储备还存在不足，需要未来予以进一步研究。此外，本文也会就针对学校外的学龄青年的干预项目进行简要考察。

本文首先考察那些能有效促进学业进步并减少未来成年后反社会行为的实践项目。其中一些项目并未聚焦于成年人反社会行为这一结果。然而，这些项目却能有效预测成年人反社会行为，包括反社会行为的早期类型如儿童攻击、少年犯罪及违禁品使用等（Loeber，1990；Loeber and Hay，1996）。于在校期间实施的旨在预防和减少攻击、少年犯罪及违禁品使用等行为的干预性措施理所当然有助于减少成年反社会行为。然而，长期以来这些观念上被假定所赋予的效果仍然需要通过关于干预措施的持续跟踪式研究加以验证。

二　课堂组织、管理及教学策略

玛干和洛伯（Maguin and Loeber，1996）研究后认为，学业成绩是影响少年犯罪的独立性因素，即便是社会经济状况以及以前的行为问题对少年犯罪的影响得到控制以后。一些证据表明，差的学业成绩与未来的反社会行为之间具有联系，这样的证据对于考虑预防性干预措施而言十分重要。提高学生的学业成绩并确保他们致力于和投身于学校教育，应当被看作是学校方面的基本目标，同时也是预防反社会行为的重要目标。

那些致力于提高学生学业成绩及减少反社会行为的学校，已经出现了许多积极变化。这些积极变化包括改善课堂组织、管理及教学策略（Kellam and Rebok，1992；Slavin，Karweit and Wasik，1994），行为管理策略，学校组织及其重组策略，一系列于课堂、操场等地方教育孩子成为好公民的教学技术课程（Hawkins，Farrington and Catalano，1998）。

布鲁尔、霍金斯、卡塔拉诺和勒柯曼（Brewer et al.，1995）就能有效提高学生的阅读、数学以及减少一些反复出现的问题行为的若干基于教室的实践做法进行了类型性概括。这些做法包括显著减少小学学生的班级规模、按学生能力分班以便教学、前瞻主动的班级管理、协同学习、计算机辅助教学、家庭教师辅导、互动教学等。

好的教学始于好的班级管理。很长时间以来的实证研究证明，班级管理中切入行为技术，如制订明晰的行为规则、根据情况对学生表现予以肯定、让学生亲自参与对相关情况的确认，有助于减少学校里的反社会行为（O'Leary，1977）。针对干预措施的研究表明，积极主动的班级管理有助于减少学生的不当行为，同时能够让学生更多地集中精力于学业（Evertson，1985；Evertson，1983；Kellam and Rebok，1992）。

有学者（Kellam and Rebok，1992；Kellam，1994）对一个小学学生干预项目——“良好行为比赛”（Good Behaviour Game）进行了研究评估，以此揭示班级管理中采用行为强化这一方法的前景。于巴尔的摩市一所学校进行的一个实证研究中，家住城市的一年级学生被分成若干包括相同数量之攻击性和破坏性儿童的不同群组。随着干预项目——“良好行为比赛”的实施，老师们对每一群组中孩子的行为进行观察。每一群组中任何孩子实施了不当行为，就要在黑板上该群组的位置标上一个检查标记。比赛结束时，对那些少于五个检查标记的优秀群组予以奖励。该项目实施初期，对赛期予以宣布，同时对获奖群组予以有形奖励（如奖状）。后来，随着学生们越来越熟悉该项目，比赛赛期不予宣布，同时也不给予有形奖励。此外，赛期以及予以奖励的周期予以延长。该项目为期两年，针对小学一年级和二年级学生。

一年之后，老师们以及同龄人均认为，与未能参与项目的对照群组同学相比，参与项目学生的进攻性行为减少。该项目对于那些攻击性程度很高的后进学生而言积极作用最为显著。对于从一年级至六年级的攻击程度高的男孩来说，上述项目的积极作用得以维持。

旨在提高小学生学业成绩的同时减少或预防反社会行为的综合性干预项目，往往将班级管理方法和课堂教学予以结合。本文介绍此一类型的两个代表性项目：“促进所有学生成功”项目（Madden et al.，1993；Slavin et al.，1996）和“西雅图社会发展”项目（Hawkins et al.，1999；Hawkins et al.，1992）。

“促进所有学生成功”项目聚焦于小学阶段的孩子，该项目旨在通过向孩子提供有效的课堂教学以及获得孩子父母的支持来预防孩子的学习问题和行为问题。在该项目中，一旦孩子的学习问题开始出现就立刻对孩子实施矫正性干预，以此帮助那些在学业方面困难的孩子，以免出现更为严重的问题。此外，每隔八周时间要对孩子进行评估，以便确定其是否在阅读方面取得了足够的进步。还有，重新分组有助于让所有的孩子持续取得前所未有的进步。“促进所有学生成功”项目的另一特点是将面向进步的持续性教育、一对一的导师教学、合作性学习和其他课堂教学方法结合在一起以共同发挥作用。当孩子因为家庭原因而未能充分发挥其学习潜力时，孩子的家庭成员就要提供家庭支持。例如，当学生睡眠不足或者营养不足、需要配戴眼镜、不能经常到校学习，或者表现出严重的行为问题时，家庭就要提供支持。某些情况下，取得社区服务机构的支持同样有助于促进问题的解决。

针对巴尔的摩市实施的“促进所有学生成功”项目的评估表明，参加该项目的学生在多门学业成绩测试方面所取得的成绩显著高于对照组的学生（Slavin et al.，1990）。此后，“促进所有学生成功”项目得以推广到美国 19 个州的 37 个学区的超过 85 个学校（Slavin et al.，1994）。其中，要将实施过“促进所有学生成功”项目的学校与那些依据贫困程度（有资格获得免费午餐的学生比例）、以往成绩水平、学生种族等指标选取的没有实施过该项目的对照组学校进行结对。同时还要分别对实施过“促进所有学生成功”项目的学校学生和对照组学校学生进行成绩测试评分。学者研究表明，于代表 9 个城市及 8 个州的 19 个学校实施的“促进所有学生成功”项目取得了显著的成效，这些城市及州分别是马里兰州的巴尔的摩市，宾夕法尼亚州的费城，南卡罗来纳州的查尔斯顿市，田纳西州的孟菲斯市，印第安纳州的韦恩堡市，阿拉巴马州的蒙哥马利市，爱达荷州的考德威尔市，加利福尼亚州的莫德斯托市，加利福尼亚州的里弗赛德市。此外，“促进所有学生成功”这一干预项目还成功地提高了双语学生、以英语为第二语言的学生以及从事特殊教育的学生的阅读能力（Slavin et al.，1996）。

“西雅图社会发展”项目是一个专门针对小学生的旨在通过提高学习成绩并专心学习以预防反社会行为的包含多方面内容的干预性项目。该项目采用一揽子的班级管理及课堂教学方法，包括主动积极的班级管理、互动教学、合作式学习以及人际关系技能训练课程等。此外，该项目还提供有关如何做父母的指导，如父母作为孩子的成年监护人应当如何为孩子提供行为管理、学业支持技巧等方面的指导（Hawkins et al.，1992；O'Donnell et al.，1995）。

以上两个干预项目所设置的条件不同。第一个干预项目进行一揽子的干预，即对一年级到六年级的学生进行全时间干预（全时段干预），第二个干预项目仅针对五年级和六年级学生进行干预（后期干预）。当然，对照组的学生则不进行任何干预。实施班级干预的老师每年要接受为期五天的在职培训，以提高其在主动性班级管理、互动教学、合作式学习等方面的知识技能。对照组的教师不参加这样的在职培训。但是，要对干预组老师和对照组老师的指导工作进行观察，尤其是要将他们采用指标性教学策略的情况记录存档。研究表明，干预组老师在班级管理中更多地采用了指标性教学策略（Abbott et al.，1998）。

全时段干预项目中的小学一年级老师也要接受在职培训，主要就如何实施认知及社交技能、人际关系中认知问题解决等课程教学进行培训，教师运用这些解决问题的方法指导孩子们，以防止他们实施针对同伴的暴力或者攻击行为。这些课程还有助于孩子们积极参与合作性学习或者其他有助于防止反社会行为的社交活动。此外，全时段干预项目和后期干预项目中的六年级学生还要从项目工作人员那里接受为期四个小时的培训，主要内容是一方面如何识别和抵制那些导致参与问题行为的社会影响，另一方面如何采取积极的替代性应对以便在远离问题行为的同时维系朋友关系。

干预项目当中还有如何做好父母这一部分内容，主要对孩子父母进行自愿式的培训。全时段干预项目之中，当孩子读小学一年级或者二年级时，要针对孩子的父母进行有关如何学习运用孩子行为管理策略的名为“抓住孩子成为优秀的机会”的七次课程培训。在小学二年级或者三年级的春季，全时段干预项目中的孩子家长将接受四次名为“如何帮助你的孩子在学校取得成功”的旨在提高家长支持孩子学习发展之技能的课程培训。当孩子学到小学五年级或六年级时，全时段干预项目和后期干预项目中的孩子家长要接受五次名为“做好应对使用药物风险年龄段的准备”的旨在提高家长减少孩子陷入毒品滥用风险之技能的课程培训（Hawkins et al.，1988）。此外，专业性的跨种族的项目工作人员也将就家长如何与学校进行合作以及如何在家长理事会中发挥作用等问题进行培训。全时段干预项目当中，有43%的孩子家长参加相关培训。

至于干预项目的成效，将通过一个跨种族的城市取样进行测验。与后期干预相比较，全时段干预的积极效果较早地呈现。比如，与没有参加该项目的对照组学生相比，到小学二年级末参加全时段干预项目的孩子的攻击倾向显著减少（Hawkins et al.，1991）；到小学五年级初，参加全时段干预项目的孩子实施越轨行为或者酗酒的倾向显著减少（Hawkins et al.，1991）；到小学六年级末，参加全时段干预项目的来自低收入家庭的孩子学习成绩显著提高，不良行为显著减少，其实施越轨行为的倾向显著减少（O' Donnell et al. , 1995）；六年时间里一直参加全时段干预项目的孩子到18岁时学业成绩显著提高，同时其生涯中实施暴力型越轨行为的倾向显著减少（Hawkins et al. , 1999）。与此不同，仅仅到五年级和六年级才参加后期干预项目的孩子，其暴力型越轨行为倾向并未出现显著减少。这种结果表明，旨在提高学业成绩并促使孩子们集中精力学习的干预性项目到孩子年满18岁时依然有效。

对于学校而言，一个新的重要任务在于如何在班级教学中将学习成绩教学和社交技能或者情感技能的指导予以结合（Battistich et al. , 1996）。最近的纵向研究表明，此种方法自小学开始采用就颇为成功，而且该方法能够影响孩子的学业成绩和行为方式。此一方面，旨在达到前述目标的两个项目也即“孩子发展项目”和“培养健康孩子”正在进行当中。

“孩子发展项目”采用合作型学习及主动型班级管理方法，其目的主要有：培养责任感、构建踏入社会之前的行为规范并提高冲突解决技能，开展有助于加强班级团结以及整个学校团结的相关活动，布置孩子和家长在家庭中共同完成的任务，实施以文字为基础的旨在强化学生有关社会及伦理问题之批判性思维的语言艺术课程。

“孩子发展项目”是一个纵向、跨地域、涵盖全美各地且包含12个干预分项和12个小学学校的比较研究项目。关于该项目的准实证性测试（Quasi - Experimental Test）表明，五年级和六年级学生的学业成绩和对校园及学业的投入显著提高，冲突解决技能及踏入社会前行为适合性显著增强，酗酒倾向显著减少（Battistich et al. , 1996；Battistich et al. , 1997）。但是，该项目针对反社会行为的长期效果如何，仍有待观察研究。

“培养健康孩子”是“西雅图社会发展”项目衍生出的第三代干预性研究项目。该项目旨在通过一揽子综合性的班级课程来提高孩子的学业、社交以及情感能力。该实验性项目要跟踪一组来自五个实验学校和五个对照学校的小学一年级或二年级学生。所采用的干预性措施包括：（a）主动积极的班级管理；（b）采用有效的教学方式如激发兴趣的教学让学生积极参与学习活动；（c）人际关系及社交技能训练；（d）合作式学习方法；（e）兼采指导性阅读、共享阅读、大声阅读以及单读阅读的阅读方式。

由于孩子来到教室时通常并未就学习所需要的社交环境做好准备，也由于合作型学习的成功实施需要具备人际关系和问题解决方面的技能，因而要着重关注指导老师的指导能力，也即需要帮助老师将社交技能和情感技能综合性地运用到班级管理及相关课程当中。在有关教学的研讨会中，教师将学会如何将人际关系技能和问题解决能力训练综合性地运用到日常计划当中。

孩子们经过一年半的综合性培训之后，就要对参与项目孩子的学业成绩和行为进步情况进行测评，也即运用多层线性模型方法对实验组和非实验的对照组孩子的提高程度及其差别情况进行测评。测评表明，参与项目孩子的学业成绩以及对学习的专注程度显著提高。此外，这些孩子的社交能力和社交互动得体性也得到显著提高，其反社会行为倾向也显著低于没有参加实验项目的对照组孩子。也就是说，参与项目孩子的反社会行为倾向很低且不断下降，而没有参加实验项目的对照组孩子的反社会行为倾向却不断上升（Catalano et al.，1996）。

“孩子发展项目”和“培养健康孩子”这两个干预项目的实验结果表明，将知识教学、社交能力和情感能力融合到班级管理当中，有提高学习成绩、促进技能发展以及改善学生行为等多个方面的积极作用。

三　校园行为管理策略

旨在改善学生行为表现的行为干预项目已经被很多学校所采纳。这些干预措施的直接目的就是减少学校发生的持续性攻击行为，而校园持续性攻击行为就是孩子成年之后实施反社会行为的前兆。已经针对各种类型的行为管理项目进行过评估。比如，评估表明，通过有组织的操场游戏活动、行为监控及强化以及特殊教育安置等方式对破坏性、心理失常及学习能力差的小学二年级学生进行行为管理，就孩子此后不同时期的表现看，这些做法相当有效。

一些干预措施得到广泛采用。例如，在上学之前或者课间休息时间进行有组织的操场游戏活动，一方面为孩子们提供了有指导的游戏活动机会，另一方面对严重行为予以了适当处罚（如场外板凳上坐两分钟）。研究表明，这些做法已经使得发生在校园操场的破坏性以及攻击性行为显著减少（Murphy et al.，1983）。

行为强化方法也被有效运用于减少学龄儿童的攻击行为。通常，这一方法被有选择性地运用于存在行为问题或者到课出勤率低的儿童身上（Barber and Kagey，1977；Brooks，1975）。学者布里（Bry，1982）就一个针对成绩差、具有破坏性倾向且家庭归属感程度低的七年级学生的为期两年的行为干预项目进行评估。该干预项目包括每个参与学生每周需要填写一个就自己在教室的行为表现进行评价的报告卡片。在由学生组成的小组内部，要分发这些卡片并就此进行讨论。项目工作人员对正面、积极的报告予以表扬和肯定，而针对负面、消极的报告则要进行关于如何获得老师更多积极评价的讨论。要以每周的报告卡片为基础对学生的表现情况进行评分，获得高评分的学生将可能得到一次参加校外考察的机会。此外，也会以电话、信件以及家访等多种方式将学生在校进步情况告知家长。

学者研究证明，项目结束之时，与随机挑选的对照组学生比较，项目参与学生的评定等级和到课率明显好转，同时较少发生在校期间的行为问题（Bry and George，1979，1980）。此外，项目结束之后五年，与对照组学生比较，项目参与学生在少年法庭保有违法记录的比例减少了66%（Bry，1982）。干预项目对不同种族和社会经济背景学生的影响也是一样的。

四　特殊教育与替代性学校

特殊教育有时适用于具有早期攻击性或破坏性行为倾向的学生。特殊教育安置包括为破坏性、心理失常、学习能力差以及虽然目前成绩差但从发展上看可予教育的小学学生配置自治班级和资源教室。塞弗（Safer，1982）曾经就特殊教育安置进行过评估。塞弗研究发现，这些措施对孩子的学习成绩以及项目实施期间的在校行为的积极作用几乎没有或者甚微，而且在项目实施结束之后其积极作用难以维持。基于此，再结合前面所述的两个代表性项目即“促进所有学生成功”项目和“西雅图社会发展”项目所具有的积极作用，这似乎表明，在干预方式及效果方面，对小学学生之学习成绩及在校表现的最佳积极作用很可能是通过改变日常教学及管理策略、配置强化资源如落实导师制以确保所有学生的技能发展来实现的，而不是采取自我管理班级或者资源教室这样的办法对有攻击性或破坏性倾向的学生加以识别和个性化应对。

可是，也有一些证据表明，将特殊教育或者替代性学校运用于具有破坏性倾向的初中学生却有着积极作用。例如，塞弗（Safer，1990）曾经就一个将被学校停课多次的七至九年级学生在上学时间里安置到特别班级的项目进行过评估。该项目为每个年级的学生配备一名正规教师以及为每个班级配备一名助手作为辅导员，一个班级由 10 名到 15 名孩子组成，每个班级又分为四个主要课程小组，采用小组和个别化指导方式在连续的早晨时间里对学生进行课程辅导。该项目操作中采用代币这一象征性奖励制度来鼓励和强化良好的班级行为。学生的好评积分可以使他们提前放学（如下午 1 点左右），也可以用于进入下午时间活动室娱乐或者到学习资料室学习，也可以用于购买食品或者观看舞蹈比赛的门票。学校采取的其他行为强化措施包括以奖状、奖金等方式对良好行为的学生予以每天、每周或者每月的鼓励。当然，到课出勤率也是影响对学生评价的因素。项目组工作人员还会与学生家长定期见面，以便签订明确规定一旦学生得到学校方面给出的良好行为表现报告，父母就要给予何种奖励的家庭版的行为强化协议。违反班级规定一次以上的学生将不能回到班级，而是要接受放学留校的处罚，或者要重新签订家庭版的行为强化协议。

有学者做过将一个实验性初中学校与位于郊区的工人阶层居住区的两个普通初中学校进行比较的评估性研究。在上述三个学校当中，由学校副校长挑选出多次受到放学后留校处罚的学生名单。学生进入研究环节之前，实验性学校和对照性学校学生的智力、社会经济条件、家庭结构、学业成绩、学校违规行为等指标均为相同。该项目为期七年。

在项目实施期间，与对照组学生比较，干预组学生受到禁止上课、放学留校等处罚的比例显著减少，同时成绩评分也较好。另外，在项目实施期间，干预组学生在标准化成绩测试或者在校到课出勤率两个指标方面并未明显提高。可是，到项目结束之后，与对照组学生比较，干预组学生升入高中的比例显著提高，同时其在校到课出勤率和学校行为表现两个指标也更好。此外，与干预组学生比较，对照组学生逃学比例显著增加。另外，两组学生最终从高中毕业的比例却大体一致。

替代性学校旨在通过个性化课程以及学生就本人的进步情况进行自我评分等方式来增加他们的成功体验及经历，其教育对象是破坏性及违法犯罪的少年。戈尔德和曼恩（Gold and Mann，1984）曾经研究过美国底特律市的三所替代性学校。他们研究发现，与分流到普通中学的学生相比，分配到替代性学校的学生表现出较少的破坏行为倾向性。

针对破坏性、心理失常、学习能力差以及从发展上看依然无可教育的小学阶段学生实施特殊教育，这一做法似乎并未产生积极效果。然而，有证据表明，针对初中阶段的破坏性倾向学生实施特殊教育或者替代性学校，这一做法却有助于让他们继续留在学校学习，同时也提高或改善了他们的学业成绩、到课出勤率及行为表现。

五　学校的组织结构变化

在一些学校、家长以及社区之间缺乏有效合作的社区，位于该社区的很多学生的学习成绩呈不断下滑趋势。对以上情况予以说明以及应对的主要方向就是要弄清楚这样的问题，即学校应当如何组织起来，以及学校的哪些功能十分重要。作为对策，可以采取多种办法来改变学校的组织结构，以让这些学校的管理更加有效。例如，詹姆士・卡莫（James Comer）最初曾在两所城区小学工作过，该小学学生的90%为非洲裔学生，其特点是学生到课出勤率低、成绩差、纪律涣散且教师流动率高。基于以上经历，詹姆士・卡莫于1988年（James Comer，1988）开发出了一个综合性的小学学生干预方案，该方案包括四个方面的内容：（a）将包含艺术和运动项目的社交活动安排接入学校活动；（b）以家长项目来支撑学校的学业和课外活动，以此培养和促进家长、教师及学校其他员工之间的互动；（c）为学校员工配备一个跨学科的心理健康团队，该团队主要就在管理学生中遭遇行为问题时为学校员工提供相关的咨询服务；（d）由学校管理者、教师、支持员工及家长等几个方面的代表组成的管理监督团队对前述三个方面工作的实施情况进行监督。对参加项目学生的跟踪研究表明，与没有参加项目的对照组学生相比，他们的中学考试成绩、自己评价的社交能力显著提高（Cauce et al.，1987；Comer，1988）。

戈特弗雷德森（Gottfredson，1986）曾经研究评估过一个这样的项目，即针对位于南卡罗来纳州查尔斯顿市的来自低收入家庭且主要为非洲裔美国人的中学所实施的综合性学校组织干预项目。该项目包括六个方面的主要内容：（a）在两名全职项目工作人员的协助下，由教师、其他学校工作人员、学生、家长以及社区成员所组成的团队来负责设计、计划和实施该学校干预项目；（b）需要就授课课程及科目进行评估和完善，包括学生参与学校及班级制度的制订，针对教师进行有关教学管理及班级管理的持续性在职培训；（c）进行全校范围的学术创新，包括学习技能提升和合作性学习方法；（d）进行全校范围的氛围营造，包括拓展课外活动、同龄人咨询、旨在提升学校整体形象的学校荣誉感宣传等；（e）生涯创新，包括求职技巧和职业生涯探索及训练；（f）为成绩差或有破坏性行为倾向的学生提供特别的学业及咨询服务。

由于设计本身的原因，要对全校性干预项目的实际效果进行验证比较困难。然而，与没有参加过干预项目的对照组学生相比，那些成绩差或具有破坏性行为倾向的学生通过干预项目接受过特别的学业及咨询服务，项目结束之后往往在标准化考试中成绩明显提高，同时也较少参与毒品违法行为。此外，没有参加过干预项目的对照组高中学生的毕业比例为42%，而接受过特别的学业及咨询服务的高中学生毕业比例提高到76%。另外，学生接受特别的学业服务这一做法并未对学生的违法行为这一指标产生明显影响。

也许，上述戈特弗雷德森的研究的显著意义在于，在整个学校层面的工作得到改善的背景下，针对有学业失败可能之学生的预防性项目不但有助于学业进步，同时也有助于中学生完成学业，即使是晚点完成学业。

1987年，戈特弗雷德森报道了一个全校性预防项目，包括针对教师进行关于班级管理方法、合作性学习等方面的培训以及关于家长志愿者的相关安排等。

罗伯特·菲尔纳（Robert Felner，1993）及其团队同样致力于以预防性策略为引领来重组学校。他们设计的“学校过渡性环境计划”（School Transitional Environmental Project）旨在促进低收入困难家庭的孩子顺利升入高中阶段学习。该计划将九年级入学新生安置在一个由65名至100名学生组成的单位即“校中之校”（School Within a School）。年级大教室和上课教室的学员均由同一单位的学生组成。同一单位学生的上课教室比邻设置。文化科目教师担任年级大班教师，同时担任主要的管理者以及学生、家长以及学校其他方面之间的联系协调人。年级大班教师每一学年都要联系学生家长，同时与每一个大班学生举行每月一次的简短个人会面。

与没有参加过干预项目的对照组学生相比，每一年度接受干预项目之后的学生对学校、教师以及其他学校工作人员的正面评价明显提高，同时干预项目学生在初中至高中的过渡时间里，学业成绩、到课率的下降趋势明显减弱。此外，没有参加过干预项目的学生的辍学率为43%，而接受过干预项目的学生的辍学率明显减少到24%。

总之，卡莫、戈特弗雷德森和菲尔纳的研究表明，为了促进学业进步并减少反社会行为，有必要针对小学、初中学校所做的问题孩子工作进行重组。

六 学校的预防性课程

为了一方面促进防范攻击、暴力以及其他反社会行为之行为规范的贯彻实施，另一方面培养提高学生的解决问题能力、愤怒管理能力以及学会如何拒绝某种不利影响以避免陷入反社会行为，各种各样的学校预防性课程应运而生。其中包括社交能力课程或者情感能力课程，这些课程旨在通过传授并培养基本的人际交往能力来抗制和预防早期反社会行为。此类代表性课程，比如针对早期小学学生的干预性课程“人际认知问题解决”（Interpersonal Cognitive Problem – Solving，ICPS）课程以及 PATHS 课程等。另外一种方法就是通过对大龄孩子讲授如何抵制同伴不良影响、生活技能训练等课程来预防其反社会行为，如吉尔伯特·博特文（Gilbert Botvin）及其团队的生活技能训练课程，罗杰·韦斯伯格（Roger Weissberg）及其团队的“少年社交能力促进项目”（Social – Competence Promotion Programme for Youth Adolescents）训练课程。

“人际认知问题解决”课程包括针对学前儿童（Preschool）、幼儿园儿童（Kindergarten）的游戏环节，其目的是让儿童学会人际关系问题的多样性解决方式，学会因果思维，学会识别他人的情感并保持敏感。对城市低收入家庭儿童的测试表明，该干预项目对攻击行为以及社交中的不当行为有着显著且持久的积极影响（Shure and Spivack，1980，1982，1988）。

PATHS 课程旨在将情感发展、认知发展、行为技术发展等指标综合运用于少年教育，以提高教学质量。该课程的主要创新之处在于聚焦于认识和管理情感，以提高有效的自我管理水平。研究表明，PATHS 课程在提高聋哑儿童的社交技能和阅读能力方面相当有效（Greenberg and Kusche，1993）。此外，针对常规教育以及特需班级的随机性临床测试表明，PATHS 课程对于教师评估或自我报告中的问题行为以及教师评估中的适应性行为而言效果同样显著（Greenberg，1996）。

目前，PATHS 课程正被当作一个名为“快车道计划”（Fast Track Program）的重要组成部分，该计划为涉及全美四个地区的 50 个小学的临床性试验。研究表明，PATHS 课程有助于减少班级发生的行为问题，也有助于减少学生社会测量评价中的小学一年级学生中发生的同伴暴力行为（Conduct Problems Prevention Research Group，1999a，1999b；Weissberg and Greenberg，1997）。

有学者对一个针对中学生的跨学校的生活技能训练（包括如何抵制毒品使用的社会影响）项目进行了评估（Botvin Baker et al.，1995）。该项目针对七年级15个班级以及八、九年级的学生进行课程辅导，主要让学生学会如何提高其自尊心，学会如何管理烦恼，如何改善人际交流，如何增强自信等。该项目重点关注如何让学生学会抵制涉及烟草、烈酒、大麻等毒品使用的社会影响，同时还要告知他们毒品使用的严重后果。此外，还要通过学生自我报告这一方式来对十二年级学生使用烟草、烈酒、大麻等毒品的频率进行评估。干预实施五年之后，要就学生每月或每周吸烟次数、每周酗酒情况、大麻使用情况进行记录并与对照组学生进行比较。

“少年社交能力促进项目”旨在通过课堂教学提高中学学生的认知能力、行为技能和情感技能。该项目共有45课时，具体目标包括提高学生的社交技能（如自我控制、压力管理、负责任地决策、社交障碍解决、沟通技巧等），改善学校工作人员与学生之间的沟通，预防诸如攻击、毒品使用、性行为之类的反社会行为。研究评估表明，该项目在提高学生问题解决能力、学会压力管理、学会建设性地解决冲突、学会控制冲动等方面产生了积极效果（Weissberg and Greenberg，1997）。此外，该项目对减少反社会行为而言同样产生了积极效果（Weissberg and Greenberg，1997）。

（一）冲突解决及暴力预防课程

暴力少年与非暴力少年之间的不同在于观念上对暴力的接受与否（Slaby and Guerra，1988）。暴力预防课程旨在制订与实施那些防范冲突情况下使用暴力的行为规范。冲突解决及暴力预防课程则旨在提高学生的社交能力、问题解决能力、愤怒管理能力，同时宣传鼓励采取非暴力方式解决问题的行为规范。这些课程通常采取讨论、模仿、角色扮演等方法，以确保学生获得关于同情心、恰当的社交行为、人际关系问题解决以及愤怒管理等方面的实际技能。课程主题以及学时安排依据学生年级或年龄灵活掌握，大致范围为10课时到30课时，每课时30分钟到一个小时不等。

研究表明，冲突解决及暴力预防课程通常情况下提高了学生在社交冲突情况下采取非暴力解决方式的技能（Bretherton et al.，1993；Committee for Children，1988，1990，1992；Hammond and Yung，1991，1992，1993；Marvel et al.，1993）。然而，在冲突解决和暴力预防课程对于暴力规范之效果进行调查的四个半实证性研究项目当中，仅仅只有一个研究项目表明该课程产生了积极作用（Gainer et al.，1993）。

最为有效的学校暴力预防课程可能属于格罗斯曼（Grossman et al.，1997）设计的“更进一步”课程（the Second Step Curriculum）。“更进一步”课程针对小学学生，主要教育他们愤怒管理、冲动控制等方面的技能，同时培养他们的同情心。研究者采用随机控制实验方法对 12 所小学实施的上述项目进行了评估。评估结果表明，与未能参加预防项目的对照组学生相比，参与项目学生实施攻击行为的比例减少，实施中性行为或者助人行为的比例提高。具体来说，预防项目实施之后，参与项目学生于学校食堂或者操场实施身体攻击行为的比例立即减少。许多积极效果于项目结束六个月之后依然维持。此外，与未能参加预防项目的对照组学生相比，参与项目学生还表现出同情心增强，解决人际关系问题能力、愤怒管理能力以及社交技能增强。

（二）同伴调解及咨询

同伴调解是学校开展的另一个暴力预防项目。有时，将同伴调解项目与冲突解决课程结合起来运作。该项目之中，陷入冲突的各方学生同意经由受过训练的同伴调解人居中调解他们之间的冲突。同伴调解人帮助冲突各方分析争执问题的诸多方面，建议冲突方彼此妥协，从而帮助他们找到一个彼此接受的争议解决方案。同伴调解人需要就问题解决、积极倾听、沟通技巧、掌控对抗局面、识别共识点、秉持保密及公允立场等方面技能接受训练（Goleman，1995）。

对同伴调解项目（与冲突解决课程结合实施）的半实验性评估表明，就学生关于冲突或者暴力的认识观念而言，该项目有着积极作用（Benenson，1988；Jenkins and Smith，1987）。可是，只有一个经过严谨设计的研究表明，同伴调解之后的攻击行为得以减少（Tolson et al.，1992）。上述研究发现，与未能参加同伴调解的对照组学生相比，因冲突进入同伴调解项目的中学学生在同伴调解结束后两个半月之内较少因为人际关系冲突而诉诸学校领导。

同伴咨询（也称为有指导的团队互动、同伴文化发展或积极的同伴文化）也被学校当作预防或减少暴力及其他越轨行为的方法。同伴咨询的通常做法是，由一位成年人牵头进行团队讨论，讨论中鼓励参与者各自指出自己在行为和认识态度方面所存在的问题。同伴咨询旨在努力促进参与者的态度转变，以使其认识到其反社会行为的错误所在，而同伴团队支持有助于实现这种转变。同伴咨询主要被小学、初中学校当作预防性干预措施来使用，通常针对那些越轨或者暴力倾向严重的学生。遗憾的是，目前还没有证据表明同伴咨询起到了阻碍或减少孩子越轨或者暴力行为的积极作用（Gottfredson，1987）。总之，同伴咨询有着很好的宗旨意图，但实际效果有待考察。

综上，研究表明，学校可以通过实施旨在提高学生社交能力和情感能力的班级课程来预防反社会行为（Goleman，1995）。还有证据证明，冲突解决及暴力预防课程有助于使学生在冲突情况下更多地选择采用非暴力方式解决问题。此外，同伴调解项目也有助于学生在冲突情况下采取非暴力方式。遗憾的是，一些有关这类干预措施的研究项目尚未得出积极效果之结论（Hausman et al.，1992）。看来，有必要针对同伴调解、冲突解决、暴力预防等学校课程进行更为严谨的考察评估。另外，形成对照的是，同伴咨询作为预防暴力行为的举措尚未得到证据的有力支撑。

七　校园欺凌预防

校园欺凌预防项目旨在减少学校发生的欺凌现象，其项目对象包括欺凌者、被害人、学校或者以上几个方面的组合。例如，学者劳恩斯坦提出的预防对策有：让欺凌者意识到被害人的感觉，惩治欺凌者，为欺凌者提供某种以正面积极行为予以发泄的机会，对欺凌者的正面积极行为予以奖励（Lowenstein，1991）。

学者奥维斯 1991 年于挪威卑尔根市所完成的一项研究项目堪称学校反欺凌研究评估当中的经典（Olweus，1991）。该项目旨在增强教师、家长、学生对欺凌的认识。项目当中，要将介绍如何认识欺凌以及如何采取措施应对欺凌的纸质小册分发给学校及家长，学生则需要在某个特别安排的学校讨论会中填写有关欺凌现象的发生及其被害情况的匿名自我报告问卷表。该项目鼓励教师制订应对欺凌行为的内容明确的制度规定（如不能容忍欺凌行为发生，告诉并要求学生发生欺凌时要努力帮助被害人），同时采取录像放映、角色模拟演练等方式在班级里公开讨论欺凌现象。此外，还鼓励教师增强对孩子的监控，尤其是在操场活动当中。

有学者采用欺凌前后对比以及各年龄段孩子被害化过程这两种方法对前述项目进行评估。例如，将采用自我报告式调查就 13 岁孩子于项目实施前实施欺凌或者成为欺凌被害情况所做的了解，与另外一组 13 岁孩子于项目实施 20 个月后实施欺凌或者成为欺凌被害的情况进行比较，得出结论。在以上多数比较当中，项目结束后报告自己实施欺凌或者成为欺凌被害的比例减少 50% 或者以上（Olweus，1994）。

另外一个类似的项目由史密斯和夏普于 1992 年在英国谢菲尔德市的学校实施（Smith and Sharp，1994）。该项目的重点是制订一个全校范围的反欺凌制度，一方面增进人们对欺凌的认识，另一方面清晰界定教师、学生应对欺凌的角色和职责，由此告诉每个人什么是欺凌以及面对欺凌时应当做些什么。此外，还可以根据每个学校的具体情况量身定制选择性的干预项目，如课程、直接针对学生开展工作（如对被害人进行勇敢自信方面的培训）、操场工作等。该项目对于减少少儿欺凌而言十分成功，但对于大龄儿童而言效果相对要差。

八　帮伙预防项目

在学校，帮伙日益成为问题。学者提出了各式各样旨在减少帮伙活动的对策：帮伙预防课程；服装编号或者统一校服，禁止帮伙着装或者标志；建立帮伙检举热线电话；支持并保护帮伙暴力的受害人；将帮伙活动情况告知孩子家长；访问筛选等（Stephens，1993）。

遗憾的是，多数旨在减少反社会行为的方案举措并未得到有效性方面的验证。然而，一些项目却彰显出良好前景。例如，学者就一个帮伙预防课程与一个针对芝加哥低收入且帮伙活动频繁地区的八年级学生的放学后娱乐活动的组合项目进行评估（Thompson and Jason，1988）。该项目中为期 12 课时的课程内容包括有关于帮伙暴力的教室研讨、帮伙中的毒品滥用、帮伙招募及反招募对策、帮伙结构及其严重性后果、帮伙文化分析等。课程结束后，那些被认为存在加入帮伙风险的少年将受邀参与一个放学后的娱乐活动，活动内容包括：有组织的运动诊所、职业技能训练场、教育辅导项目、社交活动等。

一个比较研究项目以来自两所公立中学的三对学生为研究对象。该项目需要对学生进行配对，配对依据是同一帮伙从两个学校成双地招募人员。研究表明，参与干预项目的学生到八年级之时较少成为帮伙成员。遗憾的是，上述评估项目考察的时间较短，同时考察学生的规模偏小，难以全面反映情况。在上述比较当中，43 名学生中的 4 名学生到当学年末就加入了帮伙组织，而参与干预项目的 74 名学生中只有 1 名学生加入了帮伙组织。

九　校外娱乐项目

校外娱乐项目不由学校负责实施。人们呼吁应当广泛采用该类项目，但问题是该类项目未能得到好的评估。证据表明，少年犯罪的高峰时间是孩子放学后的下午晚些时候（Snyder et al.，1996），正是这一研究结论支撑了如下观点，即有必要提供机会让那些有越轨风险的孩子与正能量孩子以及成年人一起活动，由此让有越轨风险的孩子学会休闲活动技能，同时通过开展放学后的娱乐活动来加强他们与正能量孩子的联系。

就前述项目而言，琼斯和奥弗德（Jones and Offord，1989）就一个针对加拿大安大略省渥太华市 5 岁到 15 岁且居住于政府住宅的低收入家庭孩子的放学后娱乐项目所进行的项目评估具有代表性。该项目工作人员针对这些孩子开设旨在提高其运动、音乐、舞蹈、探险等技能的课程。当孩子达到一定技能水平之后，就鼓励他们加入周边地区的活动社团或者其他竞争性活动当中。由此，将参加该为期 32 个月的项目的孩子与其他居住于政府住宅且很少参加娱乐活动的对照组孩子进行比较。

上述项目很顺利地招募到了参与项目的孩子。项目中 49% 至 71% 的适龄孩子在为期三年的项目时间里至少参加一个项目课程。

与项目实施两年前被拘捕孩子的数量相比，上述项目实施期间被拘捕孩子的数量显著下降，少年犯罪下降比例高达 75%，而没有参与项目的对照组孩子少年犯罪比例却增加了 67%。就成年人而言，很难想象会发生如此幅度的比例变化。上述数据似乎支持了这样的观点，即少年犯罪的改变与少年是否有兴趣参与课后娱乐活动存在关联。此外，与没有参与项目的对照组孩子相比，项目实施之后起因于少年的治安报案数量也显著减少。项目结束后 16 个月，前述积极变化也随即显著下降。

放学后娱乐项目可能是预防反社会行为中一个很有前景的干预性举措，但需要对其进行以研究设计为基础的严谨评估。

十　职业培训与就业

在美国的研究表明，在读书期间过早就业，增加了学业失败以及毒品滥用的风险（Steinberg and Cauffman，1995）。然而，于青少年后期进行职业培训以及就业项目，其目的主要在于增加青少年就业以及增加就业人员的收入，同时伴随的目的还有改善教育的功能以及减少反社会行为。

青少年就业培训项目对就业以及收入增加的效果显著，尽管该积极效果为期不长，即项目结束之后很快消失。关于青少年就业培训项目的 9 个评估已经清楚地阐述了其对犯罪以及越轨的影响。其中，6 个评估认为没有明显影响，一个评估认为导致犯罪行为的增加（Bloom et al.，1994）。在显示积极效果的两个评估当中，减少犯罪这一效果仅仅局限于特定时间之内，即针对学校辍学者提供主要以教育为导向的、强化的、综合性的一揽子服务之时（Cave et al.，1993；Mallar et al.，1982）。也有研究显示个别项目有着针对某些犯罪的长期性的减少犯罪的效果（Mallar et al.，1982）。此外，有研究表明，个别项目最初具有的预防犯罪功效，在项目结束之后 4 年消失（Cave et al.，1993）。

十一　结论

这些年来，就儿童发展事业所做的工作有助于塑造儿童的未来。这一时期，导致儿童出现行为问题的主要风险性因素以及保护性因素均比较稳定。那些未能学会控制攻击行为、未能完成学业、未能致力于学习及教育发展、未能形成抵制反社会行为的个人准则、未能养成抵制从事反社会行为之社会影响的儿童，他们在成年之后有着实施反社会行为的风险。从发展角度看，儿童的在校期间乃是寻求预防他们成年之后实施反社会行为的最佳时间段。由于所有儿童都在这个时间里上学读书，因而以学校为基础的干预措施实际上达到了包括反社会行为风险最高人群在内的所有人群。

最近 20 年以来的研究已经证明，就前述导致儿童成年后实施反社会行为的表征性因素而言，以学校为基础的干预项目产生了有效作用。已经得到证明的有效干预性方法包括如下几项。

一是改善学校及班级管理，以便为孩子们提供更多感知并学习正能量行为的机会。

二是为那些有需求的孩子提供课堂教学辅导，以提高他们的学习成绩。

三是在孩子发展问题上获得家长们的支持和参与。

四是加强学校组织工作，以增加学生的学习机会以及加强学生与学校之间的联系，同时达成学校与家长在致力于儿童发展问题上的共识。

五是通过安排适当课程让孩子们学会有助于实现自我控制或社会交往的情感技能或社交技能。

六是将社交技能及情感技能方面的教育融进小学课堂。

七是通过课程培训或者同伴调解来宣传促进预防暴力或其他反社会行为的行为规范。

此外，那些为孩子们提供放学后参加相关活动并从中受益的项目有着良好的前景，尽管这些项目尚未得到充分检验。最后，那些针对青年的就业及培训项目也具有预防青年未来实施反社会行为的良好潜力。

以上这些预防性措施具有减少孩子成年后实施反社会行为的潜力。随着能够证明这些项目具有减少犯罪风险并提高对青少年保护之证据的日益增加，相应地也需要针对多数干预性项目实施为期更长的跟踪式研究，以便验证这些项目对于成年反社会行为的预防实效。一个值得研究的重要问题是，那些仅仅聚焦于提高学生成绩或者帮助小学学生抑制攻击行为的干预项目是否具有减少或预防学生成年后实施反社会行为的功效。同样重要的还有，要研究那些于不同学习阶段将前述干预性措施予以组合式实施的综合性干预项目是否具有预防反社会的协同性效果。

此外，尚待着力研究的还有，与那些针对整个班级、学校或者社区的干预措施相比较，针对未来反社会行为风险很大的孩子的个人情况予以选择性、个性化干预，其比较成本及优点何在。与那些针对存在学业及行为问题孩子的特别教育相比较，针对小学阶段 6 岁至 11 岁或 12 岁孩子整个班级的旨在提高孩子学业成绩的干预项目似乎更为有效。当然，预防成年反社会行为措施的长期效果如何，仍有待考察研究。

十分清楚的是，前述以学校为基础的干预性项目有着减少儿童期或者青春期反社会行为的潜能。确认这些干预项目具有预防成年后反社会行为的潜力，乃是当下研究的首要方面。

参考文献

1. Abbott，R. D.，O'Donnell，J.，Hawkins，J. D.，Hill K. G.，Kosterman，R. and Catalano，R. F. （1998） Changing teaching practice to promote achievement and bonding

to school. *American Journal of Orthopsychiatry*, 68 (4), 542 – 52.

2. Barber, R. M. and Kagey, J. R. (1977) Modification of school attendance for anelementary population. *Journal of Applied Behavior Analysis*, 10, 41 – 8.
3. Battistich, V, Schaps, E. , Watson, M. and Solomon, D. (1996) Prevention effects of the Child Development Project: Early Findings from an ongoing multisite demonstration trial. *Journal of Adolescent Research*, 11, 12 – 35.
4. Battistich, V, Solomon, D. , Watson, M. and Schaps, E. (1997) Caring school communities. *Educational Psychologist*, 32 (3), 137 – 51.
5. Benenson, W. (1988) *Assessing the effectiveness of a peer based conflict management program in elementary schools.* Unpublished doctoral dissertation, University of Idaho.
6. Bloom, H. S. , Orr, L. L. , Cave, G. , Bell, S. H. , Doolittle, F. and Lin W. (1994) *The National JTPA Study: Overview: Impacts, Benefits and Costs of Title II – A.* Bethesda, MD: Abt Associations, Inc.
7. Botvin, G. J. , Baker, E. , Dusenbury, L. , Botvin, E. M. and Diaz. T (1995) Long – term follow – up results of a randomized drug abuse prevention trial in a white middle – class population. *Journal of the American Medical Association*, 273, 1106 – 12.
8. Bretherton, D. , Collins, L. and Ferretti, C. (1993) Dealing with conflict: Assessment of a course for secondary school students. *Australian Psychologist*, 28, 105 – 11.
9. Brewer, D. D. , Hawkins, J. D. , Catalano, R. F. and Neckerman, H. J. (1995) Preventing serious, violent, and chronic juvenile offending: A review of selected strategies in childhood, adolescence, and the community. In J. C. Howell, B. Krisberg, J. D. Hawkins and J. J. Wilson (eds.), *A Sourcebook: Serious, Violent, and Chronic Juvenile Offenders* (pp. 61 – 141) . Thousand Oaks, CA: Sage Publications.
10. Brooks, B. D. (1975) Contingency management as a means of reducing school truancy. *Education*, 95, 206 – 11.
11. Bry, B. H. (1982) Reducing the incidence of adolescent problems through preventive intervention: One – and five – year follow – up. *American Journal of community Psychology*, 10, 265 – 76.
12. Bry, B. H. and George, F. E. (1979) Evaluating and improving prevention programs: A strategy from drug abuse. *Evaluation and Program Planning* 2, 127 – 36. (1980) The preventive effects of early intervention on the attendance and grades of urban adolescents. *Professional Psychology*, 11 (2), 252 – 60.
13. Catalano, R. F. , Harachi, T. W. , Haggerty, K. P. and Abbott, R. D. (1996 August) Proximal effects of a comprehensive risk and protective factor prevention strategy. In *School – based risk and protective factor – focused drug abuse prevention.* Symposium conducted at the 104th Annual Convention of the American Psychological Association,

Toronto, Canada.

14. Cauce, A. M., Comer, J. P. and Schwartz, D. (1987) Long – term effects of a systems – oriented school prevention program. *American Journal of Orthopsychiatry*, 57, 127 – 31.
15. Cave, G., Bos, H., Doolittle, F. and Toussaint, C. (1993) JOBSTART: *Final Report on a Program for School Dropouts.* New York: Manpower Demonstration Research Corporation.
16. Cave, G, and Quint, J. (1990) *Career Beginnings Impact Evaluation: Findings From a Program for Disadvantaged High School Students.* New York: Manpower Demonstration Research Corporation.
17. Cohen, J. (1988) *Statistical power Analysis for the Behavioral Sciences* (2nd ed.) New Jersey: Lawrence Erlbaum.
18. Comer, J. P. (1988) Educating poor minority children. *Scientific American*, 259, 42 – 8.
19. Committee for Children (1988) *Second Step, grades* 1 – 3, *pilot project* 1987 – 88, *summary report.* Seattle WA: Author. (1989) *Second Step, grades* 4 – 5, *pilot project* 1988 – 89, *Summary report.* Seattle, WA: Author. (1990) *Second Step, grades* 6 – 8, *pilot project* 1989 – 90, *summary report.* Seattle, WA: Author. (1992) *Evaluation of Second Step, preschool – kindergarten, a violence – prevention curriculum kit.* Seattle, WA: Author.
20. Conduct Problems Prevention Research Group (1999a) Initial Impact of the Fast Track Prevention Trial for conduct problems: I. The high – risk sample. *Journal of Consulting and Clinical Psychology*, 67, 631 – 47. (1999b) Initial impact of the Fast Track Prevention Trial for conduct problems: II. Classroom effects. *Journal of Consulting and Clinical Psychology*, 67, 648 – 57.
21. Corporation for Public/Private Ventures (1983) *Longer term Impacts of Preemployment Services on the Employment and Earnings of Disadvantaged Youth.* Philadelphia: Corporation for Public/Private Ventures.
22. Dryfoos, J. G. (1990) *Adolescents at Risk: Prevalence and prevention.* New York Oxford University Press.
23. Evertson, C. M. (1985) Training teachers in classroom management: An experimental study in secondary school classroom. *Journal of Educational Research*, 79 (1), 51 – 8.
24. Evertson, C. M. Emmer, E. T. Sanford, J. P. and Clements, B. S. (1983) Improving classroom management: An experiment in elementary school classrooms. *Elementary School Journal*, 84 (2), 173 – 88.
25. Farrington, D. P. (1991) Children aggression and adult violence: Early precursors and later – life outcomes. In D. J. Pepler and K. H. Rubin (eds.), *Development and*

Treatment of Childhood Aggression (pp. 5 –29) . Hillsdale, NJ: Erlbaum.

26. Felner, R. D. , Brand, S. , Adan, A. M. , Mulhall, P. F. , Flowers, N. , Sartain, B. and DuBois, D. L. (1993) Restructuring the ecology of the school as an approach to prevention during school transition: Longitudinal, follow – ups and extensions of the School Transition Environment Project (STEP) . *Prevention in Human service*, 10, 103 –36.
27. Gainer, P. S. , Webster, D. W. and Champion, H. R. (1993) A youth violence prevention program: Description and preliminary evaluation. *Archives of Surgery*, 128, 303 –8.
28. Gold, M. and Mann, D. W. (1984) *Expelled to a Friendlier Place: A Study of effective alternative Schools.* Ann Arbor, MI: University of Michigan.
29. Goleman, D. (1995) *Emotional Intelligence.* New York: Bantam Books.
30. Gottfredson, D. C. (1986) An empirical test of school – based environmental and individual interventions to reduce the risk of delinquent behavior. *Criminology*, 24, 705 – 31. (1987) An evaluation of an organization development approach to reducing school disorder. *Evaluation Review*, 11, 739 –63.
31. Greenberg, M. T. (1996) *The PATHS project: Preventive intervention for children – A final report to NIMH (Grant No. ROIMH*42131) . University Of Washington: Author.
32. Greenberg, M. T. and Kusche, C. A. (1993) *Promoting Social and Emotional Development in Deaf Children: The PATHS project.* Seattle: University of Washington Press.
33. Grossman, D. C. , Neckerman, H. J. , Koepsell, T. , Asher, K. , Liu, P. Y. , Beland, K. , Frey, K. and Rivara, F. P. (1997) A randomized controlled trial of a violence prevention curriculum among elementary school students. *Journal of the American Medical Association*, 277, 1605 –11.
34. Hammond, W R. and Yung, B. R. (1991) Preventing violence in at – risk African – American youth. *Journal of Health Care for the Poor and Underserved* 2, 359 – 73. (1992) *Evaluation and activity report: Positive Adolescents Choices Training (PACT), program.* (Grant No. MCJ – 393A1501 – 0. Ohio Governor's office of Criminal Justice Services) . Dayton, OH: Wright State University. School of Professional Psychology. (1993) Psychology's role in the public health response to assaultive violence among young African – American men. Special Issue: Adolescence. *American Psychologist*, 48 (2), 142 –54.
35. Hausman, A. J. , Spivak, H. , Prothrow – Stith, D. and Loeber, J. (1992) Patterns of teen exposure to a community – based violence prevention project. *Journal of Adolescent Health*, 13, 668 –75.
36. Hawkins, J. D. , Catalano, R. F. , Brown, E. O. , Vadasy, P. F. , Roberts C. , Fitzmahan, D. , Starkman, N. and Ransdell, M. (1988) Preparing for the drug (free) years: A family activity book. Seattle, WA: Comprehensive Health Education

Foundation.

37. Hawkins, J. D., Catalano, R. F., Jones, G and Fine, D. N. (1987) Delinquency prevention through parent training: Results and issues from work in progress, in J. Q. Wilson and G. C. Loury (eds.), *From Children to Citizens: vol. 3. Families, Schools, and Delinquency Prevention* (pp. 186 – 204). New York: Springer – Verlag.

38. Hawkins, J. D., Catalano, R. F., Kosterman, R., Abbott, R. D. and Hill, K. G. (1999) Preventing adolescent health – risk behaviors by strengthening protection during childhood, *A rchives of Pediatrics & Adolescent Medicine*, J53, 226 – 34.

39. Hawkins, J. D., Catalano, R. F., Morrison, D. M., O'Donnell, J., Abbott, R D. and Day, L. E. (1992) The Seattle Social Development Project: Effects of the first four years on protective factors and problem behaviors. In J. McCord and R. Tremblay (eds.), *The Prevention of Antisocial Behavior in Children* (*pp.* 139 – 61). New York: Guilford.

40. Hawkins, J. D., Farrington, D. P. and Catalano R. F. (1998) Reducing violence through the schools. In D. S. Elliott, B. A. Hamburg and K. R. Williams (eds.), *Violence in American Schools* (pp. 188 – 216). New York: Cambridge University Press.

41. Hawkins, J. D., Von Cleve, E. and Catalano, R. F. (1991) Reducing early childhood aggression: Results of a primary prevention program. *Journal of the American Academy of Child and Adolescent Psychiatry*, 30, 208 – 17.

42. Jenkins, J. and Smith, M. (1987) *Mediation in the Schools*: 1986 – 87 *Program Evaluation*. Albuquerque: New Mexico Center for Dispute Resolution.

43. Jones, M. B. and Offord, D. R. (1989) Reduction of antisocial behavior in poor children by nonschool skill – development. *Journal of Child Psychology and Psychiatry*, 30 (5), 737 – 50.

44. Kellam, S. G. and Rebok, G. W. (1992) Building developmental and etiological theory through epidemiologically based preventive intervention trials. In J. McCord and R. E. Tremblay (eds.), *Preventing Antisocial Behavior: interventions From Birth Through Adolescence* (pp. 162 – 95). New York: Guilford.

45. Kellam, S. G., Rebok, G. W., Ialongo, N. and Mayer, L. S. (1994) The course and malleability of aggressive behavior from early first grade into middle school: Results of a developmental epidemiology – based preventive trial. *Journal of Child Psychology and Psychiatry*, 35 (2), 259 – 81.

46. Kodluboy, D. W. and Evenrud, L. A. (1993) School – based interventions: Best practices and critical issues. In A. P. Goldstein and C. R. Huff (eds.), *The Gang intervention Handbook*. Champaign, IL: Research Press.

47. Loeber, R. (1990) Development and risk factors of juvenile antisocial behavior and delinquency. *Clinical Psychology Review*, 10, 1 –41.

48. Loeber, R. and Hay, D. (1996) Key issues in the development of aggression and violence from childhood to early adulthood. *Annual Review of Psychology*, 48, 371 –410.

49. Lowenstein, L. F. (1991) The study, diagnosis and treatment of bulling in a therapeutic community. In M. Elliott (eds.) *Bulling: A practical Guide to Coping for Schools.* Harlow: Longman.

50. Madden, N. A., Slavin R. F., Karweit, N. K., Dolan, L. J. and Wasik, B. A. (1993) Success for All. Longitudinal effects of a restructuring program for inner – city elementary schools. *American Educational Research Journal*, 30, 123 –48.

51. Maguin E. and Loeber, R. (1996) Academic performance and delinquency. In M. Tonry (ed.), *Crime and Justice: A Review of research*, vol. 20, (pp. 145 –264). University of Chicago Press.

52. Mallar, C., Kerachsky, S., Thornton, C. and Long, D. (1982) *Evaluation of economic impact of the Job Corps program, third follow – up report.* Princeton, NJ: Mathematica Policy Research.

53. Marvel, J., Moreda, I. and Cook, I. (1993) *Developing Conflict Resolution Skills in students: A Study of the Fighting Fair Model.* Miami, FL: Peace Education Foundation.

54. Mrazek, P. J. and Haggerty, R. J. (eds.) (1994) *Reducing Risks foe mental Disorders: Frontiers for Preventive Intervention Research.* Washington, DC: National Academy Press.

55. Murphy, H. A., Hutchinson, J. M. and Bailey, J. S. (1983) Behavioral school psychology goes outdoors: The effect of organized games on playground aggression. *Journal of Applied Behavioral Analysis*, 16, 29 –35.

56. O'Donnell, J., Hawkins, J. D., Catalano, R. C., Abbott. R. D. and Day, L. E. (1995) Preventing school failure, drug use, and delinquency among low – income children: Long – term intervention in elementary schools. *American Journal of Orthopsychiatry*, 65, 87 –100.

57. O'Leary, K. D. and O'Leary, S. G. (1977) *Classroom Management: the Successful Use of Behavior Modification* (2nd ed.) New York: Pergamon.

58. Olweus, D. (1991) Bully/victim problems among schoolchildren: Basic facts and effects of an intervention program. In K. Rubin and D. Pepler (eds.) *the Development and Treatment of Childhood Aggression*, (pp. 411 –48). Hillsdale, NJ: Erlbaum. (1994) Bullying at schools: Basic facts and effects of a school based intervention program. Journal of Child Psychology and Psychiatry, 35, 1171 –90.

59. Robins, L. N. (1978) Sturdy childhood predictors of adult anti – social behavior: Replications from longitudinal studies. *Psychological Medicine*, 8, 611 – 22.

60. Safer, D. J. (1982) Special education and programs for behavior problem youth. In D. J. Safer (ed.), *School Programs for Disruptive Adolescents.* Baltimore: University Park Press. (1990) A school intervention for aggressive adolescents. In L. J. Hertzberg, G. F. Ostrum and J. R. Field (eds.), *Violent Behavior*, *Volume* 1: *Assessment and Intervention.* Great Neck, NY: PMA Publishing Corporation.

61. Shapiro, J. Z., Gaston, S. N., Hebert, J. C. and Guillot, D. J. (1986) *LSYOU* (*Louisiana State Youth Opportunities Unlimited*) *Project Evaluation.* Baton Rouge, LA: Co1lege of Education, Louisiana State University.

62. Shure, M. D. and Spivack, G. (1980) Interpersonal problem solving as a mediator of behavioral adjustment in preschool and kindergarten children. *Journal of Applied Developmental Psychology*, 1, 29 – 44. (1982) Interpersonal problem – solving in young children: A cognitive approach to prevention. *American Journal of Community Psychology*, 10, 341 – 56. (1988) Interpersonal cognitive problem solving. In R. H. Price, E. L. Cowen, R. P. Lorion and J. Ramos – McKay (eds.), 14 Ounces of Prevention: A Casebook for Practitioners (pp. 69 – 82). Washington, DC: *American Psychological Association.*

63. Slaby, R. and Guerra, N. (1988) Cognitive mediators of aggression in adolescent offenders. *Developmental Psychology*, 24, 580 – 8.

64. Slavin, R. E., Karweit, N. L. and Wasik, B. A. (1994) *Preventing Early School Failure.* Needham Heights, MA: Allyn & Bacon.

65. Slavin, R. E., Madden, N. A., Dolan, L. J., Wasik, B. A., Ross, S., Smith, L and Dianda, M. (1 996) Success for All: A summary of research. *Journal of Education for Students Placed At Risk*, 1 (1), 41 – 76.

66. Slavin, R. E., Madden, N. A., Karweit, N. I., Liverman, B. J. and Dolan, N. (1990) Success for All: First year outcomes of a comprehensive plan for reforming urban education. *American Educational Research Journal*, 27, 255 – 78.

67. Smith, P. K. and Sharp, S. (1994) *School Bullying.* London: Routledge.

68. Snyder, P. K., Sickmund, M. and Poe – Yamagata, E. (1996) *Juvenile Offenders and Victims*: 1996 *Update onViolence.* Washington DC: Office of Juvenile Justice and Delinquency Prevention.

69. Steinberg, L. and Cauffman, A. (1995) The impact of employment on adolescent development. In V. Ross, et al. (eds.), *Annals of Child Development*: *A Research Annual. vol.* 11, (pp. 131 – 66). London, England, U K: . Iessica Kingsley Publishers, Ltd.

70. Stephens, R. J. (1993) School – based interventions: Safety and security. In A. P. Goldstein and C. R. Huff (eds.), *The Gang Intervention Handbook* (pp. 219 – 56). Champagne, IL.: Research Press.

71. Thompson, D. W. and Jason, L. A. (1988) Street gangs and preventive interventions. *Criminal Justice and Behavior*, 15, 323 – 33.

72. Tolson, E. R., McDonald, S. and Moriarty, A. R. (1992) Peer mediation among high school students: A test of effectiveness. *Social Work in Education*, 14, 86 – 93.

73. Walker, G. and Vilella – Velez, F. (1992) *Anatomy of a Demonstration: STEP From pilot Through Replication and Postprogram Impacts.* Philadelphia: Public/Private Ventures.

74. Weissberg, R. P., Barton, H. A. and Shriver, T. P. (1997) The Social – Competence Promotion Program for Young Adolescents. In G. W. Albee, Gulotta, T. P. el al. (eds), *Primary Prevention Works. Issues in Children's and Families' Lives*, *vol.* 6 (pp. 268 – 290). Thousand Oaks, CA: Sage Publications, Inc.

75. Weissberg, R. P. and Greenberg, M. T. (1997) School and community competence – enhancement and prevention programs. In W. Damon (Series ed.), I. E. Sigel and K. A. Renninger (vol. eds.), *Handbook of Child Psychology*: *vol.* 5. *Child Psychology in Practice* (5th ed., pp. 877 – 954). New York: John Wiley & Sons.

人物访谈

论法治与德治

——梁治平教授访谈

梁治平[*]　　夏纪森[**]

梁治平教授简介

梁治平，1982 年毕业于西南政法学院法律系，获得法学学士学位，1985 年毕业于中国人民大学法律系，获得硕士学位，毕业后留校任教。1993 年调入中国艺术研究院中国文化研究所，现为研究员。曾赴欧美游学。2002 年，参与创办洪范法律与经济研究所，并担任所长至今。梁治平教授被誉为“法律文化论的开创者”，其代表性著作有《寻求自然秩序中的和谐：中国传统法律文化研究》、《法辨》、《清代习惯法：社会与国家》、《法律的文化解释》（编）等，其中，《法辨：中国法的过去、现在与未来》被评为“1978—2014 影响中国法治图书奖”。

被访者：梁治平（以下简称“梁”）

采访者：夏纪森（以下简称“夏”）

夏：梁老师，您好！非常高兴您能接受我们的访谈。我们知道，中国当下的法治运动可以追溯到 1978 年的中共十一届三中全会。自那时起到今天，已经走过了近 40 年的历程。您认为，在这场法治运动中起主导作用的因素是什么？

梁：观察中国当下法治运动的发展，可以采取非常不同的视角。视角不同，看到的东西就不一样，划分的阶段也因此有所不同。不过，无论采取什么视角，有一个基本事实无法否认，那就是，中国共产党政治和法律意识的转变，以及在这种意识指导下采取的战略调整和举措，对于这场运动的发生和发展具有不容置疑的主导作用。1978 年的中共十一届三中全

* 梁治平，中国艺术研究院研究员。

** 夏纪森，常州大学史良法学院副教授，法学博士。

会、1997 年的中共十五大报告和 2014 年的中共十八届四中全会这几个重要的时间节点和政治事件可以作为划分这场运动发展阶段的界标。

夏：十一届三中全会开启了中国的这场法治运动，意义重大。能否请您具体谈一下？

梁：十一届三中全会是这场法治运动开始的标志。这次会议召开的时间，正是“文革”结束、中国正面临向何处去的历史抉择的关键时刻。会议凝聚了党内共识，决定放弃此前“以阶级斗争为纲”的革命路线，而转向“社会主义现代化建设”，从而开启了一个新的时代。作为这一历史转向的一环，“民主与法制”建设也成为这次会议的中心议题之一。会议在这方面的决定，直接开启和推动了中国的法治运动，并且确定了这场运动发展的方向、性质和范围。

中共十一届三中全会确立的路线，在四年后制定的宪法中得到确认。这是中共建政之后的第四部宪法，也是中国走出“文革”进入改革开放时代的第一部宪法。这部现在依然有效的宪法，确定了今天中国国家的基本制度架构，以及现今文明世界中通行的宪法原则，包括一些基本的公民权利。而且，与之前的几部宪法不同，在宪法的篇目结构上，它把“公民的基本权利和义务”放在“国家机构”之前，以体现保障公民权利的原则。所有这些，在这部宪法制定的 1982 年，无疑都代表了一种具有历史意义的转向。

总之，1978 年以后，伴随着立法和司法制度的重建，法律教育、法学研究的恢复，全社会的法律意识尤其是公民权利意识也开始生长，在此过程中，“法治”（而不只是“法制”）的概念逐渐凸现，得到越来越多的社会认同，最终为执政党所接受和吸纳。

夏：在中国的法治运动中，1997 年的中共十五大被一些学者认为具有里程碑的意义。相对于十一届三中全会，您认为，十五大的报告有了哪些重大变化？它对后来的法治建设有什么指引意义？

梁：在这次大会的报告中，首次出现了“依法治国，建设社会主义法治国家”的说法，同时，“依法治国”还被宣布为“党领导人民治理国家的基本方略”。同样是在这份文件里，“尊重和保障人权”被确定为中共执政的主要目标。中共执政以来，在党的具有最高权威的文件中明确提出和肯定“法治”和“人权”，这是第一次。此外，这份报告还提出了一项堪称宏大的立法目标，那就是，到 2010 年，要“形成中国特色社会主义法律体系”。

十五大以后，我们看到，1999 年，九届全国人大二次会议通过了宪法修正案，经过修订的宪法第 5 条第 1 款规定："中华人民共和国实行依法治国，建设社会主义法治国家。"2004 年，第十届全国人民代表大会第二次会议再次通过宪法修正案，规定"国家尊重和保障人权"。"人权"概念也被写进了宪法。最后，2011 年，十一届全国人大四次会议第二次全体会议宣布："中国特色社会主义法律体系已经形成。"到那一年（2011 年），中国有全国人大及其常委会制定的法律二百多部，国务院制定的行政法规将近七百部，各种地方法规和政府规章则数以万计。然而，这并不意味着中国法治运动即将完成。2014 年，以法治问题为单一议题的中共十八届四中全会召开，这次会议在把全中国甚至全世界的目光都聚集在中国的法治问题上的同时，似乎开启了中国法治运动的又一个新阶段。

夏：十八届四中全会是中共历史上第一次把"法治"设为会议议题的大会，这次会议作出的决定，即《中共中央关于全面推进依法治国若干重大问题的决定》（以下简称"《决定》"），内容极其丰富。您认为，这次会议的决定重点强调的内容有哪些？

梁：首先，我们必须承认，中共历史上，把"法治"设为一次全会的唯一议题，十八届四中全会是第一次。其次，我们也看到，这次会议作出的决定，即《中共中央关于全面推进依法治国若干重大问题的决定》，内容非常广泛和丰富。它重新阐述了一些旧的原则，提出了一些新的原则，它提出的法律方面的改革举措，据统计，有 186 条之多。《决定》给人的另外一个深刻印象，是"法治"的语词爆炸，比如法治道路、法治体系、法治理论、法治原则、法治国家、法治政府、法治社会、法治中国，等等。显然，在经过三十多年的法律发展之后，"法治"的概念不但被执政党所接受，而且毫无争议地成为中共政法话语中的核心概念。细心的观察者还会发现，《决定》重申了"依法治国"，重点却是在"全面推进"这几个字上。的确，在构想和讨论"依法治国"问题时，《决定》非常强调和突出"全面"。比如讲法治体系，就包含了规范体系、实施体系、监督体系和保障体系四个方面；讲依法治国的同时，还强调依法执政、依法行政；谈论法治，除了注重国家和政府，还强调社会。如果更进一步，我们还会发现，所谓"全面推进依法治国"，只是所谓"四个全面"中的一个，而这"四个全面"正在成为新一届中共领导人的政治标签。对一个严肃的观察者和思考者来说，这些关于法治的表述值得认真对待，它们是我们观察中国法治运动下一阶段发展的重要窗口。

夏：梁老师，通过您刚才对法治运动的这三个阶段的描述，我们对法治理念的认识显然是随着社会的发展逐步深入的。您认为，在法治理念的认知上呈现哪些变化？

梁：从上面对中国法治运动发展阶段的初步描述中，至少可以引申出这样几点观察意见。首先是一个从“法制”到“法治”的概念变化。其次是十六字方针表述的变化。最后，在《决定》里，作为一项战略决策，“全面依法治国”是同“促进国家治理体系和治理能力现代化”的目标联系在一起的。

夏：从“法制”概念到“法治”概念的变化，这其中的意蕴是什么呢？

梁：中国当代法治运动，始于1978年中共提出“民主与法制”建设这一历史性转变，而促成这种转变的原因，是当时的中共领导层意识到，“文革”期间那种不受制度约束的个人统治方式不可持续，也不可接受。因此，毫不奇怪，有关“人治”还是“法治”的讨论，就成为这个阶段最重要也最受瞩目的争论之一。在这场争论中，许多学者不满足于官方提出的“法制”概念，而主张代之以“法治”概念。他们强调这两个概念之间的区别，认为前者为中性概念，甚至可以落入“人治”的范畴，而后者作为一项原则，完全与“人治”相对立。他们还认为，中国也有“以法治国”的传统，但是没有“法治”，后者源于近代西方。有趣的是，汉字“制”与“治”二字音同而形异，因此，基于这两个汉字的形、音、义所做的语词和概念上的辨析，如“刀治（制）”和“水治”的说法，也就变得饶有趣味。

夏：从“十六字方针”到“新十六字方针”，这种变化又意味着什么呢？

梁：在中共十一届三中全会公报里，我们看到一个关于“法制”（“以法治国”）的包含十六个字的公式化表述：“有法可依，有法必依，执法必严，违法必究。”我称之为中国法治的“四句诀”，也有人称之为“十六字方针”。在中共十八届四中全会的决定里，这个表述变成了“科学立法、严格执法、公正司法、全民守法”。仍然是四句口诀，仍然是十六个字，但在内容上，除了“严格执法”这一句前后无变化之外，其他三句都有改变。首先，立法仍然排在首位，但是强调的不再只是“有法”，而是立法的品质，即“科学”—— 一个非常具有“中国特色”的限定词。“科学立法”之说似乎可以同《决定》在同一部分提及的另外两个概念联系起来理解，那就是“良法”和“善治”，后者出现在党的如此正式和权威的文件中，如果不是第一次，也是相当罕见的。其次，比较原来的表述，新的法治公式明确建立在立法、行政、司法三分的基础上，不但单独列出“司法”一项，而且特别强调了司法的公正性。最后，新公式新增了一项：“全民守法”。理论上说，“全民”包括所有人，从普通民众，到政府官员、司法人员，还包括党的领导在内的所有党员，不过在汉语里，传统上，“民”是区别于“官”的群体，而在过去的法律普及运动中，被要求“知法”并养成“守法”习惯的，事实上也主要是社会大众。《决定》对“全民守法”的要求，重点也是放在社会的一面，不过它同时也明确把“领导干部”和“国家工作人员”纳入其中。更值得注意的是，《决定》特别强调要让“全体人民都成为社会主义法治的忠实崇尚者、自觉遵守者、坚定捍卫者”。因为，根据《决定》的说法：“法律的权威源自人民的内心拥护和真诚信仰。”

夏：“全面依法治国”是与“促进国家治理体系和治理能力现代化”的目标联系在一起的，这与1978年提出的服务于“四个现代化”的目标有何不同呢？

梁：在《决定》里，作为一项战略决策，“全面依法治国”是同“促进国家治理体系和治理能力现代化”的目标联系在一起的，后者也被说成是“第五个现代化”。而在1978年，“民主与法制”议题的提出，正是为了服务于“四个现代化”的目标。这表明，在执政党那里，法律的运用，无论是法制建设还是全面推进依法治国，也不管是叫法制还是法治，都指向特定的政治、社会与经济目标，并且与特定的社会条件相联系。换言之，中国法治运动中所发生的种种改变，不但表明了法律本身的发展，也不同程度地折射出中国社会的变迁，这种变迁所带来的各种问题，以及执政党面对挑战时所采取的对策。如果用一句话来概括这些对策所遵循的根本立场和原则，那就是“中国特色社会主义法治”。

夏：“中国特色社会主义”的法治观具有某种普适特征，但同时又呈现某种特殊性。如果不仔细审视“中国特色社会主义法治”的含义，就不可能完整地了解当代中国法治运动的真实含义。您认为，对于这一核心概念该如何理解呢？

梁：对这个概念分析可以从句子结构开始。这个句子包含两个部分，主词和主词前面的限定词。主词是“法治”，主词前面的限定词是“中国特色社会主义”。

我们先从主词“法治”谈起。从字面上理解，无论在汉语还是英语当中，法治的意思都是区别于人治的法的统治，因此，在形式上，法治首先意味着法的权威性和至上性。不过在现实世界中，法治有不同面貌，人们对法治的理解、定义和表述更是各不相同。我们这里要讨论的当然只能是中共自己对法治的理解和表述，为此，我们可以再次回到 1978 年的中共十一届三中全会。在会议公报专门讨论“民主与法制”问题的第三部分，“加强社会主义法制”明确要求：法律“具有稳定性、连续性和极大的权威”，“法律面前人人平等”，“不允许任何人有超于法律之上的特权”。国家政治、经济、文化和社会生活的重要方面必须“有法可依”，为此，要建立“法律体系”，并依据社会发展需要不断予以完善。法律一经制定，就必须严格地实施和执行。任何违反法律的行为都将受到追究，并被依法处置。所谓“有法必依，执法必严，违法必究”，不仅强调了法律的严格性，而且隐含法律自主之义，即法律独立于世，其实施不受任何其他势力的影响和干扰。由此引出下面对检察机关和司法机关“独立性”的要求。“检察机关和司法机关要保持应有的独立性”，“忠实于法律”。法律是“人民自己的法律”，严格遵守和适用法律就应该与“人民利益”相一致，而法律上讲的“事实”，通常是通过适当的程序和证据规则来达成的。所以，根据这一表述，法律如果不是检察机关和司法机关效忠的唯一对象，也是其效忠对象最核心的部分。

此外，在关于“社会主义法制”的叙述之中，还包括：法律必须是由“全国人民代表大会及其常务委员会”制定和公布，通过专门的司法机关来适用。法律既然被要求认真对待和严格执行，它就必须是可执行的。法律既已订立，其执行即成关键，而在这一环节，将行政行为置于法律支配之下尤为重要。要有效发挥法律的作用，在立法和司法之外，完备的律师制度必不可少，律师在法律系统中的地位必须有制度上的保障。此外，为培养法律人才，提升法律品质，必须设立专门的法律教育机构，开展法学研究。最后，也是最重要的，规定和体现法律至上原则的宪法，其本身也要切实可行。与宪法相悖的行为，包括抽象的立法行为，都应当被宣布无效。

显然，在今天的中国，包含上述内容的法治并未完整和充分地呈现，但那只是说明，在中国，法治，即使是按照三中全会公报的界说，仍是一项尚未完成的事业。因为，上面提到的这些明示的和默示的法治要素，在理论上和逻辑上并非外在于中共自己提出的法治主张，在实践上也并非外在于过去30多年的法治运动。在最近这次有关依法治国的《决定》中，加强宪法实施和宪法监督，强化法律对行政权力的控制，完善司法保障制度以减少和消除对司法的不当干预，都是众多改革举措中不容忽视的部分。

根据上面的分析，冠以“中国特色社会主义”的法治观看上去具有某种普适特征。的确，法治的中国表达包含了某种普适性要素，这种表达甚至符合当代世界最低限度的法治概念。考虑到过去50年中共面临和试图解决的问题，考虑到过去30多年中国社会所经历的变化，以及今天中国与世界的关系，这种情况不难解释。但这并不是故事的全部。因为，假若没有仔细审视作为限定语的“中国特色社会主义”的含义，就不可能完整地了解当代中国法治运动的真实含义。

夏：那么，该如何理解“中国特色社会主义”的内涵呢？

梁：“中国特色社会主义”是一个双重限定语。其中，“中国特色”一词尤为重要，因为它同时限定了“社会主义”和“法治”。比较“社会主义”这个限定词，“中国特色”一词指涉范围更小，也更具特殊性质，但同时又可以套用于几乎所有事务。在这个意义上，是否符合“中国特色”就成了一切主张、道路证明其正当性需要满足的最高判准。

“共产党的领导”是“中国特色社会主义的根本特征”。在“中国特色社会主义”这个限定语中，作为最高判准的“中国特色”所指向的，不是某种学说、原则、理论或者意识形态，而是复杂多变的社会现实，是行动的结果。因此，强调“中国特色”，凸显的是做出判断、提出主张和付诸行动的能动性。而在中国，具有这种能动性的政治主体只有一个，那就是中国共产党。党有独立的意志，党能够独自做出判断和决策，更有严密的组织和有效的手段来贯彻其意志，维护其领导地位。由于党（也只有党）能够对什么是社会主义以及人民的根本利益作出判断，并根据中国社会的具体情况随时调整其政策，保证正确的方向，“坚持党的领导”就不仅是“中国特色”的核心要素，也是保持“中国特色”的前提条件。因此，“党的领导”不仅是中国特色社会主义法治的第一原则，而且是贯穿于国家和社会所有领域的超级原则。

夏：“中国特色社会主义”的核心既然是“党的领导”，那么，党的领导和法治是一种什么样的关系呢？

梁：对这个问题的回答，取决于如何理解和定义“党的领导”。如果“党的领导”仅仅意味着以往的治理方式，那么，“中国特色社会主义法治”就是一个自相矛盾的表述。因为，按照前面的分析，在旧的治理模式下，无论制定多少法律，设立多少法院，都不可能达成法治的目标。但是，党的领导可以，也应该采取法治的形式。我们可以设想这样一种局面：中国共产党领导立法，通过法律实现其政策目标；党、政分离，二者之间的界限由法律做出明晰划分，党并不介入政府日常行政事务，所有国家事务均受法律的规范和支配，所有行政行为都服从司法审查；政治和法律之间有适度的区隔，司法机关只忠实于法律，适用法律只看行为合法与否；党员依然可以担任各级政府官员和法官，但在履行法律所赋予的职责的时候，他们只服从于法律，而不是法律以外的其他要求。这仍然是党的领导吗？当然是。既然法律是在党的领导下制定的，是党的政策的法律化，服从法律就是服从党的领导。只不过，这里采取的是法治的形式，党的领导通过法治的形式得到体现和实现。党的意志必须转化为法律才能贯彻实施；党要服从法律，哪怕这些法律是在它领导下制定的；党的组织和机构不能以决定或指示等方式介入应由法律管理的事务；也不再有任何一个党的机构能够代行政府职能，同时其行为又免受司法的审查。一句话，党受到法律无所不在的约束。然而，这并不意味着党的领导被削弱了，恰恰相反，党因为自愿以理性方式约束自己的行为而变得更加强大，党的领导因为采取法治的形式而变得更加稳固。随着治理的中心从党转移到法，党的领导的社会基础将大为扩大，治理能力也会得到极大改善。比如，国家治理既然不以党内控制为手段，以往主要保留给党员的重要位置，可以开放给更大范围的人群，这有利于党吸纳更多资源，获取更大支持。与此同时，因为不再凡事以政治标准为第一标准，所有专业人士都能够专注于自己的领域，致力于提高专业水平，维护职业标准，完善社会分工与合作，从而更好地满足现代社会的需求。而一旦在法治的基础上建立了秩序，社会生活就会变得更加稳定和可以预期，多样的社会需求经由不同渠道得到满足，社会压力也通过各种通道得以释放，这样，提高治理能力的目标也就达到了。显然，这样的法治符合“中国特色社会主义法治”的定义，也合乎党和国家的长远利益。

夏：梁老师，在《中共中央关于全面推进依法治国若干重大问题的决定》中不仅强调了法治，同时也强调了德治的重要性，要让“法律和道德共同发挥作用”。这意味着什么？

梁：这表明，今天中国共产党在思考国家和社会治理问题时，已经不再仅仅关注制度和法律本身，它的关注点已经从法律扩展到道德，从国家延伸到社会，由制度推及个人。这种关注点的转变产生了一些新的思考和论述。我们注意到，中共十八届四中全会《决定》的主题词是“全面推进依法治国”，其中，副词“全面”二字是新增的。把道德与法律、社会与国家、政治与文化、现代与传统等要素同时纳入关于国家治理的思考范围，无疑体现了一种“全面”的视野。接下来，在关于“全面推进依法治国”的“总目标”的核心段落中，我们读到一连串具有“全面”意味的排比句，比如，“坚持法治国家、法治政府、法治社会一体建设”。其中，关于“法治社会”的详尽论述，占了《决定》的整整第五部分。这个部分的题目是：“增强全民法治观念，推进法治社会建设”。总体来说，法治与德治相结合原则包含至少三个主题，我称之为信仰主题、道德主题和社会主题。

夏：信仰主题主要包含哪些内容？

梁：《中共中央关于全面推进依法治国若干重大问题的决定》指出：

> 法律的权威源自人民的内心拥护和真诚信仰。人民权益要靠法律保障，法律权威要靠人民维护。必须……建设社会主义法治文化，增强全社会厉行法治的积极性和主动性，……使全体人民都成为社会主义法治的忠实崇尚者、自觉遵守者、坚定捍卫者。

这段话里最引人注意的，大概就是“信仰”这两个字了。人民如果对法治有发自内心的“真诚信仰”，自然能做到“忠实崇尚”、“自觉遵守”和“坚定捍卫”法治。中共讲的对法治的信仰，性质上大概类乎儒家强调的“德”。那么，接下来的问题是，怎样才能在人民中间建立起对法治的信仰，让人民成为法治的“忠实崇尚者、自觉遵守者、坚定捍卫者”呢？在我看来，要实现这个目标，至少要满足两个基本条件。第一，执政者要把人民视为道德上的主体，尊重他们的选择，实现他们的梦想（至少是在法律不禁止的范围内）。不但不能像历史上的法家那样，限制人民的自由，禁锢人民的思想，驱策他们就像成群的猪、羊一般，甚至也不能像儒家那样，把人民看成是不具有自治能力，只能由圣君贤相来教化和治理的子民。第二，建立法治信仰，执政党必须以身作则，党的各级组织，所有国家机构，各级政府官员，都要尊重法律的权威，严格依法行事。这里面，司法机关和法律人群体尤其要表现出对法律的忠诚，并以这种方式来表现他们对法治的信仰。理论上说，这些本来都是“全民守法”要求的一部分，但是要求执政者、治理者率先垂范，做法治信仰的模范，除了因为这些是法治得以实现的重要条件，也是因为，在中国语境里，这一点具有特殊的政治和文化意义。政治上，这意味着党转向法治的开始；文化上，这意味着依法治国和以德治国相结合的一个成功范例。

夏：那么，道德主题的内容呢？

梁：关于道德主题，在《中共中央关于全面推进依法治国若干重大问题的决定》中，有这样一段话：

> 加强公民道德建设，弘扬中华优秀传统文化，增强法治的道德底蕴，强化规则意识，倡导契约精神，弘扬公序良俗。发挥法治在解决道德领域突出问题中的作用，引导人们自觉履行法定义务、社会责任、家庭责任。

这段话涉及的内容非常广泛，论及法律、道德、习俗，无论传统的还是现代的，还有不同社会领域中人民的道德、责任和义务。它的主旨，是要调和各种不同来源、不同性质的规范，实现法律与道德的相互支持，从而造就一个和谐稳定的国家与社会秩序。显然，这也是一个重大同时也不容易达成的目标。比如，道德主题中有一个原则性的表述很值得注意。这个原则性表述是："发挥法治在解决道德领域突出问题中的作用。"具体地说，法治要能够"引导人们自觉履行法定义务、社会责任、家庭责任"。但在实际生活中，这些义务和责任不一定总是一致的。又比如，道德和法律关系上的一个重要概念是"公序良俗"，由于这个概念早已写进了法律，所以，"弘扬公序良俗"的说法可能意味着加重司法裁判中的道德考量。不过，从实践的角度看，这种要求至少面临两个方面的困难，即一方面，面对日益复杂和多样的现代社会生活，如何确定"公序良俗"，并把这种司法上的判定建立在广泛的社会共识的基础之上；另一方面，如何在维护社会价值和保守法律价值之间找到平衡点，从而把对于社会道德的考量融入而不是强加于司法程序和法律推理。

夏：社会主题在《决定》中又是如何体现的呢？

梁：社会主题主要体现在《决定》中的这段文字里：

> 推进多层次多领域依法治理。……深入开展多层次多形式法治创建活动，深化基层组织和部门、行业依法治理，支持各类社会主体自我约束、自我管理。发挥市民公约、乡规民约、行业规章、团体章程等社会规范在社会治理中的积极作用。

这段话的重点是社会组织和社会规范。与道德主题提到的社会责任和家庭责任等不同，这里讲的社会规范主要基于“各类社会主体”的“自我约束”和“自我管理”，因此表现为“市民公约”“乡规民约”“行业规章”“团体章程”等。换句话说，这些社会规范是各种社会组织开展自主活动的产物。从法律社会学的观点看，它所展示的似乎是一幅法律多元的图景。这种看上去是对社会组织自主性和社会规范多元性的认可，与既往极度强调思想、规范和行动一致性的一元秩序形成了鲜明的对照。按照这样的理解，这段论述，加上前面的两个主题，可以被看成是一种从“国家”中解放“社会”，重建社会和个人自主性，恢复和增强社会生机，进而振兴道德的有意识的努力。

要建立人民对法治的“内心拥护和真诚信仰”，首先要尊重每个人精神上的自由和自主；要让“各类社会主体”参与“法治创建活动”，发挥各种“社会规范在社会治理中的积极作用”，就要先承认和尊重这些“社会主体”的自主性，为他们成长提供足够广大的空间；要在主张法治的同时不废德治，就要尊重所有的道德主体，尊重他们道德上的追求和选择。一句话，要实现上面这些目标，就要承认和尊重差异性，讲求多元而不是一元，强调“和”而不是“同”。我们都熟悉一句古语，叫作“和而不同”。这句话出自孔子，讲的是君子之道。不过，“和”不只是儒家推崇的“道”，它也是中国文化的核心价值，贯穿于古代政治学、伦理学、美学和社会治理等诸多领域。因此，“和”的观念和实践，不但为我们观察和理解中国文明的发展，以及我们今天所处的历史情境，提供了一个很好的视角，而且，作为一种仍然具有生命力和活力的古代智慧，它也为我们解决当下的问题，提供了宝贵的思想资源。

夏：梁老师，十八届四中全会是把“坚持依法治国和以德治国相结合”作为建设中国特色社会主义法治体系和法治国家的一项重要原则而提出的，法治与德治的关系问题成为中国特色社会主义法治建设的重大理论和实践问题。能否请您谈谈这一原则提出的时代背景？

梁：法治与德治相结合有着深刻的时代背景。就中国法治建设的进程来看，1978 年的十一届三中全会公报讨论民主和法制问题，其目的是防止个人崇拜、因人废法和权力不受约束；1997 年中共十五大报告在谈到依法治国主题时依然在重申，要使制度和法律不因领导人的改变而改变，不因领导人看法和注意力的改变而改变；而到了 2011 年 3 月第十一届全国人民代表大会第四次会议宣布中国特色社会主义法律体系已经形成的时候，法律在中国社会的作用已不再仅限于约束政治领域中的个人专断，而是扩展到复杂的现代生活中的许多重要方面。

这种转变反映了改革开放以来中国社会所经历的深刻变化。2001 年中国获准加入世界贸易组织，是一个具有象征意义和实质意义的重大历史事件，它对于中国当代法律发展的影响是非常巨大的。毫无疑问，随着中国社会越来越深地融入世界秩序以及这一过程中中国社会自身的发展和改变，法治就自然成为国家治理的基本方略。

不过，法治建设是一个漫长而艰巨的过程。经过 30 多年的法律发展，尽管今天法律的数量已经大幅增加，但法律的权威却没有建立起来；有法不依、执法不严的情况随处可见；因为权力缺少约束而造成的腐败蔓延到所有领域，司法也不能幸免；受到损害的当事人不能得到及时的救济，社会生活缺乏稳定的预期。这些现象导致社会公众对包括司法在内的公权力的不信任，由此引发的声势浩大的“反腐”和对“依法治国”的大力推动，是执政者对这一挑战的回应。不过，要有效应对今天中国社会所面临的严重问题，只讲法治又是不够的。因为制度由人制定，靠人实行，而且政治国家要具有强大的生命力必须植根于深厚的历史文化传统和社会土壤之中。换言之，要实现良善秩序，除了推行法治，还必须重振道德，凝聚共识。在经历了几十年的社会变迁之后，出现了德治的议题，传统美德、家庭责任与公序良俗重新受到重视，“各类社会主体”的“自我管理”得到尊重，法治与德治的结合被认为是国家和社会治理的关键。这些都反映出执政党认识上的某种转变。

夏：梁老师，您曾提出一个关于中国文明发展的“三波”说，礼、法关系的演变是其中的重点。能否请您解释一下这个观点？

梁：中国文明发展到今天，粗略地说，经历了三个大的阶段，我称之为“文明三波”。第一波文明有个通俗的叫法，就是“三代”，即夏、商、周三代。“三代”文明也被说成是礼乐文明，礼乐文明的社会治理方式，就是前面讲的“德治”和“礼治”。周代，确切地说，西周，是这个文明的典范。这个文明从公元前 22 世纪到公元前 3 世纪，延续了大约两千年。第二波文明是我们更熟悉的汉唐文明，这个文明包含的朝代很多，汉和唐只是其中经常被人们提及和称道的两个朝代罢了。汉唐文明实行的不是“德治”，也不是“礼治”，而是德主刑辅的礼法之治。所以，仿照礼乐文明的说法，我们也不妨说汉唐文明是礼法文明。礼法文明从秦汉到明清，也延续了大约两千年。20 世纪初，清朝覆亡，和清朝一起终结的，还有实行了两千多年的帝制。这时，随着现代共和制的建立，中国开始进入文明的第三波。我们今天就处在这个新文明第二个一百年的开始。

说我们正处在一个新文明的开端，可能会引起争议。毕竟，到现在为止，这个所谓新文明还面目不清，方向不定，前景不明。社会仍在大转变的过程中，各种观念互相冲突，稳定的文化与社会秩序尚未建立，文化上和政治上的身份认同更是一个亟待解决的大问题。这种局面，用一个比喻来说，就好像一座历史悠久的宏伟建筑因为一场毁灭性的大地震而彻底坍塌，现在灾后重建，未来的新大厦应该是什么样的，众人意见不一；想象中的大厦实际上会是什么样子，更无法确定；甚至，最后究竟能不能建成一座能够与倒塌的旧建筑相媲美的新大厦也不一定。的确，在现在这个阶段，如果把第三波文明视为一个确定不移的事实，是一种缺少根据的乐观和自大，如果有人更进一步，认为新文明以现在的方式就能够完成甚至已经完成，那就干脆是自欺欺人了。不过，我们依旧可以把中国文明的第三波视为一种初露端倪的可能，或者，一种不乏合理依据的“愿景”（借用现在很流行的一个词），并参照历史的轨迹来观察它的走向。

夏：那您的观察有什么结论？

梁：回顾中国文明的发展，我们很容易发现，从第一波文明到第二波文明，以及从第二波文明转向第三波文明，各有一次文明转型过程中的“断裂”。第一次“断裂”发生在春秋战国之际，古人的说法是“礼崩乐坏”：旧秩序开始全面瓦解，新秩序却还在探索之中，整个社会因此陷入严重的混乱和纷争之中。法家政治，还有古代的法治，就出现在这个时期。我们已经说过，法原来是礼的一部分，但是法家把它发展到极致。法一枝独秀，结果是，礼法分隔，道术分裂，法治取代礼治和德治，成了服务于君主和国家的治国利器。但是，正如我们看到的那样，蔑视传统、没有文化与社会支持的国家，貌似强大，其实很脆弱。同样，缺乏道德基础的政治强力，终究无法维持一种长期稳定的秩序。所以，单纯的法家政治不可避免地失败了。后来者看到并且吸取了这一深刻教训，回归古代传统，试图通过综合、平衡各种要素，创造一种更具适应性的新秩序。于是就有了后来的儒法合流，礼法融合，德主刑辅，有了建立在这种融合基础上的礼法秩序和文明。

文明转型的第二次“断裂”发生在清末民初，把它与第一次“断裂”相比较，我们马上会发现，这两次“断裂”不但性质相同，规模近似，特征也很接近。它们都是文明的整体性危机，波及精神与身体、个人与社会、思想与制度等几乎所有方面，都涉及秩序的毁灭与重建、文明的死亡与再生这类根本问题，而且，都表现为文明内部各有机成分的疏离和分裂：礼与法的分离，国家与社会的分离，道德与法律的分离，制度与价值的分离，等等。不同的是，第一次文明转型早已完成，第二次转型还在进行之中，而这意味着，重温历史，可能为我们理解中国当下的情境提供一个至关重要的内在的参照基点。

夏：那么，我们能从这段历史中得出一些什么样的教训呢？

梁：如果就着眼于文明的演进，秩序的建构，或者，更具体一些，礼、法的关系，大概可以说，家、国、礼、法、德、刑等各种文明因子，因天下崩解而分裂，缘秩序重建而融合。文明的再生，秩序的重建，必定是一个再续传统、综合诸端、求取中道的过程，一个包容万有、协和万象的“和”的过程。而文明转型能否成功，新的文明能否持久，就取决于它包容万有与协和万象的能力和程度。

循着这样的思路去观察中国过去一百年的历史，我们分明看到，历史正在重演。尽管时代不同，历史舞台上的人物、服装、语言等种种细微节目俱已不同，需要综合的具体内容也已经改变，但是某些主题却表现出惊人的相似性。比如，先是传统的文化与社会秩序瓦解，文明有机体分崩离析，然后有对传统的激烈反叛，各种激进的社会试验，制度的畸变，最后，在经历了数十年剧烈的社会震荡和严酷的阶级斗争之后，德治的议题出现了，传统美德、家庭责任、公序良俗重新受到重视，“各类社会主体”的“自我管理”似乎也要得到尊重，道德和法律的协调一致被认为是国家和社会治理的关键。在这些现象后面，还有一个更大的改变。大家可能也都注意到了，最近两年，中共最高领导人在国内外多个重要场合，频频引述古人修身治国的言论及古代政治经验，表现出一种接续传统的自觉意识。

回到《中共中央关于全面推进依法治国若干重大问题的决定》，我想说，其中有关德治和法治的论述意味深长。这些论述表明了执政党对于它所面临的挑战的认识和思考，代表了它试图应对这种挑战的努力，以及它在进行这种尝试时所遇到的困扰和困难。而通过对这些论述的分析，我们看到了中国当下存在的某些具有根本性的问题，了解了这些问题的性质，同时也看到了解决这些问题的若干可能性。

论学书信选

与邓正来先生问学书信选

邓正来　夏纪森*

邓正来先生简介

邓正来，著名法学家、政治学家，杰出的社会科学学术组织者、翻译家。1956 年生，1982 年毕业于四川外语学院。曾任北京大学中国经济研究中心客座研究员，吉林大学法学院教授，复旦大学社会科学高等研究院教授、院长。创办并主编《中国社会科学季刊》和《中国书评》。主要研究领域为社会科学和知识社会学，侧重西方自由主义的研究。2013 年 1 月 24 日病逝于上海，享年 56 岁。

题记：本文选取了我在吉林大学攻读博士学位期间与邓正来先生关于问学往来的部分信件，以此怀念邓先生！跟随先生读书时那段美好的时光和浓浓的师生深情，我会永远铭记于心！邓先生创办的“正来学堂”是当年我学习的重要平台，《暗夜的跋涉者》是我在读博期间对正来学堂的一点体会。谨以此文作为题记。

暗夜的跋涉者

——致正来学堂

跋涉者在暗夜的积雪上所留下的“之字形”的脚印，闪烁着永恒的灵光。

——残雪

2004 年 9 月，长春。

我肩挑着行囊，历经困顿劳苦，不远千里北上——为了心中的一个

---

* 夏纪森，常州大学史良法学院副教授，法学博士。2004 ~ 2007 年，在吉林大学攻读法理学博士学位，受教于邓正来先生。

梦想。

曾记得，寒夜的清流里，点上一根烟，在微弱的火光中细细聆听邓正来先生的任教讲演，随之便沉思良久。

我在为我的梦求证！

面对着纷繁复杂的世界，我们究竟需要什么样的法律哲学来应答？概而言之，在邓正来先生的演讲中，他指出法律哲学的建构在当下需要一个前提，两项使命，三类研究。一个前提是指学术研究的自主性；两项使命是回到经典进行反思与批判和面对当下的社会进行建构；三类研究则指对实然的研究，对应然的研究，对实然和应然关系的研究。然后，在此基础上，建构一种或几种法律哲学，进而形成某个法律传统。

这个目标是十分宏大的，它需要打通西方法哲学的理论脉络，形成批判，进而实现“创造性的转化”。在我看来，它的实现至少需要两个基本的条件。一是有大量的把对于基本问题的研究作为安身立命之本的人，尤其是青年人。这就需要在这些人之间形成某种氛围，某种精神，使他们能够处于一种时刻包围着他的，渗透着对基本问题的关心之中。二是兼容并包。这些人能够相互宽容，相互交流、碰撞，形成不同思想之间的充分竞争。

这个目标的实现需要很长的时间，需要几代人不懈的努力。实际上，这条道路更是一种长远的投资，周期长，回报慢，而且结果如何难以预料。同时，我并不认为这是一条唯一的道路，它本身也需要不断地完善。但是，一种伟大的精神已经在这里凸显，那就是以学术为本，直面人类社会。正是在这种意义上，我被深深地感染了。

正来学堂也许就是在这样的信念支撑下诞生并成长起来的，尽管它还有太多的不完善之处。但是，它毕竟迈出了坚实的一步，深深浅浅的脚印里是辛劳，也是收获。鲁迅先生曾经在评价白莽的诗歌时，深深地被诗人的殉道精神和纯真的性情所感动。他写道，“这《孩儿塔》的出世并非要和现在一般的诗人争一日之长，是有别一种意义在。这是东方的微光，是林中的响箭，是冬末的萌芽，是进军的第一步，是对于前驱者的爱的大纛，也是对于摧残者的憎的丰碑。一切所谓圆熟简练，静穆幽远之作，都无须来作比方。因为这诗属于别一世界。”

我愿意以同样的语言献给正来学堂！

书信选录：

2004－2－5 15:00

邓老师：

您好！

收到您的回信，我惊喜万分。

我认为，要在学术上做出一点自己的贡献，首先要融入传统。对于转型中的中国而言，西方的知识传统（具体的方式我认为应该精读原典）对于我们有着重要的意义。一方面，融进去理解、吸收，另一方面跳出来借鉴、批判甚至创造性转化。这两方面缺一不可。

我很想自己能够融进这个传统，可是常常找不到进入的方法，于是有时很是迷惘。自己读了一些原典著作，但是苦于缺少对于西方知识传统的整体把握，常常难以入门。望老师能够指点一二。盼望您的回信。此致

敬礼！

祝您身体健康！工作顺利！

学生：夏纪森敬上

2004 年元宵节

2004－3－9 20:51

不知道如何通知法律思想网等网站。我电脑不行，看看你们是否可以告诉他们，我们开通了这样一个有意思的学术小网站（指正来学堂，编者注）。也欢迎其他的朋友来讨论，更欢迎高手来讨论。我们只有一项原则，即讨论学术，共同推进中国法学和社会科学的发展。谢谢

正来拜托。

2004－3－11 12:54

你们都去主页上参加讨论了吗？一定要把自己的问题提出来，也希望你们参加讨论。慢慢地，你们的水平就会提高了。你们一定要回信告诉我。正来

2004－9－4 20:10

邓老师：

您好！

我已经来到吉林大学报到，未来的三年将是我十分重要的三年。能够

跟随老师读书，是我人生的一大幸事。

我不清楚我的生命的舟会怎样漂流，我只是用力去生活。人生无常，我欣赏叶芝的态度："对生命，对死亡，投上冷冷的一眼，骑马者，向前！"

我深深地晓得：不融入知识传统中，所谓的创新很易沦为智力的纵欲。我想这几年，我的主要任务是认真研究一个法学史中的重要人物，试图以此为基础，前后梳理，对西方的法学史有一个清晰的了解。同时关注中国的现实问题，看一看能否做出一点贡献。

我也知道这项工作是很艰难的，但我乐此不疲，乐在其中。

希望老师能够点拨我的这种不成熟的想法。

祝您：身体健康！工作顺利！

学生：夏纪森

2004－9－11 20:35

邓老师：

您好！

听课近一周了，整理思路如下，简要向您汇报。

（一）这种授课方式打破了传统的"填鸭式"教学模式，使我自己去发现关键的问题，并尝试寻找论证的进路。这就要在课下对于某些学术著作进行严肃而认真的爬梳，并在此基础上开放（老师喜欢用这个词）出问题。结论并不重要，关键是前提假设与结论之间是否存在严格的逻辑论证。

（二）知识论是理论建构的基础，否则，所谓的"理论"是游谈无根的。因此，我必须有在知识论或方法论这方面的训练。这种训练对于清理我头脑里杂乱无章的理论或所谓"理论"是极其有益的，而这也是进入学术的门路。

（三）要找到各个学科最权威的文本进行阅读，否则，在二流或三流著作中徘徊没有一点益处，只会使自己的头脑更加混乱，从而使自己永远处在学术的大墙之外。同时要研究一个虽小但是却很有意义的问题，而这种问题的发现的前提就是先融入某个学术传统中，把握这个学术传统目前发展的情况然后才会去发现问题，近而可能做出知识增量上的贡献。这就需要搜集关于其基本的文献，并进行阅读，理解，梳理，反思。

（四）对于像社会学、知识论、政治学等学科最基本的文本，我并不清楚。在此学生想请老师开出一个书单，望老师能够满足学生的这个请求。

这些是听课的感想，我也将按照我的这种理解进行阅读。不当之处，望老师批评指正。

学生：纪森

2005－1－18 10:42

邓老师：

您好！

身体好吗？心情好吗？

来长春半载，喜忧参半。

喜。跟随您读书，对于学问，对于人生有了进一步的体悟，可以说入门了。

忧。法理学如果不去跟别的学科交叉，基本面临死亡。这种现状，有时想想很是没有信心。我目前的想法是做跟经济学的交叉研究，我发现自己在经济学上有一定的潜力可挖。

跟您谈了三次话，感受很深。

语言的苍白难以表达这种内心的感受，我把这种感受概括为一种对生命极度尊重的态度，一种将生命的永恒嵌入瞬间的认真。

春节虽然还有些时日，因为今天回家，家中不能上网。在这里，先给您拜个早年，祝您和家人春节愉快！平安幸福！

学生：纪森

2005－1－18 12:29

小夏：

你好！知道你想好好读书，我就是喜欢。也看到你的进步，我更是为你高兴。也祝你新年好，我们互相拜年。正来

2005－4－8 14:53

邓老师：

您好！

没给您写信有些时日了，其实很想念您的。

前些时日去了一趟北京，一方面是生计所迫，想过去挣点钱；另一方面，我对于法律经济学感兴趣，可是自己看书有些困惑，因此到北大听了

听课。顺便搜集了一些写博士论文应该阅读的资料。

回来有些晚，望老师见谅！

请老师相信我一直在努力！此致

敬礼！

祝您：身体健康！精神愉快！

学生：纪森

2005－4－8 22:35

纪森：

你好

知道了你的情况，我很高兴。希望你更努力。正来

2005－4－12 22:03

邓老师：

您好！

有几个问题向您请教。

在刚刚举行的这次小南湖读书会上，您说，只要对哈耶克的内在规则与外在规则的这个框架提供为什么选用的理由，您就会进行批判。我的理解是，您似乎认为哈耶克的这种认识是有缺陷的。我则认为，这个框架在哈耶克的脉络中是很清楚并且是具有说服力的，因此想请教您这个框架的不足之处。

此外，我认为哈耶克的内在规则与外在规则的观点与制度经济学的关于内在制度与外在制度的理论是一致的，因此我用这个学科的知识来进行印证哈耶克的观点。至于，我所主张的普通法与大陆法的区别，我并不是认为大陆法等同于外在规则，普通法等同于内在规则。而实际上在制度经济学上，普通法与大陆法都是外在制度（因为内在制度是软制度），我认为从对这两者的比较中，可以更好地理解哈耶克从“大陆法治国”向“普通法治国”的转换的原因，从而可以更好地理解哈耶克对于内在规则与外在规则的认识。不知邓老师您如何认为？望您不吝赐教。此致

祝您：身体健康！精神愉快！

学生：纪森

2005－4－12 22:53

小夏：

你好！

你的问题很理论，我一定在下次去的时候，与你讨论，因为这需要时间来讨论。只是想提醒你，你要为自己说的提供理由。希望你常去学堂参与讨论。学堂里有人讨论法律经济学，你怎么不去讨论呢？这位网友颇有实力。祝好，正来

2005－6－7 08:37

邓老师：

您好！

有些时日没有见您了，您的西班牙之旅还顺利吗？期待着您谈谈这次世界法哲学的相关情况。

给您写信，有一要事。博士前沿论坛即将举行，由于我写的是哈耶克的“否定性正义观”这个题目，在这方面您有非常深入的研究。作为学生，诚挚地向您发出邀请，希望邓老师能做我论文的评议人。

期盼着您的答复！

顺祝您健康！平安！

学生：纪森

2005－6－7 10:25

没有问题，我一定答应。希望你们做好准备。正来

2005－6－8 8:50

邓老师：

您好！

向您请教一事。第十四次小南湖读书会上，您提到：对于在《法律、立法与自由》第二卷中谈到的“我与罗尔斯之间的差异至多是一种措辞上的差异，而不是一种实质上的差异”，哈耶克后来作了修正。我想问您哈耶克的修正主要体现在他的什么著作中。期盼您的答复。

顺祝您健康！平安！

学生：纪森

2005 -6 -8 10:50

他的观点本身就与罗尔斯的不同，哈在后来只是否定了他的这个说法。祝好。正来

2005 -6 -20 12:30

邓老师：

您好！

知您23号要离开长春，并希望您能在离开之前将所主持的论坛结束，望邓老师斟酌。此致

祝您：健康！平安！

学生：纪森

2005 -6 -20 12:40

我可以24日直接从这里去广州。正来

2005 -6 -22 22:40

邓老师：

您好！

于今晚听您谈起您的身体有恙，不知道检查结果如何，心中很是挂念。身体的重要，您前段时间也一再谈起，您一定要注意自己的身体啊！一定！此致

祝您：身体健康！

牵挂您的学生：纪森

2005 -6 -22 22:55

你们只要能够珍惜并光大我为你们创造的研究环境，我愿意付出一切。谢谢你的关心。正来

2005 -7 -16 21:08

邓老师：

您好！

去信向您咨询一事：关于我的博士论文选题。

我向您简单介绍一下我的思考：我的学术兴趣侧重于法律社会学与西方法哲学。

就法律社会学而言，需要有具体的社会调查，同时又需要经费的支

持。大量而翔实的资料是做这样的论文的前提，单凭个人的力量很难胜任。我选择放弃。

就西方法哲学而言，根据我的阅读量与知识兴趣，在做人物方面，哈耶克是首选。又因我对正义题域感兴趣，因此在博士前沿论坛做了哈耶克的“否定性正义观”。我自己定的选题是：从休谟到哈耶克的“正义观”。我力图把这样一条脉络打通。

望老师给出您宝贵的建议！此致

祝您：健康！平安！

学生：纪森

2005－7－17 05:59

纪森：

你的这个题目很好，因为几乎没有人做过这个脉络的正义观，千万别忘了苏格兰启蒙运动到哈这一脉，休谟是其中一员。他们是道德进化论和哈的文化进化论。祝你成功。

这几天的讲座怎么样？有什么感受呀？为什么不到学堂里去讨论呢？我对你这一点很有意见。

正来

2005－7－17 06:25

邓老师：

您好！

非常感谢老师的建议与鼓励，我会努力的！

至于到学堂里发言，由于主题太散或探讨的不深入，我常常感到不知发什么好，于是常常做一个浏览者。这样讲，在某种意义上可能是为自己的懒惰辩护，我会注意的。望老师放心。

我会将我这几天对讲习班的思考写出来。

每次给您写信有一个不变的叮嘱：老师，注意身体！此致

祝您：健康！平安！

学生：纪森

2005－7－17 06:27

我等着看你的感想。正来

2005-8-27 21:23

邓老师：

您好！

假期里过得还好吗？还经常锻炼身体吗？

跟随您走过了一年的读书生活，收获颇丰。尽管我在不同的场合对您已经表达过这样的意思，但是在我生命的历程中能够遇到您这样的老师，我会铭记一辈子！

在学术上，您无愧于导师的称谓。

下学期，因为家庭等各种原因，我不能回学校了。我不想解释什么，我相信老师会相信我这样决定有着合理的缘由。个中原因，待日后再向老师讲吧。

不过在这里依然要叮嘱老师：注意身体。身体的重要，我想一定要作为一个重要的事情好好安排一下。

有些时候，比如小南湖，可以在主报告、主评论讲完后，提炼主报告、主评论中的核心问题进行讨论，这样有利于思想的交锋，既可以锻炼思维能力，又可以锻炼表达能力。当然每个发言的人事先必须写读书报告，因为没有充分的准备，交流的质量要大打折扣。换句话说，不要拿出专门的时间让每个人念完，只是让主报告、主评论念完就可以了。读书报告只是每个人发言参照的基础，发言应始终围绕从主报告、主评论中提炼出的核心问题进行。这样学生的积极性调动起来了，老师也不至于很累，小南湖读书活动将会更有效益。

“平实做人，认真读书”，这几个字要真正践履到生活中实为不易。我在努力，请老师放心！

虽然不在您身边，但心与您相连！

新学期即将开始，祝愿老师工作愉快！身体健康！笑口常开！此致敬礼！

想念您的学生：纪森

2005-8-29 09:53

纪森：

你好

我一切都好。9月4日去学校正式上课。你不能去学校，很遗憾。当然，你有事情我会理解。我想告诉你的是，如果你有什么困难，或者有什么需要我帮助的，请尽管告诉我，我一定尽全力帮助你。你不能在学校里讨论，我希望你能够上网参加学堂里的讨论，新生来了，还需要你们的指引。

祝好，正来

2005－8－30 18∶04

邓老师：

您好！

感谢您的理解！

我会勇敢面对生活给予我的考验，请老师勿念。

我也会时常去学堂里参加讨论，请您放心。此致

祝您：健康！平安！

学生：纪森

新书会谈

《创制、运行及变异——民国时期西安地方法院研究》会谈

侯欣一 等

会谈书目： 侯欣一著《创制、运行及变异——民国时期西安地方法院研究》，商务印书馆，2017。

主讲人： 侯欣一教授　天津财经大学近现代法研究中心主任、博士生导师

评议人： 范忠信教授　杭州师范大学法学院教授、法治中国文化研究中心主任

张纵华法官　浙江省高级人民法院研究室调研科科长

与谈人： 陈金钊教授　华东政法大学科学研究院院长，博士生导师

葛洪义教授　浙江大学光华法学院特聘教授，博士生导师，浙江大学地方治理与法治发展研究中心主任

胡铭教授　浙江大学光华法学院，博士生导师，浙江大学社会科学研究院副院长，诉讼制度与司法改革研究中心主任

张谷教授　浙江大学法学院，博士生导师

侣化强研究员　重庆大学法学院，博士生导师

叶三方法官　广州市越秀区人民法院原院长

季涛副教授　浙江大学法学院，硕士生导师

主持人： 余军教授　浙江大学光华法学院

时　间： 2017年10月31日18：00~21：00

地　点： 浙江大学之江校区主楼203会议室

记录人： 林立成　赵健旭　王盈盈　梅王洁

整　理： 侯欣一

葛洪义： 今晚沙龙的主持人余军教授现在还在从玉泉到咱们这儿的路上，所以我就开个头。今天是我们中国地方治理与法治发展研究中心学术

论坛活动，本次论坛我们非常高兴地请来了天津财经大学的侯欣一教授，由他就民国时期的西安地方法院给大家作一个介绍。学术沙龙是我们地方治理与法治发展研究中心建立的一个小型的跨学科的交流活动，主要目的在于通过小范围的就某一特别专题进行集中讨论，拓展相关的研究领域，因此在设计上我们就要求请不同学科的（学者）。有时候我们甚至会请非法学学科的同志一起参加来进行讨论，这也是本学术沙龙活动的特点。这次我们特别地邀请侯欣一教授，同时我们还请了杭州师范大学的范忠信教授和浙江高院研究室的张纵华女士来为侯老师作一个评议。一个是法史方面的专家，一个是法院工作的同志，从他们的角度发表一些意见供我们参考。另外，我们也很高兴地请到了华东政法大学科学研究院的院长陈金钊教授出席我们的活动，同时还有广州市越秀区法院前院长叶三方同志。出席会议的还有本院的一些老师，我们民法学界著名的学者张谷教授，还有我们浙江大学社会科学院副院长胡铭教授，还有我们学科点的其他老师，以及一些博士后、博士、硕士。那么，下面就请侯老师。我们的规则大致上是主讲人四十分钟左右，然后评议人十五分钟左右。有请。

侯欣一：首先感谢洪义教授的邀请，说实话接到邀请时没有想到像今天这么隆重，当时想法比较简单，想就我刚刚在商务印书馆出版的新书《创制、运行及变异——民国时期西安地方法院研究》作一个介绍，后来才知道他还刻意地邀请了这么一大帮著名专家，其中还有以前名字很熟悉，见过面但从来没有当面打过招呼的张谷教授。如此隆重，我想我得讲一点跟这个中心切题的事。因而今天在来的飞机上，我就把整个讲稿重新梳理了一遍，也和洪义事先做了沟通，因为是地方治理中心，我也就讲地方治理问题，民国西安地方法院一般的事情我就不讲了，就从治理的角度讲讲民国时期的西安地方法院。但是我确实准备得挺长的，可能要突破四十分钟，尽量多给我点时间，但是我不会占太多。

下面将讲这么几个问题。

第一个问题是现代社会地方治理对地方法院的依赖。说到社会治理，大家都知道这是一个当下的概念，不是一个传统的概念，民国时期是没有这样的概念的，但是民国时期也存在社会治理的问题，只不过不用这样的概念而已。到民国时期，从社会治理的角度讲，确确实实地存在对地方法院的依赖，这一点在西安表现得极为明显，据我的观察，不但有依赖而且依赖还较深。依赖大概源自几个方面。一是中国老百姓观念的转变。我们一般认为中国古人、中国传统社会民众是厌讼的，忠信教授可能认为厌讼不太准确而是怕讼，害怕诉讼，不管是厌讼还是怕讼，反正是大家不愿意打官司。因而在传统社会里，纠纷，特别是民事纠纷基本是在社会层面解决的，即不在国家层面解决。这有一个非常具体的数据，清末到底有多少纠纷能够到达官府那里，我查了许多资料，刚好查到樊增祥的一个数据，樊是湖北人，长期在陕西做官，他在自己写的《樊山政书》里面讲到19世纪末20世纪初陕西各县衙门平均每月审理的民事纠纷为三件左右。因而在传统社会中，或者起码是我观察的陕西，由于大家的厌讼、怕讼，大部分的民事纠纷基本上是在社会层面解决的，到国家层面的较少。但是到民国时期，情况出现了变化。清朝末年民国初期，法治思潮在国人中一度非常流行，诉权观念得到了普及，有了纠纷大家都愿意找国家去解决，诉讼是人际纠纷最激烈的表现形式之一，从而导致民国以后社会治理对地方法院开始依赖，这是第一点。二是社会转型导致的社会结构的变化。中国传统社会治理依靠的是君主与士绅的二元结构，到了近代以后，从国家层面，君主制度让位于共和制度，而社会层面士绅开始解体。也就是说传统中国在社会层面处理纠纷是有士绅这样一批人的，到了民国以后，士绅被列为土豪劣绅，受到国家的打击，士绅阶层开始解体，就是说你想把纠纷留到社会层面处理也没有人去接，还没有形成一个新的权威阶层。因而社会结构的转型，君主－士绅二元结构的变化导致到了民国时期，纠纷也只能靠国家来解决。此外，近代已经有了分权观念，纠纷说是由国家解决其实基本上是由法院解决，别人是不会管的，所以到了民国时期，社会转型、社会结构的变化也导致了解决纠纷通过国家层面去处理是一种不二选择，这是第二点。三是到了近代，随着社会转型，特别是乡村的凋落，整个近代中国进入诉讼的高发期，这在民国显现得非常明显。五四以来，中国作家大概只有一个写作主题，就是怀念乡村。近代以来乡村不断在凋敝，乡村的社会组织也在不断解体，因而纠纷越来越多。我这里有一个数据，到1920年代，全国有53%的地方审判机关，即大多数县每年新受理的民事纠纷为200～1000件。原来是每月3件，现在是一天3件，这还仅仅是民事纠纷。统计数据表明，西安地方法院到1940年代，全年受理的民事纠纷已经有2000件左右，加上刑事案件的2000件左右，每年地方法院受理的诉讼已经有4000～5000件。所以，从这一角度去看，到了民国时期，社会纠纷越来越多，社会纠纷只能在国家层面处理，而国家只能交由法院处理，于是地方社会治理对地方法院的依赖越来越大。这是数据能够清晰展现出来的问题。我这里列有几个表格，一个表格是民国晚期（1948 年）西安地方法院民刑事案件月报表，大家看这边是民事案件，我们现有的民事案件类型那时几乎已经全部都有了，这是关于债权诉讼的案件类型以及每月受理量，这是关于物权的，接下来是关于亲属的，整个这边是民事的。这边是刑事的，地方法院受理的刑事案件的数量和类型，我们现在几乎所有的犯罪类型那时也全都有了。这是一个非常清晰的表格。下面还列了一个表格，是地方法院每个月受理的刑事案件月报表，这个刑事案件月报表和前面的不同之处在于它有量刑结果，这些犯罪都处的什么刑罚有结果了。从这两个方面可以看出，到民国晚期，西安地区的诉讼确实越来越多发，对地方法院的依赖确确实实是非常大的。另外我们还可以从一个角度进行观察，就是参与诉讼的人。到民国中晚期，就西安地方法院而言，参与诉讼的人几乎涵盖了所有社会阶层，包括地方参议会的议长、县长，所谓新派的记者、大学教授以及普通民众，也就是社会各阶层全部卷入了诉讼。结论是，从每个角度看，到民国时期地方社会治理对地方法院已形成了非常大的依赖。

第二个要讲的问题是地方法院的能力。社会对地方法院的依赖已非常大，但是地方法院有没有能力来处理纠纷，有没有能力来参与社会治理？因而我需要对地方法院做一个考察。传统中国是没有法院的，实行的是司法行政合一的体制，诉讼都是由衙门来处理。到了清朝末年，清廷开始推行新政，开始权力划分，于是有了法院系统。西安地方法院是 1910 年成立的，成立的时候叫西安府地方审判厅，民国时期以后，政权一直在波动，但是这种波动对法院系统影响不算太大，人员虽有变动，但所在地点包括组织，从成立到 1949 年被中国共产党军队所接收、取缔，一直没有大的变化。特别是内在精神、法官的遴选方式等一直没有太大的变化。正是因为没有太大的变化我们才能够从整体上对西安地方法院进行一个观察，如果要是不停在变，也就不存在今天的话题了。就民国时期来讲，从治理的角度去看，我个人认为西安地方法院已确实具备了解决纠纷、参与社会治理的能力。这里列了一个表，是民国时期西安地方法院的沿革，包括名称的沿革、审级的变化等，虽然名称、审级上有变化，原来是一个以一审为主兼有上诉审的法院，它是西安府的，1927 年降格为一审法院。清末实行四级三审制，后来改为三级三审，随着审级变化，它就降格为一审法院了。从 1910 年成立到 1949 年被接收，西安地方法院存在了 39 年时间，在这 39 年时间里，它确实具备了参加社会治理的能力。我从哪些方面做考察呢？一是法官制度，法院最核心的是法官，法官有没有这样的能力是最重要的，所以我们首先来看法官制度。传统中国是没有法官的，最早的法官出现于清朝末年，是在整个国家官制改革的过程中（产生的）。1906 年清廷颁布了一个官制改革清单，在这个清单里面正式把新成立的审判机关的审判人员称为推官。后来大家觉得推官这个（名称）太官僚了，他不是官，他是审判人员，就改名为推事，后来在正式的法律文件中一直叫推事，现在台湾地区的审判人员仍然叫推事，民间习惯叫法官叫推事的都有，但法律上的正式称呼是推事。随着推事的出现，从清末到民国，主政者在法官制度设计上一直秉承着一个基本的理念，即在法官制度的设计上，未来的法官一定要遵循三条原则，第一条原则是精英化。那么从清末到民国，他们是怎么做到精英化的呢？有这么几点，一是人员必须少，法官必须少，清朝末年就正式提出员额制这样一个概念，强调法官实行员额制，清朝政府是怎么落实少而精的？主要的办法有这么几条，第一条各级法院的法官员额由中央政府统一规定，不允许地方私设人员，编制由中央政府统一规定，这就将地方滥用法官的大门关闭了。清朝末年一个西安府的法院，当时西安府下面管辖几个县，一共有人口 193 万，有多少名额呢？6 个人。为什么是 6 个人呢？因为里面要设民事庭和刑事庭，它有上诉审功能，上诉审实行合议，合议庭的最低人数是 3 个，因而就给它 6 个名额。后来到了民国晚期就是到了 1940 年代，西安上升为国民政府的直辖市，法院的人员编制越来越大，到民国晚期西安地方法院法官多少呢？14 个人，推事就 14 个人。这样一个制度保证了地方法院即便想扩张也没有办法，因为由中央政府统一规定地方法院的名额，这是第一点。刚才讲这么少的人，前面已介绍过那么大的诉讼量，因而大家会问他们是如何处理如此多的诉讼呢？因而第二点就是法官和司法助理人员的合理比例，清朝末年西安府地方审判厅一共是 12 个人，6 个审判人员，6 个辅佐和行政人员，一个人有一个司法辅佐人员，这是清朝末年。到民国时期，这个比例还在变化，司法辅助人员越来越多，到 1940 年代西安地方法院的法官 14 个人，但其他人员增长到 80 多，也就是法官与其他各类辅助人员、行政人员之比达到四比一，基本上最低保证一个法官有一个书记官。这个结构如果不合理的话，法官的人数那么少，那么多纠纷是没法处理的，这是第二点，要做到推事和辅助人员的合理比例。三是要想实行法官精英还必须实行法官高薪，如果没有高薪是没法延揽精英的，因而实行高薪制。民国时期法官的薪酬包括三块，一块是薪俸，就是每个月的工资，有专门的法官俸禄法规定法官工资。这个表大家看起来可能有点不太明确，下面我们就来看西安地方法院，西安地方法院的院长按行政级别是荐任制，是1～8级俸，每个月是260～400元；庭长是荐任1～10级俸，每个月是400元顶俸220元起；推事的行政级别是荐任，是荐任1～11级俸，每个月工资是200～400元。这个收入在当时讲应该是比较高的收入。而且这个收入大家可以看到一个特别有意思的结构就是无论院长、庭长还是法官，最高收入都是400元，差异只是起薪，也就是说法官当不当行政职务跟收入关系不大，因而这样的结构导致大家不会去走行政的路子，大家可以安心办案。当法官也是拿400元最高，当庭长也是拿400元最高，当院长还是拿400元最高，可以看出这样的薪酬结构是用心设计的。第二块是恤金，包括终身退休金，法官到一定年龄即退休，终身退休金相当于在职工资的五分之一，接下来一块就是遗族抚恤金。四是实行法官终身制，清朝末年颁布了第一部法院编制法，明确规定凡是实缺推事也就是正式推事实行终身任职，只要没有法定事由，不能调转、不能降薪、不能降职，采取的是终身制。正是这样的一些措施保证了法官的精英化。当然，还有最后一点就是严格奖惩，法官面临着巨大的诱惑，因而法官制度一建立（政府）便意识到没有严格的奖惩是不行的。1915年民国政府颁布了第一部司法官惩戒法，建立了司法官惩戒制度，其中最核心的是成立一个中立的惩戒委员会，它不隶属于法院系统，是中立的，由社会各方面人员构成，也就是说法院内的上级领导对下级是没有惩罚权的。这一切保证了清末到民国时期的法官精英化。第二个原则是专业化。清末颁布的法院编制法里面明确规定了一条原则：法官非经考试不得录用。没有经过专门的考试是不能当法官的，这是近现代中国建立法官制度时明确强调的一点，民国时期颁布过几部法院组织法，这条原则从来没有变化过，而且规定有资格参加考试的必须是系统受过三年以上法科教育拿到毕业证的人。同时在考试制度上，又把它设计为两次考试，不是一次考试。第一次考试考法律知识，合格后派到基层法院实习，实习时间为两年，养成技能与经验，之后由参与实习单位的行政长官打评语，评语合格后参加第二次司法考试。第二次考法律运用的能力，主要是模拟审判。两次考试都合格方通过司法官考试，然后才有资格进入法院和检察系统当法官、检察官。这个原则在民国时期从来没有被突破过，不管社会动荡到何种程度。第三个原则是中立化。清末法院编制法明确规定法官非党化，法官不能参加任何党派，是一个中立的裁判人员。除了这条之外，为了保障法官个人中立，民国政府也明确规定，法官的任免权不放到法院系统，而是放到司法行政系统。如果法官的任免权放到法院内部，那么法官就会与他的行政长官形成隶属关系，因而很难保证中立。法官任免权到底放在法院内部还是外部是个需要认真讨论的话题，最后决定放到法院之外，由司法行政系统去任命法官。法官任免、法官处分，法院系统都无根本决定权，这样保证每个法官的独立，以上两点使整个民国时期的法官具有了中立的可能。当然大家都知道，到民国后期，南京国民政府又开始强调法官的党化。

接下来我们考察西安地方法院做的到底如何？我这里将民国晚期整个西安地方法院 14 个法官的个人履历都列了出来，大家可以看一下，包括年龄、履历等基本情况。通过上面这样一个简单材料可以看出来，到民国晚期西安地方法院的法官有这么几个特点：一是全部接受过系统的法学教育，而且有些法官还毕业于很不错的学校，有几个是朝阳大学的，还有上海法政学院的；二是全部通过国家司法官考试，这在材料里都是可以看到的；三是全都接受过法官技能养成。民国时期为培养法官的实务技能专门设立了司法实习所、司法储才馆、司法训练所等，这些人都在这些机构经过专门的技能养成；四是（法官）全部是中产阶级出身，这个很简单，倒不是制度设计的结果，因为当时很多法科都是私立（学校），私立（学费）是非常贵的，当时整个社会的社会保障制度还没有，社会助学制度也没有，因而当时能读大学特别是私立法科的，家里没有钱是不可想象的，因而全都是中产家庭出身。再有一个特点就是这些人年龄基本都在中年以上，民国中晚期西安地方法院的法官平均年龄为 45 岁。这样一些特点保证了法官是专业的、精英的，处于人生最好的年龄，同时整个系统里面形成了一个很好的氛围，大家都愿意以专业知识服务社会而不愿意去当官，形成了一个很稳重的氛围，这是就民国时期西安地方法院进行观察能得出来的一个简单结论。正是合理的法官制度，保证了地方法院能够参与地方治理，有能力承担那么繁重的诉讼压力。当然除了法官制度外，还有一些对治理能力扩大有重要作用的制度，如诉讼审判制度。诉讼审判制度里面有几点，我觉得非常重要，一个是全天候办案，中国传统衙门审判案件是有时间限制的，不是每天都审案子的，到了近代，法院全天开门，从上午八点到下午五六点下班，这使法院的整个治理能力成倍地扩大。另外一个重要制度变化就是举证责任分担，你想想这么少的人、这么大的工作量，如果全部由法官去承担所有诉讼工作，他是没有办法的，所以清末开始明确强调举证责任分担。民事诉讼谁主张谁举证，这使法官从大量的事实调查中解放出来，刑事案件被告是否有罪的证据问题则由检察官负责。这样的举证责任分担使法官成了专门的坐堂办案的人，也大大地提高了治理的能力。和传统社会不同，传统社会地方官员什么事情都管，你累死了再亲力亲为也办不了几件事，（举证责任分担）这是一个很重要的制度。还有最后一点就是民国以后建立的审判制度是对抗制式审判，不是县太爷一个人审了，形成了审控辩三方的对抗制度，对抗式审判制度使整体案件质量有了很大提升，我在这里列了一个表格，大家可以简单地过一遍，这是1945年西安所有执业律师的个人情况一览表，大家可以看一下他们的年龄，特别注意一下他们毕业的学校、简历。那个年代在西安执业的律师的履历让我们难以想象。大家看看这些律师的履历，比法官的履历还要显赫，正是这样一批职业的法律挑错人使整个法院的审判质量大大提升。当时西安一个内陆城市，1945 年的执业律师能有这样的履历，如果不是认真去看材料实在是难以想象。这是整个要讲的第二个问题，通过这些可以看出民国中晚期西安地方法院确实具备了参与地方治理的能力。

下面讲第三个问题，法院在地方治理中发挥的作用。地方法院在社会治理中发挥的作用，到底如何评价？我从这么几个角度去评价。第一个从吸纳诉讼的角度。因为法院是一个解决纠纷的机构，民国政府给司法机关定的办案原则有两条，一条是稳妥，一条是迅速。跟我们现在说的公平效率没有本质差别，也是这两点。我们首先看办案速度，民国时期官方对法院办案速度的考察主要看三个指标。一是审限，南京政府规定的民事案件从受理到结案，一审法院是 3 个月，特殊的案件如破产、宣告死亡是 8 个月。刑事案件一审法院从立案到处理是 22 天。第二个指标考察法院整体，要求法院新收案件数与结案数必须相符，每个月新收了多少案件就要结出去多少案件，这是考察法院的。第三是规定了每个推事每月最低审案数量，这是根据担任的行政职务来设定的，地方法院院长每个月审理民事案件最少不得少于 10 件，刑事案件不得少于 12 件；庭长每个月审理民事案件 30 件，刑事案件 38 件；每个推事审理民事案件最低不得少于 32 件，刑事不得少于 40 件。每个法官都有最低的办案数。通过三个指标去考察每个法官、整个法院的办案速度。按照这三个指标去考察西安地方法院，我们可以得出一个非常有意思的结论：民国时期西安地方法院审限内结案数是非常高的，高到我们现在难以想象，民国时期全国法院审限内结案率平均为民事 89.5%，刑事案件为 92%，西安地方法院怎么样？西安地方法院民事案件审限内结案率达到96.44%，刑事达到97.8%，比全国的平均数高7~8个百分点。在座有法院的法官们，这个审限内结案数已经是相当高了。这里有各省法院的结案数与新收案件数的统计表，此外，每个法官（西安地方法院）每月审理案件的最低数在民国晚期也已经达到四五十件，也高于国家的（平均）数据。因而从审限角度去看，民国时期西安地方法院做的没有任何问题，大量的案件都能快速地处理掉，这是我们观察的第一个结论。当然这样的结论可能会和我们以往的认知不同，以往我们一提到民国法院就会说它拖沓。为什么会有这样的印象，原因与每个法院无关，与审级有关，民国时期采用的是四级三审制和三级三审制，加上交通方面的原因，每个审级之间的衔接处理不好，整个案件的处理周期就会很长，单独考察每个法院都没有问题，但是整个环节一平均，时间就比较长了。为了解决这个问题，民国时期反复讨论要不要改为两审以提高速度，最后大家说不能为了这样降低审判质量，还是保持三审，这是考察的第一个指标。大家会问案件处理的效率没有问题，但质量如何？如何评价法院判案质量真的是一个很头疼的问题，不知如何入手。后来我考察上诉率，你都处理了，到底上诉不上诉，上诉率有多高。从这个角度去看，民国时期西安地方法院一审的上诉率是比较高的，整个民国时期全国民刑事案件一审上诉率都是比较高的，西安地方法院尤其高，西安地方法院平均的民事案件上诉率达到了36%，刑事案件达到了48%，将近一半的案件上诉了，也就是说在你的这个审级内没有将诉讼吸纳。但是你能说上诉率高就是审判质量不行吗？也不能轻易得出这个结论。因而我们还需要继续考察，怎么考察呢？我设定了两个指标，一个是二审改判率，另一个是二审发回重审率，如果二审维持原判，说明一审没有问题，从二审的改判和发回重审来看，西安地方法院在这方面也还是比较高的。这里有一个民国时期全国法院的年份统计表，整体上最高的时候维持原判是百分之三十多，低的时候是百分之十六点几，即整体法院系统二审发回重审与改判的比例都比较高。但是大家再往下追问，二审改判与发回重审就能证明一审错了吗？也不能得出这样的简单结论，原因很简单，法官处的审级不一样，看问题的角度也不一样，民国时期司法系统对这一认知非常明确。尽管社会各界对这个问题反应非常强烈，说这么高的改判率与发回重审率，应当追究法官的错案责任，不断向政府施加压力，但是司法机关坚持不设立错案追究制度。1917年，当时的立法机关咨议局给司法机关提了一个要求，要求建立错案追究制度，北京政府司法当局给咨议局的答复非常明确：下级审判厅法官所为判决只需在法律范围内，纵使误解法律以致判决不当亦不能据之加以处分。每个法官都是独立的，都有独立的案件处理权，所以它（司法当局）明确的回答不设立错案追究制度，改判和发回重审并不能证明它就错了。但不管如何，我们说民国西安地方法院办案速度确实很快，但确实没有在你这一审级把案件都吸纳，很多案件到了二审，二审完了然后又折腾回来，因而在法院吸纳诉讼方面，有好的地方也有做得不足的地方，这是从社会治理的角度考察的结果。

治理的第二个方面是消弭冲突。法院不仅要解决纠纷，还要消弭冲突，消弭什么冲突呢？就是立法与社会的冲突，民国时期这个问题非常明显，民国时期我们把西方的法律制度基本上都拿过来了，但社会没有跟上，法律法典搬过来了，但社会进步很慢。中国传统是礼治社会，很多东西是不需要法律进行规范的，现代社会讲法治，处处要走程序，因而整个社会与立法的冲突非常激烈、非常明显。在这种背景下法院是去撕裂还是弥合这种冲突？民国时期西安地方法院是在做弥合工作而不是在做撕裂工作，那它是怎么做的呢？西安地方法院在这方面有这样几个做法，比如对于在某一段时期集中爆发的某一同类案件，民国时期整个国家建构不完善，所以经常出现某一类案件突然集中在某一段时间爆发的现象，大量的同类诉讼，对这些案件如何处理？民国时期法院基本是这么处理的，找最简单的解决办法。比如陕西高院自己讲他们是怎么做的，这是院长的原话，他说："抗战以后，经济变迁，民事案件大量增加，每月案件增加到四百起，标的也与之前不同了，抗战初期的时候，大多数案件主要是以回赎房子的案件为主，再往后就是解除婚约的，在抗战前这类案件很少，抗战后这类案件非常非常得多，而大家当时实质上并不是为了解除婚约，而是为了追回财礼。"因而当时陕西法院发现这样的问题，你把婚约解除了，财礼没有退还，这个案子还是没有处理完，还是会打官司，所以法院干脆直接把当事人的诉求给改了，直接改为不是解除婚约而是返回财礼，通过这样的方式去处理。大家一听就会觉得一个法院直接把当事人的诉求改了，是一个问题。但从社会治理的角度来讲，它确实能够很迅速地消化掉集中出现的诉讼，这是他们的一个做法。一个社会成熟的标志就是不会某个时期集中出现某一类案件，如果一个社会经常某一时期集中出现某一类案件，说明这个社会建构不成熟，民国时期这种情况非常突出。另外一个做法是在刑事案件审判中注重贯彻轻刑理念。中国传统社会重刑观念是非常强的，到民国时期，民众的重刑思想仍很强烈。但是地方法院审案时，能轻判就轻判，向社会传达轻刑理念。这里有一个简单的数据，是民国时期各级地方法院包括西安地方法院判处的杀人罪的死刑立即执行的数量。按照中华民国刑法，凡是故意杀人的可以判处死刑、无期徒刑和十年以上有期徒刑。但是各级法院在处理杀人案件时，不是特别该杀的坚决不杀，都是按照有期徒刑、无期徒刑处理。这里有一个特别重要的数据，大家可能没法理解，我自己看到这个数据的时候都吓了一跳，1928～1949 年，20 年间南京国民政府最高法院终审的杀人罪死刑立即执行案件多少起呢？20 年间整个国民政府通过法院系统判处的杀人罪死刑执行的是 1992 个，最低的年份 13 人，最高的年份 338 人——1944 年，大量的杀人罪都没有判死刑，都是通过其他刑罚判了。当然这个数据不包括全国的省份，因为当时共产党统治的省份是不需要向它汇报的，整个东三省也不向它汇报，西南有个别闹独立的省份也不向它汇报，大概报告的省份有 10 多个，当时全国是 25 个左右省级单位，这个比例是相当惊人的，二十年间杀人罪死刑案件只判了 1992 个，清楚地向社会传达着轻刑理念，这是第二个办法。第三个办法是在民事纠纷方面重视民间习惯的调查。民国时期民法典已经颁布，国家层面的统一民商规则已经形成，但是各地方的民商惯习差距还是很大的。为此地方法院主动去了解各地的民俗，然后在审案中主动适用。比如陕西高等法院、地方法院一建立就去调查西安地方的民俗，比如说西安地区在房屋租赁上存在只准客辞主不准主辞客这样的惯习，还发现了一个特别有意思的惯习，西安地区民间出卖房屋，卖房的人（名）是不写的，买房的人写堂名不写真名，这是一个很有意思的习惯。大家知道，中国传统社会讲究孝道，做子女的要保护家族财产，卖掉家族财产的是败家子，因而害怕受到社会指责，在卖房契上卖主的名字是不写的，买主也不写真名写堂名。像这样的习惯都是法院自己在调查过程中收集来的，然后在审判中尽量去适用。因而你可以看到整个法院在做社会弥合的工作而不是做撕裂社会的工作，这是治理中特别重要的第二点。

第三个方面是积极扩大社会治理的途径和参与方式。法院是如何扩大社会治理的途径和参与方式的呢？有这么几个做法，一是为社会提供大量权威的司法统计数据。民国时期各级法院的数据统计表多到我们难以想象，最多的时候有 100 多种数据统计表，大家仔细去看这些统计表，有相当一部分是和司法审判无关的。（法院）那么繁忙的工作还去做这样一些工作，主要是为社会提供一些数据。大家知道现代社会在治理上是需要数据的，而在所有数据中，司法数据是最权威的。地方法院主动给自己加活，比方他们在统计什么东西呢？统计离婚案件男女双方的年龄这样的一些数据，大家想想这个数据和司法有什么关系，它应该和立法和行政有关系，（法院）为社会提供了大量的真实有效的数据来参加整个社会治理，这是他们主动做的。第二个扩大治理的渠道是办理不动产登记和公证。清末民国时期，不动产登记是在法院办的，为什么去法院办呢？公证是一种社会预防制度，是减少纠纷的预防制度，只有在法院公证，法院留底子，以后双方凭证都丢了到法院去起诉，纠纷才可以迅速化解，放到别的部门还得再周折，因而公证、不动产登记是放在法院内部的。西安地方法院在这方面做了大量工作，不动产登记公证事项不断在扩大，到 1945 年，西安地方法院受理的公证事项全年已经达到了 3762 件，对于整个社会治理起了非常好的提升作用。此外，地方法院在社会治理中还做了一个非常重要的工作，就是在社会治理中消除传统社会中那些“地域孤岛”，把社会整合在一起。大家知道传统社会是由无数个地域孤岛构成的，现代社会就是要把这些地域孤岛都消除，把社会整合在一起。法院怎么做的呢？主要办法就是通过司法审判来消除一些民间的不同惯习。比如说西安地方法院 1947 年主动向陕西省的各个县级商会发函，要求大家提供新旧度量衡折算标准的数据。中国传统社会各个地方的度量衡不统一，民国政府开始推行新的度量衡，但是各地方的折算方法都不一样，这给社会带来了很大的交易成本，因而它是地域孤岛。西安地方法院主动要求各地向其汇报这些数据，结果发现西安市内有的地方使用的是新斗，有的使用的是旧斗，新斗又有大斗、小斗之分，折算的标准又完全不一样，仅西安一个市内像桥梓口和骡马市使用的度量单位就不一样。大家想想这能是一个现代社会吗？西安地方法院调查后确定了一个在司法中适用的民事赔偿标准，在司法层面推动西安地区度量衡的统一，因而说法院是在推动社会的整合。

总之，民国时期法院在社会治理方面发挥了非常重要的作用，不仅仅满足于解决纠纷，而且还在于干一些不属于自己的活来参加社会治理，因而到民国晚期，西安地方法院已经成了地方社会治理中一支非常重要的力量，这就是我要讲的第三个问题——地方法院治理中它到底发挥了什么样的作用。

下面说最后一个问题——存在的问题。我在前面将民国时期西安地方法院社会治理讲得那么好，那么没问题吗？有问题，问题还很多，问题在哪呢？说实话，问题跟法院自身关系不大，法院各方面已经做得不错了，但是问题还有，非常明显。一是治理只涉及普通民事纠纷和一般刑事案件，一旦涉及公权力就基本失灵，公权力不愿意受任何约束，这是民国时期西安表现出来的非常明显的现象。这里举一个例子，公开枪杀律师。民国晚期，在西安发生了一起有名的案件，当地有一家“秦风工商联合日报”，是家言论尺度较大的报纸，公开批评西安市长、陕西银行行长，说他们之间有一些利益输送。地方政府非常恼火，要报纸收缩言论，报纸不听，地方军政系统就采取了一些流氓手段，迫害记者、烧报纸的印刷厂等。报社的法律顾问律师向西安地方法院起诉，把西安市政府给告了，西安市政府很被动，出动特务警察直接把这个律师给枪杀了。这件事在当时影响很大，全国很多报纸发文声讨，延安那边还抓住这件事给那个律师办了一个非常隆重的追悼会。类似的事情在民国时期的西安屡屡发生，一涉及公权力的时候，地方法院往往就失灵，公权力不愿受任何约束，这是地方法院自己没有办法解决的问题。由于公权力不受任何约束，所以到民国晚期整个公权力的腐败到了令人难以想象的程度，我收集到一个民谣，见到这个民谣的时候自己吓了一跳，以为这个民谣是假的、是错的，后来认真核实发现这真的是民国时期西安地方流传的民谣：“当过三年镇保长，不用调查不用访，拉出去枪毙不冤枉。”大家是不是特别熟悉这句话，这是民国时期西安老百姓说的话。公权力不愿受任何约束，通过司法限制公权力的大门被关上了，这是法院自己没有办法（解决的）。另外，军人不想受任何约束。这是近代中国特有的问题——军权的膨胀。1947 年，一个涉诉的军人在地方法院院长上班的途中公然地把他劫持了，限制了他的人身自由，法院对此反响非常强烈，向全国各地法院呼吁，也向各级军事系统反映，在和平年代一个涉讼的军官竟然敢去绑架法院院长，这实在是太恶劣了，但是最后不了了之，类似这样的事在近代中国是很多的，军人不想受任何约束。在近代，中国司法独立，就司法跟行政的分离来说还算顺利，司法独立原本就是和行政权的区分，在中国主要面临的问题是和军权、党权的关系构建，这两点司法系统没有任何办法，军队不受任何约束。最后是民众公开暴力抗法。老百姓素质没有跟上，老百姓不守法，到民国晚期老百姓公开暴力抗法的事件在全国发生过多起。1947 年，西安地方法院的执达员去执行一个生效的判决，判决生效时被告也没有任何的反应，但是执行的时候被告找了一大帮人把执达员打了一顿，法院去的很多人都挨了打。上述这样一些现象法院系统非常无奈，司法院院长居正自己说：“中国的法院尚缺少尊严和独立的精神，我们常以为蔑视中国法院的是外国人，其实最瞧不起法院的是我们自己的同胞。”公权力、军队、老百姓都瞧不起法院，说真的，法院自己没有一点办法，怎么解决这个问题呢？当时法学家们也讨论，像 1935 年法学家孙晓楼就讲，当时中国最紧急的任务不在于司法制度的再完善而是要构建法治国家的政风，用我们现在的话讲即建构一个法治国家。法治国家没有建立起来，司法在整个社会治理中的作用会受到大大的局限，他（孙晓楼）讲得非常清楚，一个法治国家政风的形成当然不是一朝一夕的事，但是最根本的，不要再去斤斤计较于司法制度本身的进步了，司法制度再进步也没有太大的作用，这是当时大家得出的一个结论。但是即便在这样的情况下，整个法院自身也没有放弃努力，一直向社会传达积极的信息，让大家给他们独立，能秉公办案，让他们尊重司法，同时严格约束自己。西安地方法院院长 1949 年向自己法院下属说："关于司法的工作，我愿意和大家说一说，一句话，就是个人不要菲薄个人，我们要知道现在的司法是政治工作中非常重要的一环，社会的现象不良是中国一般老百姓守法精神不够，我们不能因为他们守法精神不够就灰心，我们要振作起来，要健全本身，要努力（完成）个人的工作，社会上虽然对我们有抨击，只要我们问心无愧，他们说只是说，对于我们并没有什么影响，我们的工作是根据法令去执行，我们一定要站稳脚跟执行事务，一定没有什么困难。"司法从来没有放弃希望，但是公权力和社会不想受约束，因而到了 1949 年，中国共产党来了，军队把国民党推翻了，也把法院取消了，西安地方法院治理到这里也就结束了。这就是我想给大家汇报的所有问题，谢谢大家。

葛洪义：谢谢侯老师！我们的主持人余军老师也到了，下面你（余军）来吧，两个评议人——范忠信范老师还有张纵华。

陈金钊：我简单地说两句。对这个问题我没有研究过，但是听了侯老师的讲座后真的很有收获、很深刻。我刚开始听的时候，侯老师讲这个西安地方法院在新中国成立前多勤勉多认真，专业化，制度方面做得还是很努力，这一下打破了我的印象。我一直以为国民党的法官和国民党的军队是一样的，中学的课本里面学的大体上就是这么个样子，现在看起来那时候在法治方面还是尽了很大的努力，这是一个感受。之前的法制史无论是古代的还是近代，尽是学一些制度，然后对这个制度进行定性，然而学了法制史并不知道当时的社会是什么样子的。我收获很大的一个地方在于，侯老师讲到民国的法律其实也是来自西方，那实际上和今天一样，咱们后来搞立法的时候也是搞法律移植，我刚才听你讲西安法院的那些制度，当然也是整个民国的一些制度在吸收（外国法律）的时候是不是比咱们现在吸收的更全面一点？吸收得越全面可能和社会的脱离就越严重，所以侯老师今天讲的两点，我觉得很有意思。实际上我们今天的一些思路和当时都是一样的，一个就是重视民间习惯，加强民间习惯，加强来自西方的规则和当今社会的融合，怎么样融贯，我们法学方法论上叫融贯。当然有很大一部分呢，直接可能适用于这个民间法、习惯法来改变，缩小那个来自西方的法律与现实社会的差距。

但是我在这里想另外一个问题，就是听了你这个以后我想到的。我觉得，比方说来自西方的法律和咱们今天这个现实社会，依然有很大的差距。那该怎么办呢？现在一个就是说，用民间法，实际上是啥东西呢？就是要引进所谓本土资源。这个理论上原来可能不叫这东西，现在叫重视本土资源。把习惯、把民间法什么的拿过来，来解决这个现代法律跟这个中国社会的出入问题。当然这个想法的上位的东西是什么呢？就是结合论，实际上就是中西结合。西方的所谓的制度与中国本土的资源、习惯的所谓的结合。但是我现在老想一个问题，先进的中国人思考了一百多年了，这个问题我觉得还是纠缠在民国时期，民国时期存留的问题依然是今天的问题，现在有些问题，没那个时候严重。你看刚才侯老师谈到有个军官绑架那个法院院长什么的，暴力抗法什么的。那个时候的暴力抗法，不知道是不是被革命舆论所鼓动起来的。但是我一直想的一个什么问题呢？法治跟革命的关系，可能是冲突的，要法治你没办法革命。但是咱们老是在这个结合论上做文章，结合了一百年了还没结合好，再结合一百年还是结合不好。到底该怎么办呢？我觉得这真的是一个很大的问题。我觉得这个结合论和那个同一论是一样的。实际上是个认识的问题，在哲学层面，我们老是想把认识论当成解决问题的方法来弄，这是一个非常大的问题。我觉得这个辩证法就是世界观，就是个认识论，它不是解决问题的方法，所以你老是讲土洋结合、中西结合、什么理论和实践结合，结合老半天，光在结合这一个阶段做文章，根本的问题没办法得到解决。那么应该怎么办呢，我觉得咱们这个哲学里面是缺一大块，就是干啥吆喝啥（我是研究法律方法的）。实际上我们在正确的认识论的基础上，结合论本身没有错，统一论也没有错，但是我们错就错在把这个东西当成解决问题的方法了。这可能是非常麻烦的。当然怎样结合呢，我觉得还是要进一步向西方学习，西方人已经意识到这个问题了，所以他们提出来要到 21 世纪，要到孔夫子这个地方寻找制度了。实际上，要到孔夫子这个地方寻找制度寻找的是什么呢？实际上就是我们的整体性，我们的整体思维。所以无论是欧洲还是美国的很多法学家都强调，像德沃金等人都在强调整合、整全、整体。所以我们也跟着人家学，这个东西就学过来了。实际上我们有一个很大的问题，我们还是在结合论意义上学的，我们这个思维方式本来就是这个整合的，你们说整合错了么？整体的，整体错了么？也没有。但问题是西方人强调整合的时候，他自己有一个原本的东西，他这个原本的东西就是分析，就是逻辑。我们这个整合呢，这里面没有逻辑，就是稀里糊涂结合。你看政治效果与法律效果统一，但是一统一这里面就没有逻辑了，他讲的这个统一就是说要用政治取代法律，实际上是这样，当然很多人不愿意这样做，不愿意这样做那他这个统一就没啥意义了。所以统一错了么？没有错。但是这里面要有大的逻辑方法来限制任意。统一和整合的过程不是简单地相加的过程，他是一个有方法、有逻辑运用的过程。我们现在法治搞不好，起码在方法这一块，就是我们整体的这一个思维方式的结构里面存在这样一个问题。我听了侯老师讲话之后收获很多，也很受启发，原来我以为统一论、结合论是今天的问题，其实早在民国那个年代就已经存在了。直到现在还没有解决这个问题，而且现在大部分搞理论研究的还没有意识到这个问题，或者意识到了不知道怎么去解决这个问题。这可能就是一个世纪难题，我就讲这么多。

范忠信：侯欣一教授是我的老朋友，资深的学者中联系比较多的，多少年一直在学术上切磋探讨，但是我们俩的研究方向有一定的区别，他的研究方向主要是在革命根据地这一块，红色中国的预备期的法制史，研究成果非常多，现在转到了民国法制史这一块儿，我们说白色区域的法制史，研究的结论呢好多也出乎我的意料。我感觉就是刚才那个金钊教授讲的，我们法制史以前给大家一个误会，就是法制史不管是研究古代的还是近代的还是现代的，更多地就是讲那个时候有哪些法律规定。这些法律规定有多少是继承了传统，有多少是抄袭了西方，怎么怎么样，但是这个法律规定是如何推行的，就是司法状况，还有司法机关还有包括欣一讲的参加社会治理，这些好像课本上都不讲，我们整个教材体系都不讲。所以我们过去的法制史就是讲的法律规定史，法律规范史。而那种法律实践史，实践法制史很少有人讲，所以我们的课本大家看起来没什么兴趣，跟这个有关。欣一的这个研究，还了一下这个时代的司法实践的本来面目，对民国时期的司法制度的创建和司法实践的努力，做了一个比较，以西安法院为例，全面地澄清。所以这个补充了我的很多的知识。我的特别体会在哪儿呢？欣一刚才分析的是，中国传统的基层治理的权威体系瓦解了以后，人们格外地依赖新设的国家纠纷解决体系。因为我们知道以前地方政府那个衙门小得很，一个地方的官府严格地说只有一个法官，就是知县老爷是法官，然后县丞、县主簿、县尉、县儒学教授这些人都不是法官。而且法律明确规定，官非正印不得受理民词，也就是你不是全市全县全省一把手你都不能办案。就是搁在那个时候讲法官员额制的话，古代中国传统的员额制，一个地方县级以上政权只有一个法官是员额的。那种体制下他实际上解决不了什么社会纠纷。很多纠纷也没法真正到他那里去，那怎么办呢？就在社会上有个广泛的士绅阶层，士绅组织在社会上取代这个国家的（作用），用我们现在的话说就叫公共权力服务的供给不足，就是国家不足，那么民间就靠士绅阶层。所以大家看到我翻译的那本瞿同祖先生的书——《清代地方政府》，那本书讲清朝地方州县级的衙门全部的办事逻辑体系、规则效果。瞿老做得很符合今天讲的实践法制史。那本书里面第十章，最后一章，就叫士绅与州县政府，讲的是士绅阶层在地方治理中的作用，士绅与地方政府之间这种合作和牵制的关系。我觉得欣一给我们在这方面做得最大的纠正是什么呢？就是让我重新认识到了，在传统士绅参与社会治理的作用瓦解或者化解或者松弛了以后，新式的地方国家机关司法机关是怎样顶着这样一个缺口，填补了这个空白的，提供了很鲜活的例子。这个填补空白的例子，刚刚欣一讲的，一方面是老百姓看到社会结构瓦解了，没有士绅的存在和发挥作用的形式了，那么只能靠官府，另一方面国家面对社会变革、法律变革可能也希望是这样的，国家希望能够更加主动积极地去控制社会、影响社会、治理社会，把传统的民间组织、民间权威占有的那个份额、占有的空间早一点给拿回来。我们今天甚至还有这样的事情，比如今天在农村在基层社会，我们自己主动发起参与民间纠纷调解，需要介入党委、政府的统一安排。我估计，民国时候国民政府，它可能也有这样一种考虑。因而大家看到，最后的效果和理想差别是很大的。从西方传来的、移植来的司法机关和法律移植过来以后想达到什么样的效果？怎么样全面影响人们的纠纷解决观念，影响社会的解纷体制？怎样实现新的治理的有效化？（需要认真考虑）这里有两方面，一是当时法院配合国民政府做得非常努力，但是为什么会是这个效果，就是刚刚侯欣一分析的，为什么在社会治理上效果并不如我们想象得那么好？当然权力阶层、权力集团就是各种力量在抵制，但法院做了那么一些努力工作以后，比如说上诉率还这么高，老百姓还暴力抗法等，就是移植的法治以及精英层的努力，与民间社会对这样一种努力的不认可之间的矛盾。甚至今天我们还有这样的问题。比如说肖扬院长，特别鼓励庭审模式改革，证据制度改革等。我了解的是，很多基层法院同志说这个太理想化了，这个不符合实际，这个我们并不认同，结果效果并不好，也就是说这种矛盾，从民国时期到现在还是很严重，里和面之间的差别非常大。也就是说近代中国法律移植，法律近代化，与我们传统的社会治理模式、法制模式之间的冲突，磨合到今天还没有彻底完成。民国时期的法治，我们对民国至少是从1949年“五四指示”以后，对民国的法治基本上是全盘否定的，砸烂旧的国家机器包括《六法全书》，代之以解放区的司法原则、政策。现在回顾起来看，通过今天这个典型的学术上的分析，应该说是有一种历史的巨大落差和倒退的感觉。这种感觉要是我们补写了法制史就没有那么强烈了。我上次去广东新会参观梁启超的故乡，那个地方有个叫衙门，叫崖山，就是人们说的那个海战，那个崖山之后无中国的地方。看了所有的文字材料之后那种感觉，真的是我们喜欢说的潸然泪下那种。南宋的时候社会的文明程度、法制程度、教育程度、社会经济的那种活跃程度、市场经济的程度（令人感叹），后来到了元朝的时候，所操作的一整套社会治理模式、行政方式，说难听点，就是你们知道的那个伊朗的巴列维王朝被霍梅尼推翻的感觉。民国时期的司法体制，法治现代化、近代化的努力，按照侯欣一教授给我们讲的，我觉得就是这样一个例子，虽然说还有那么些问题，但都是一个社会向文明进步必然经过的阶段。总体上讲，大方向是正确的，一步一步地走，踏踏实实很不错。可是后来可惜，我们把它几乎还原成一张白纸。这是我的第一个认识。那么第二个认识，大家看到欣一教授讲的，这个法院参与社会治理啊，我觉得今天跟那个时候有一个比较，就是那个时候法院参与社会治理，它是根据法院应该有的角色来参与。也就是说，我是法院，我是司法者，那我就通过司法职能的充分履行来参与社会治理。所以基本上它没有超出它的职权范围，包括它后来搞公证，搞数据公布，还没有超出它的职能范围。但是新中国成立后，我们的法院参与社会治理是没有位置的，我们大家看，政法委书记要求法院要积极主动地参与社会治理，可是你看我们参与社会治理多少是限制在法院的角色范围之内的？我们现在认为法院和党政机关没有实质差别，其他比如说计划生育、民兵训练、维稳、扫大街、消灭老鼠、动员G20以及刚开的金砖会议，也就是所有的这些事情，你作为国家机关，你都要参加的，包括扶贫，像这些，都必须参加。也就是说我们认为法院参与社会治理是一种全方位的参与治理的模式。而这种观念我们和国民党不一样，到现在我刚才说的这些可以说是一个很肤浅的地方。那么这种观念到现在实际上还在加深，我们正在大规模地加深过程中。也就是说法治近代化、现代化给我们带来的那种与世界更加接轨的路，那个道岔，本来我们是很一致的，现在我们在往另外一个道岔上扳。这是我的两点感悟和体会。

余军：很好，非常精彩啊，那么我们接下来请下一位评议人。

张纵华：可能我讲的会有点偏，实际上呢，侯老师是我的老师，所以刚过来的时候我先跟侯老师打招呼，但是侯老师可能没认出来我，我是98级的西北政法学院的学生。在座的很多老师是我经常听说的，所以让我在这里做评议真的是不敢当，只能说是在这里谈一点体会，讲一点自己的想法。

刚才侯老师提到了民国时西安的地方法院的案件数量，这对我有很多的启发。增强了我对实证研究的这种欲望。您刚才说到的几个地方我都想，但是我没有这么多时间也没有这么多资料。我知道您当时到西安的档案馆去查了很多很多的东西，您有一本书是刚刚出来的，就是那本书，我还想着这次会议结束之后去买一本，就是叫《创制、运行及变异——民国时期西安地方法院研究》，您说这本书写了20年，当时我就觉得自己的每一篇文章或者每一篇调研报告出来得都有些仓促。然后，您在里面提到民事案件和刑事案件大概是1940年代的时候总共有4000多件。然后刚刚范老师又提到了一些问题，我从法院的角度难免有一些想法，它当时有4000多件，14个人审理，80多个各类辅助人员。那你想这么平均下来，我就按他的员额法官来说，每个人也就是300多件。而我们萧山法院去年人均的审案数量就已经400多件了，今年的数量还在攀升。这是一个，当我听到范老师说在崖山的时候有一点伤心的地方，您潸然泪下，我这边也默默无语。其实我们还是一直在往前走的，真的是在往前走。

因为任何一个年代都面临一个螺旋式上升的过程。刚才老师们说到的立法和社会冲突的问题，说以前的冲突有，我们吸收西方的东西到中国来肯定会有冲突，我们现在依然有，比如说一个简单的例子，我问你收入多少、有没有对象、问你离婚之后有没有再嫁。这个问题看起来是原来我们认为只有亲近的人才可能问的话题，但是你拿到现在来说，我们接受了一些外面的观点之后，我们会觉得，这是我个人的问题，你凭什么那么关注。这种东西它会反映到我们的司法审判当中，就是拿到民法学上，张谷老师那边研究的，和个人的隐私可能会有一些关系。再有我们传统社会上讲到的杀人偿命，欠债还钱。前几年李昌奎的案子，一审判死刑，二审判决死缓。再审的时候我不知道是不是受了舆论的影响，判了死刑立即执行，这一点历史会给定论的。你说传统的这种观念的影响能够和我们现代的治理的观念完全弥合么？一直都存在这一些问题，再比如说现在的农嫁女问题，在嫁出去后房子拆迁了到底有没有她的份额，这个你怎么判断呢？我们传统的观念就是嫁出去的女儿泼出去的水，这个问题你让法院来解决可能还不如让乡里面有地位的人用乡规民约来解决。我们始终都在接纳，但我们始终也都在学习。我们始终都在传承，但我们始终也都在改变这样的一个过程。再有就是现在的婚姻家庭关系，南京的虐童案，这个虐童案审理的时候当时也发生了一些问题，这个养母是因为孩子没完成作业才打他，养母被公安拘留之后到底要不要批捕，后来开听证会的时候多数人认为不批捕，亲生父母也表示不希望追究养母的责任。其实就是棍棒底下出孝子的传统观念的影响，它不知不觉地会影响我们生活中、司法审判中的很多东西。所以，传统和现代的结合，西方和东方的结合是一个长期的过程。我们任何人都没有办法回避，也不能太悲观，这里用一句话来总结，就是我们有一句俗话叫作过得官场，也过得乡场。就是要官僚认同也要百姓认同。

第二点体会就是司法和治理的统一。我原来看侯老师写的那个陕甘宁边区司法研究的书，收获非常多。我们最近正在进行的案件繁简分流机制改革，包括我们的多元纠纷化解体系的这些新的做法，有一句话是我写材料时经常用的，就是当时谢觉哉说的“要在人民对司法工作的赞许中评价司法工作的对与否”和我们现在倡导的让每一个民众在每一个司法案件中感受到公平正义，也是一个一脉相承的这样一个体系。也就是说现在我们的这个社会治理在司法审判当中体现的，不只是计划生育或者是扫大街，我们还有其他的方式，比如说我们的多元纠纷化解，我们的繁简分流，我们把很多案件从法院里面推出去，这不是我们法院不愿意做而是我们要让更多的组织机构发挥功能，比如说仲裁、公证。原来公证是法院内部的，那我们现在把很多东西分出去让他们来做。那么再比如我们的人民调解，就是很多东西我们都可以分流出去，这是外部的分流。还有内部的分流，内部的分流是遵循二八定律的，百分之八十的案件相对来说都是比较简单的或者说老百姓不是那么的非得要一个死理的那种，另外百分之二十我们用复杂的方式精细化处理。当然范老师说的很多啊，有些问题我相信很多人都在努力地解决它，至于什么时候解决我还是满怀希望的。此外我们还给老百姓选择权，比如我们现在在杭州成立的互联网法院，会让老百姓选择，你到底是在网上审理案件还是在实体法院审理案件，我们给了他们很多可能，这是在技术上能够做到而在当时的西安是做不到的。就是说我们还是随着社会的发展，随着科技的进步，来不断地采取办法。比如说我们的网上立案，我们的延伸立案，比如到乡村、到海岛，还有我们的跨域立案，福建到我们浙江来立案，这样的一些做法都是我们参与社会治理或者说辅助社会治理的一些办法。当然在现实生活当中，你说当时的老百姓这个满意不满意，只能去从史料上查找，但是现在的满意不满意，我们就拿一个民事案件来说，双方观念不一样，你说两方都能满意么？一半满意可能都是多的。可是你如何评价我们的司法审判？它是一个很难得到全部支持的这样一个课题。还有我们现在的对于文书的一个定位，当时的就是对于司法文书的要求我们都在进行一个革新，像我一直在讲的那个繁简分流，你那些东西能够写进去，你是用法言法语用到那时的马锡武的审判方式让老百姓都听得懂，还是用我们的思维方式引领老百姓再往前走一步，思考一步，还是我们稍微拔高一点，用我们的思维方式，用我们的法治思维来引领老百姓往前再走一步。所以很多东西都是我们在不断地深入探讨的一个问题，如文书怎么写。民事案件当中有两个典型，一个是江苏的胚胎案，很多老师和很多同学肯定知道江苏的那个胚胎案，它是一个典型的例证，写得非常好；还有一个，把那个《圣经》写到判决书里面的。就是什么东西，它可能都是有两面的，你细点研究的时候就会觉得这个东西，还有深入研究的可能。尤其是刚才侯老师讲到的这个刑事案件的数量，讲到这个的时候，我就在想当时会有多少的人是死在战场上的。那讲民事案件数量的时候，我在想又有多少人能有时间守在法院门口，像那个信访的地方经常会有人守在那里，有的人会扎那个白色的布条，他会守在那里，当时有没有这样的一个条件？所以呢，很多东西，就是我要讲的体会的下一点，就是刚才那个老师讲到的这个我们法学研究和法治实践的结合，我觉得也要说到一个结合，就是立法和司法的冲突问题，其实立法和司法的冲突，它往往体现在什么地方，它表现出来的是什么呢？是我们整体社会观念和个人之间的冲突，这种冲突它在个案当中体现出来。我们司法者接触的是个案，但是我们要面对的其实是这个整体的这种冲突的一个触角，其实我们要面对的是这样一个整体的冲突的触角，然后同时社会可能对法官有更高的一种期待。法官首先，他是一个人，有血有肉的人，他可能会因为这个职业素养的这种塑造，可能因为司法伦理的学习，他可能更倾向于中立和公正，但是你避免不了他可能有徇私枉法的这样一种可能，你排斥不了这样一种可能。所以不管是对司法的评价，还是对于司法者的评价，他都是一个要回归事实的问题。我这个体会的最后一句话，我是准备了一句话，后来基本上都没用到，就是还是回到事实本身，从历史的角度看历史，以现在的眼光看历史。还有一个我们要做的事，借助我们侯老师的这么精彩的这个，说讲座也可以，说授课也可以。能够把我们思维的触角放到未来，站到未来看我们现在的法院，看我们现在的司法，看我们现在的司法改革，或许我们不会那么悲观，或许能有一点点乐观的因素逐渐扩大，逐渐增长，谢谢！

余军：感谢两位评议人精彩的评议，我们现在要不就自由发言吧，大家可以谈谈自己的高见。

侯欣一：我补充一个数据啊，就是当时的实践证明，靠司法来参与社会治理是一个成本最小的方式。我认真地查了一下，民国时期的西安地方法院，在整个西安市所有的财政经费里面，所占的比重为5.2%左右，你想想你花那么多钱去维稳，然后花5.2%的代价通过司法去参与社会治理，真的可能也是成本最低的一种治理方式。

侣化强：我想问一个问题，就是你说法官做得那么好，有可能还超过我们今天的普遍水平，那为什么在你考察当中还有对那个法院和法官的不满。这个是宏观上对法院和法官这样一个新的事物，在政治立场上对它的地位不认同，还是源于民众从中观或者微观上，对他们判决的具体的个案的一种不满。我想了解一下。

侯欣一：你说的这个问题，我那本书是想对西安地方法院做一个全景式的考察，我还真的去观察过，思考过。就我观察的原因，肯定两个方面，一个方面，作为当事人，大家都会知道，（无论）什么样的判决让当事人都满意是很难的，因为法院的判决可能跟当事人原来的预期是有差距的，法院在判决的时候必须考虑双方，因而就个案而言，要当事人都满意，绝对满意，这个肯定不现实，所以有人对判决不满意，是个非常正常的现象。但是你可以看得出来，社会大众对法院判决的不满在逐渐增加，这个民国时期是能观察到的，而这种观察到的现象，其实民国时期有学者也做过分析。他的分析很简单，就说是因为大家对国民党政府、对国家的整体不满意，蔓延到对各个领域的不满意。大家对政权不满意了，然后看什么都不好，政权里面每个分支都不好，所以说对司法的不满意（度）也越来越高，这是能观察到的一个客观的规律。民国时期有人认真地思考这样一个问题，说几十年前，如果说大家就一个个案不满意的话可能就个案发点牢骚，后来慢慢地不是对这个个案发牢骚了，而是对整个西安地方法院不满意了，然后慢慢对整个司法系统有牢骚，它是因为对国家、对政权不满意导致对其他各行业的这样一种普遍不满，导致这个不满意比例在增长。

侣化强：但是也有一个问题，我觉得你这种解释的话，如果当时官场都黑暗，那么有一股清流，这种清流，因为它是稳定的，并且还就是那几个人，这个时候大家应该感到万幸。

侯欣一：有一个问题需要考虑，因为不做法制史可能不太清楚，就是我讲的是民国时期的新式法院，新式法院大家整体对它的评价还是比较高的，但是民国时期新式法院在整个国家所占的比例是很低的，大量的县还是传统的，或者是传统与现代结合的司法处，司法处是隶属于政府的，就是一个承审员审判之后，县太爷签字。属旧式司法与现代司法之间的过渡，那些不在我观察的范围之内。司法处判案大家不满意程度更高，但是老百姓不会区别对待，老百姓认为反正就是案子办得不好，法院在整个民国的比重是比较低的，当时司法系统里边有一种非常强烈的要求，就是尽快地把新法院向全国推开，尽快地替代传统的这种司法，但是鉴于财力等各方面原因没有完全做到。到民国晚期，新式法院在全国 1900 多个县里边才建 900 多个，大量的还是旧式司法。

侣化强：旧式司法，就是县太爷还是司法一把手。

胡铭：我补充介绍一下，侣老师，侣化强教授是重庆大学的，在我们这边是驻访，我们很多老师不认识。那我接着说两句，我跟侣老师一样都是刑事诉讼方向的，我们之前也读过侯老师的很多文章，我们本身也不是研究法律史这个领域的。但是我自己的理解是实际上有很多可以做的结合点。我们浙江大学现在做的一个重大项目就是龙泉司法档案，这个龙泉司法档案，主要是历史系牵头在做，其中也吸收了几位法律的，比如说俞江教授，我也是其中一位，我也承担了一个子课题，所以对龙泉司法档案在清末民国的那一段历史、那一段材料做了一些梳理。今天听了侯老师的这个讲座（报告）以后，我觉得很多内容是可以跟龙泉司法档案的研究对得上的。比如我举个例子，您那个很详细的列表，西安当时的这些法官、律师的专业背景，西安当时是个大城市，浙江的龙泉是个小地方，但是龙泉那个地方很有意思的是它那些法官专业背景也很好，甚至比我们现在的法官的还要好看。我们现在法院可能还有很多半路出家或者部队转业的，肯定都有，那时候列表下来很清爽，基本上都是法科，名校或者说是专科学校毕业，所以很多我觉得可以比对得上，也确实说明在民国那个时期，司法制度，很多的方面实际上跟现代西方的这种司法文明走得已经比较近了，至少是往这个方向去走的，我觉得这个还是很有意思的，可以进行比对。另外，我的一个想法就是说实际上我们现在去研究民国那个时代，其实并不是要去说民国那个时代有多好，那个时代显然不好，那个时代非常混乱，有很多很多的问题，那我们为什么还要去研究它，去找到它里面很多东西，我想非常重要的应该是说当时我们在试图跟西方接轨，向西方学习，那个时候做了很多尝试，我们今天依然在做这种尝试，我们今天应该做的是什么呢？避免当年已经犯过的错误，当年已经做过的一些东西，这个时候我们不应该一个坑里进两次，不应该在原地踏步。所以我们其实很多时候忘记了那段历史，忘记了那段历史当中我们曾经做过的现在我们仍然在做的一些东西，那么通过总结当时的一些经验教训，实际上是可以为我们今天的司法改革制度完善提供借鉴的。比如随便举个例子，我在研究龙泉司法档案的时候的一个着眼点就是当时的刑事和解，当时的大量的案件里面用到了刑事和解，但是我们现在的刑事和解，实际上刑事诉讼法中确立的是很晚的，现在还刚刚开始尝试，而那个时候的刑事和解实际上就是这样一种，一方面是西方的司法制度，一方面是中国的这样一种习惯、传统的结合，然后已经办了那么多案件，那么从当中的一些具体的个案，我们从裁判文书的角度来说，就发现其实有很多东西，我们现在是可以去回味的，当时的很多做法我们现在在设计，我们可以在完善我们现在的刑事和解制度的时候借鉴当时的一些经验，或是一些教训，包括当时的裁判文书。那个用毛笔字写的裁判文书其实很多很有逻辑，比我们现在用电脑打的可能还要好，所以从这样一个角度来说，我觉得侯老师的这个研究非常有意义，也给我们很多启发。那么我也是非常期待您的大作，还没来得及读，以前读的是文章，所以下一步也好好地再向您学习和进一步地拜读，谢谢，我就讲这么多。

张谷：非常感谢侯老师的这个报告，因为我跟王健（西北政法）很熟，他是搞法制史的，我自己可能天然地对历史有一些好感，有些兴趣，所以很早之前我听王健介绍有老师专门研究陕西的那些档案。我今天听了以后，我在想我自己的一些感受用一句话归纳就是说，这是西安地方的司法史。我首先觉得侯老师选的这个西安地方司法的历史很有代表性。为什么这样说呢？因为虽然不是东部地区发达的像上海这样一个国际化的大都市，也不是像南京当时作为国民政府的首都，也不是清朝晚期的这个首都。但是，从我们浙大的历史地理学的陈桥驿老先生来说，他专门写过六大古都。西安当然是中国古都当中地位最重要的，不仅是秦始皇统一中国开辟的这个郡县制，即便到了民国时期，它也是个大的都市，包括在中西文化交流的过程当中，它的地位也是不可替代的，到了抗战时期以后，正好在西安和西安的边上又有另一个政权，只有这两个党是掌握着武装力量的，所以在这样一个背景下，西安的地方的法制历史是非常有代表性的，我个人觉得这样一个个案从司法和社会学的角度来讲都是有代表性的，所以可以通过这样的一个个案的选择，对它的研究，跟全国的司法的一些数据进行比对，来看西安这个地方，法院在司法过程当中的一些特色。其实我自己本来还很好奇，就是侯老师你在读那些案卷的过程当中有没有发现有一些案子，比方说因为当时在延安，我们其实也有一些把国统区的金融秩序加以扰乱的措施，类似这样的事情，比方在西安地方法院有没有发生过个案，有没有判决？这些判决就是从这样一个西安地方的司法历史当中，又能够反过来为我们的党史研究或者我们的这个其他的军事的发展提供一些养料，这个其实我想也是蛮有趣的一个事情，这是我想到的这个个案的选择，本身的意义是多样的。我们在陕甘宁边区，这个边区其实是一个特区，那么从某种意义上陕甘宁边区政府，它的司法裁判应该也是要用国民党的《六法全书》，这一点在王明的那个 1949 年 2 月的指示里面已经讲得很清楚，尽管事后说的是变异性，但是这个话显然只是在找借口，因为那个只是为政治服务，所以就把之前的一笔勾销，所以这样的一个个案的选择，我想它本来就是有多方面的意义。这是我想谈的第一点。第二点，侯老师的这个讲座就是刚才忠信兄谈到的，的确是从司法的和社会学的角度颠覆了我们过去在教材当中所了解的国民党时期这样的一个法治状况，因为我们过去的法制史的写作当然受意识形态的影响，所以不会全景式地展现或者通过某一地区作为个案来展现它当时真实的运作状况。不管是瞿同祖先生对清末的那个研究，还是像社会学家费孝通先生在他的《乡土中国》里面，对于过去的这种司法下乡的描述，都没有像侯老师一样选取西安的这样一个城市，它的司法，包括从司法官的组成，它的审判制度，它的上诉率、改判率等方面来做那么大的统计，我觉得这个是非常有贡献的，这就改变了我们在那种意识形态指导下所写出来的中国法制史。尤其中国近代法治，给我们一种刻板的印象，这个是很重要的，就是历史本身是非常丰富的，有的时候历史确实像小姑娘任人打扮，但是侯老师显然在这个方面是想做出自己的努力，还历史以本来的面目。这个我觉得是我印象非常深刻的。那么第三点，我想这里面也有一些个别的地方，我也想提出问题，比方说当时的法官，侯老师提到的，必须要经过正规的法科训练，要参加司法官考试。但那个司法官考试实际上，尤其是在国民党时期，应该是属于高等文官考试的组成部分，因为像谢怀栻老师，我当年研究过他，他就是中央政治大学毕业以后，参加当年的高等文官考试司法组的第一名，然后分配到底下，担任这个学习推事。完了以后，再分派到法院，他是被分派到重庆地方法院做推事，后来跟着杨鹏院长到台湾从日本人手上去接收台湾的司法系统。所以司法官考试的那个事情，我觉得应该是高等文官考试，过去的高考，我们指的就是高等文官考试，不是我们今天高中毕业考大学，那个完全不一样，那个时候高等文官考试真的是凭本事，你这一个出身就相当于过去考进士一样的，考上了，那是要分派你做官的。另外，我非常惊奇地发现，他们的那个时候法官是不可以任意调动的，这点跟德国今天是一样的，为了保持法官的那种独立性、中立性，你如果可以随意地去调配法官，从下级法院调到上面来，上级法院调到下面来或者换不同的地区，都可能会变相地给这个法官穿小鞋。所以在德国，法官就是终身制的。包括我们现在搞的那种错案追究，错案不是说不可以追究，本身法律制度上有规定，像德国侵权法里面就有规定，如果说作为公务人员，作为官僚，你如果故意地去枉法，那本身就要追究你的责任，有法律规定就好，可是法官的角色跟医生是一样的，跟我们老师是一样的，有的时候我们就要对一个人做判断，医生说对患者的这个症状做判断，法官就要对这个案件的事实和法律适用作判断，判断总是要出错，出错就错案追究，我不是故意的就好了嘛，对不对，人非圣贤，孰能无过。另外，比方说像当时的这个登记，不动产登记是在法院，这点跟德国也是很像的，德国就是在基层法院登记处，而且在德国基层法院的登记处不仅掌管着不动产登记簿，也掌管着法人的登记、商事的登记、夫妻财产的登记，所有的登记都是在这一块，这样的话不同登记各司其职，另外，因为这种登记，一般的行政机关，工作人员如果没有法官的这种素质，他来处理这些登记，包括登记当中哪些时候应该要接受哪些时候应该要拒绝，恐怕从要求上来说不如放在法院好，而且都集中在法院登记处，他就不存在什么信息共享，这是非常有意思的一个现象，所以我觉得当时的做法的确有他先进之处。而我们今天在很多方面，反而都是通过行政的力量来解决，这是非常有问题的，但是就是刚才有的老师提到法官的素质那么高，律师的素质那么高，可是为什么在法官的专业性、精英性、独立性都能够保证的情况下，还会有那样的种种的问题，我自己也想了想，因为我完全没有历史依据，我只是从我自己的有些认识上来说。比方可能首先是法律技术，因为技术的先进，跟中国的实际情况之间有差距。因为这一点像《中华民国民法典》制定的时候，当时学者就有很多批评，说《中华民国民法典》十之七八来自德国，十之二三来自瑞士或者来自哪个国家，甚至说没有一条是没有来历的抄袭，你像李达先生在他的《法理学大纲》里面也提到过这一段，引用过这一段，但是我觉得当时的吴经熊，作为民法典起草的也算是顾问，他说过一句话，他说抄得好，是一种创造。年轻的时候读这句话，觉得非常的刺耳，听不进去，现在想想，抄得好是一方面，现在有几个人有能力抄？不经过翻译，直接拿了原文然后把它们写出来，抄本身是需要水平的，现在抄的能力都会被区别，更不要说抄得好。但是那个时候抄得越好，可能离中国的实际就越远，这完全有可能，尤其是我觉得像在西安这个地方，中国传统的法律，中华法系，那个过去的刑律，再加上董仲舒这样的大儒，把儒家的东西融入处理当中，这个风气一直流传下来，一直到清末都是这样的。因此，老百姓的观念跟民国政府所制定的法律，包括北京政府时期所颁布的一些新的法律，可能彼此之间就中国传统的那种家族本位的文化，包括法律跟从西方接受的这些法律体系之间在观念上还是有冲突。这一点，就像王伯驹先生到了台湾，就国民党立法颁布了 50 年之后，他再回过头来说在台湾，因为经过了这么多年，也是因为法律太先进，引导着社会不断地去跟这个法律吻合，这个我想可能是一个方面的原因。另外一方面原因，即便是法官他们在继受，他们适用的继受来的法，他们用的一些继受来的学理法理，恐怕在理解上有的时候会有一些偏差，因为像台湾王泽鉴先生所谈到的买卖当中负担和处分的区别，这个问题在南京师范大学所编的民国江苏省法院的那个司法档案当中，从 4000 多个档案里面选了 400 多个，我就看了一些，没有全看，在台湾后来发生的事情在我们大陆当时也频频发生。一个买卖当中到底哪些是负担的问题，哪些是处分的问题，我看民国时期就没有搞得很清楚，尤其是那个时候有些留学回来的人大部分留学日本，而日本在这个问题上也没有搞得这么清楚，所以影响到我们的实践，那你想中国的老百姓从来就是这个，再早之前鱼鳞册，完了以后，这个红契、白契，那突然搞一个德式的那样一种负担和处分的区别，搞不懂，法官也未必就真的分得很清楚。到今天为止，买卖合同司法解释第 3 条还在讲这个事情，可见 100 多年来，这个问题是一个老大难的问题。这只是一个例子，我想可能是在理解上、适用上。第三个问题现代社会的治理当中法院取代了士绅，是怎么取代的？士绅的地位、绅权的这个衰落当然是一个不争的事实，可是这个衰落过程当中，法院是怎么样去取代它的？说实在，我自己手上还保留着这样一套东西，就是清末的时候，像今天的黄页一样，士绅专门有一种书，小红本，开本很小，红红的，顶上都涂红的，就是把各个地方的士绅的名字全写在里面，我也不知道在北京什么地摊上买到的，一直放在手边，那现在我们就没有这个东西，那些士绅过去就是处理这些地方的民事纠纷，可是当他们衰落了以后，民国在基层也有保甲制度，你刚才引用的那段话、那个民谣，这些保长他们可能也挺挣钱，我相信他们在那个最基层，他们可能也有一定的权威。虽然他们和士绅比，因为士绅都是做过官的，或者至少是文化程度比较高的，最起码要中了秀才以后才能做士绅，中不了秀才，恐怕都不行，所以在这种情况下，实际上就是斯文扫地的情况下，又有什么东西能够替代它，包括在这个过程当中，这种基层的保甲制度，一个法院下乡以后跟这个司法制度之间是如何配合的？那这种过程好像没有讲得很清楚，这个是我自己个人感兴趣的地方。

侯欣一：感谢张谷教授特别专业的提问和点评，虽然你说你不是搞法律史的，但是与我们这些搞法制史的人一点不差，对你提的问题，我来回应。第一个，你说的那个关于民众对司法不满的原因里面，因为是立法上我们学西方学得太好，这确实是一个重要的原因，我这本书里边最后那段话，引用的那段话说得很清楚，是因为民众对现行移植的法律的不满，但司法还必须得实行这套律法，导致了大家也对司法的连带不满，这是一个非常重要的原因，确实清朝末年到民国时期，我们把西方那套法律制度基本上是拿过来了，因为拿的那些人就像你刚才讲的，确实有能力拿，你想那时参与立法的都是一些什么样的人，我们现在真的是没法比，但是拿得太像，跟中国传统社会的差距就更大，如果拿得不像，差距肯定小了。就是太像，导致跟现实社会脱离越来越严重，尽管法院在中间过程中尽量地注意弥合了，但是还是做不到，所以大家还是不满意，这确实是一个非常重要的原因，这是回答你的第一个问题。那个第二个问题，我那本书里边引了一个案子，讲的就是当时乡镇长跟传统士绅之间争夺地方控制权、领导权的一个个案。民国政府建立了新的保甲长制度，保甲长制度用来替代原来的传统士绅，但是这些传统士绅是不甘心退出去的，他们对地方还有很大的控制能力，他们经常会干什么呢？经常会不断地向法院告这些新的保甲长贪污腐败，他们没完没了地去控告，法院又不能不立案，这些士绅的能力非常强，最后出现了一个特别好玩的现象是，民国时期保甲长是被控告比例较高的，而告诉人很多是传统士绅，其实就是大家争权力的问题。但是在这过程中也确实有民众的选择，民众越来越选择国家。不去选择士绅解决纠纷也有个很真实的原因。有一个传教士来中国迅速地观察到这个问题，传统中国的士绅，他们在处理纠纷的过程中是不收费的，但是人情是很难还的，而现代司法，它收费但其实从整体上算，法院还是廉价的，民众会算利益。想一想，我求这些士绅了，你给我调解一个案子，人情需要没完没了地还，天天找我事，天天要还人情，调解的过程还要买烟买酒，你到政府告状，就一回诉讼费，政府很快就处理了，政府再不找你麻烦，因而民众在这个过程中也自动地去选择站在国家一边而不站在士绅那一边，这个过程其实真的是非常有意思，不是简单几句话能把它描述清的，但确实是就像你说的，要把这个过程再还原是一个非常有意思的过程，就是我们传统士绅到底是怎么一步步衰落，然后现代国家怎么一步步去下乡，怎么去进入，这个过程中都有哪些问题，有些故事也是特别精彩的，那本书里边就讲了这么一个案例。你提的第三个问题西安地方法院审没审理过当时共产党的，另外一个政权在那边故意做的一些案件。当时是这样，这种案件是属于特别刑事案件，特别刑事案件是归特别法庭审判，而特别法庭的那部分档案材料在国民党败退西安之前或带走，或销毁。特别审判基本上是掌握在国民党的一些法官手里，这是实实在在的。国民党在整个执政的过程中培养了一批特务法官，这些人也都是法科毕业生，也参加正规司法考试，但是确确实实他们的党派性非常强，而这些人经常会先安排当检察官，安排在一些交战区域当检察官，是非常有目的的，这些人后来有一些从检察官又转到特别刑事法庭当庭长，所以这一部分材料现在我们很难见到。地方法院是普通法院，审理普通的民事和刑事案件，你说的那类案件在地方法院的档案里面是看不到的。还有最后一个问题就是讲的那个考试，在民国时候，法官考试就是高等文官考试。文官考试有两种，一种是高等的，一种是特种的，特种的文官考试，其中都把司法官作为一种独立的类型。特种司法官考试是考司法处的审判人员，高等文官考试的司法官考试是考推事，两个都是文官考试，国民政府是把法官作为公务员的，所以他必须参加文官考试，因而这个考试必须叫文官考试，但是是专门列出来的一块特殊考试，出题、组织方式都不一样，命题人、改卷人跟其他文官即公务员是不一样的，但是确实考试的名称就是你刚才讲的谢怀栻的经历。谢怀栻参加了高等文官考试，考试完了学习完了，被派到重庆当推事，后来去到台湾参与接收台湾的司法权。谢怀栻先生在他的简介里有这样的介绍，以上基本上就是对你的问题的回答，非常感谢特别专业的点评。

余军：我讲一讲吧，我今天非常遗憾，来晚了，我没有听到讲座的前半部分，但是侯老师刚才讲的那个话题，我是非常感兴趣的。我有一些感想，听了这个不完整的讲座，就是这个话题，非常容易让我们和当下的司法改革发生一个联想，比如说也讲社会治理，现在社会治理是一个热门的话题，然后又讲司法改革。那么我的感觉就是，其实民国时期的那个司法的改革跟我们现在的，虽然都是改革，那个背景是不一样的，侯老师的这个讲座就让我更加清晰地认识到我们当下的这个社会转型对我们这个司法改革带来的影响，就是很容易产生一个比照。就你这样的一个展示，这么一个图景，比如说民国时期，那是在传统社会这么一种旧封建逐渐瓦解、乡绅治理向近代转型的那种图景、民国政府主张的德国的那个法治国的观念，因为张老师刚才讲到很多事，制度跟德国一样，民国政府那个时候法律的移植它是非常明确的，基本上就是欧洲大陆德国的法治国模式，以日本、德国为蓝本，那么这样的一种冲突比如说立法的过于超前，跟传统社会的这种纠纷解决机制才会产生了很多很多的冲突，但是我们现在这个转型可能更复杂，我们这个转型就是我们原来是计划经济全能国家这样的一种状态，然后，苏联式的苏维埃式的这种司法观念向现代司法观念转型，但是转型的力度可能还不如民国时期，因为民国政府完全就是照搬国外，它觉得没有什么，我们很大的意识形态上的障碍，民族主义的一种障碍，那么这样导致了什么？导致了我们中国的这个近代化的过程中，因为我主要是搞宪法，从宪法角度看就产生一个非常让人觉得感叹的这么一个现象，就是我们到了现在这个司法，我们国家权力的分化，比如说文明程度越高，社会分工越高，但是法政文明跟权力的分化也是有关联的。我觉得到了我们现在，由于我们中国的这么一个特殊的经历，1949 年以后把民国时期的传统全部给否定掉，那么后来又接受了一个苏维埃式的这样一个司法关系，那么现在还有一些意识形态的一种阻碍要素，导致了我们这个权力分化，权力的分工非常缓慢，我说一句可能要得罪法官的话，就按照我的判断，就是我觉得中国现在可能似乎还没有一个真正意义的法院，我们这个虽然在解决纠纷，但是这个运行机制跟政府一样，非常行政化，非常行政，我们甚至都不愿意承认，过于的行政化，导致了这个没有完整意义的法院。那么从另外一个话题看，我们现在讲到治理，我们现在讲司法机关的社会治理，我们很多的时候是在，刚才范老师也讲的，强调法院的非司法制度，比如讲究什么大调处，甚至计划生育、扫大街，这些事情都不是法院应该干的吧！但是侯老师您刚才讲的里面，民国时期的法院在社会治理中，它是通过司法制度去发挥，这个让人非常感叹。这个就是我的一些感想，最后还有一个问题想请教一下，就是因为侯老师是我们国内知名的法制史研究的专家，因为我本科也是读历史的，我是川大历史系的，我对历史学一直抱有深厚的感情，但是后来改学法学。法学作为一个社会科学，研究还总是跟史学不太一样，比如史学我也看过一个，好像是赣南师范大学一个年轻的学者，专门研究江西民国时期地方法院的这些法官的履历，他们的经历，就是史学研究，好像就是在用史料去展示还原这么一段场景，他不解释。我总是感觉，就是看着谢老师（赣南师大）那个文章，侯老师文章的这种感觉倒不是很明确，就是完了以后我觉得你得解释一下，把这个资料把这个场景展示给别人看了，那么当时为什么会是这样，背后的逻辑是什么？按照法学、社会学研究方法，可能就要试图搭一个框架去解释，但它就结束了，您对这个事怎么看的？为什么就适可而止？比如说搞法学的人肯定忍不住，这个场景，我肯定还试图去解释它为什么是这样，揭示它的一个逻辑，去阐释它，这可能不是史学跟其他社会科学，就史学作为一个人文科学跟其他社会科学的一个区别。在这个方面，研究方法上想请教一下侯老师。我就这些问题。

侯欣一：非常感谢，先说你的第一个感悟，你那个感悟是我们研究法制史的人，研究近代法制史的人感悟更深的问题。我们当下面临的几乎所有问题，从清末以来大都遇到过，但是这些问题中相当多的都没有解决，几乎是每隔几十年重回一次，所以有的时候真的不知道说点什么好，总觉得这个民族在有些地方、有些领域由于有些原因没改变，导致我们很多问题就没能根本解决。就司法来说，其实你去看，近代司法改革是一个永恒的主题，当然司法改革也可能是所有国家的主题。在中国，这个问题特别突出，而中国的司法改革其实这一百多年以来，就是几个问题，你去细心梳理，就是几个问题。比如说审级问题。是两审好还是三审好？争来争去，大家都知道该怎么做。但问题一多了，纠纷压力大了，就改两审；一到追求质量了，就恢复三审。从来没对这个问题有个理性，老是在向各种力量妥协。比如说法官到底是精英好还是大众好，其实这个问题从清末以来（一直存在），清末倒是一直追求精英，但是他们也不得不去考虑一些社会压力，然后有的时候也要刻意去塑造一些所谓的大众的东西。他也强调法官要与民众沟通，强调跟民众的对话，它也强调一些东西。再就是跟执政党的关系，到底是司法独立还是司法党化？再有比如说中西结合，我们要不要彻底西化，或彻底中国化，还是中西结合，结合的时候谁占主流。这些事其实折腾一百年到现在还是在重复。我们当下司法改革面对的问题还是这些，因而有时让人真的特别感慨。而为什么是这样一个现状，其实大家都明白，就是我讲座里面讲的孙晓楼的那段话：一个法治国家没建构起来。法治国家没建构起来，这一页没翻过去，然后这些问题也就很难解决。

另外一个问题，确实在这个过程中，司法包括法治，也没有形成自己的力量，这是近代中国一直没有解决的问题，就是法治始终没有形成一种独立的力量。就司法来讲，新司法确实给社会带来了新现象，各界评价很好，但新司法能力非常有限，它只是在刚才讲的在一小半的县里面运用。民国时期，也有人反思，比如说一直强调精英化，导致法官人数很少，到民国时期全国法官 2000 多人，大量的司法处还是新旧兼有的过渡型的人。两千多人无法给这个社会带来太多的新风气，大家确实看到一部分法官很理想化，但是 2000 多人构不成一种影响社会的力量。于是也想是不是法官人数多点，法官要是 10 万人它对社会影响就大了是不是？像现在我们法院系统 30 万人，是不是就对社会形成了一种很大的力量？但 30 万里面有滥竽充数的人。所以说整个近代以来，法律包括司法始终没有形成一种力量，能对社会产生更加广泛的影响，它确实是一个很小众的欣赏品。这是近代以来中国另外一个技术层面上不知道如何处理的问题。

其实你说的第二个问题，在史学里边本身是两个问题。第一个问题，做历史的人，不愿意自己站出来说话，大家都觉得，我靠我自己预设的那些逻辑，通过材料，全部都摆在那儿，只要你认真读，你自然就跟着我的逻辑走，结论不用我说你就会懂。我站出来说就太蠢了。

余军：国外的史学是不是也是这样？

侯欣一：国外情况不太一样，日本学者是靠着史料一点点吸引你往前走的。

余军：我以为是中国史学特有的。

侯欣一：史学是通过一个预设的问题，然后通过一个预设的逻辑，通过材料一点点去引导你，学者不愿意自己站出来说话。大概总觉得个人的观点长存不下去，只有问题，只有逻辑能长存下去，这是一个特点。

叶三方：我占用宝贵的一点时间，表达一下我的意思。首先要感谢侯老师，我来这里，受益匪浅。今天听到侯老师的这个讲座，对我现在正在做的这个课题，很有启发。葛老师本来在广东的时候，给了我一个课题，就是司法改革后的基层法院应该是个什么样。刚才这位老师说了现在没有法院，我是法院的院长，我当然不能说没有法院。但是呢，法院它的变化的空间应该还是蛮大的。我正在做这个课题，今天听了侯老师的讲座以后，那我当然要感谢侯老师。我在做这个课题的时候，我原来只是关注古代，比方说大家知道的河南南阳内乡，这是大家都非常熟悉的一个县衙，而且对它是推崇备至。那个县衙摆在那个地方，它反映了什么？再就是我们还看到的一些剧本当中，比方说包公断案，形象地反映了那段历史，但是我今天听到侯老师关于民国的讲座以后，我感觉这课我应该补一补。我前一段时间看到葛老师推了你的研究成果，我当时就说，应该值得一补，但是今天听了以后，更加强化了这么一种愿望。这段时间因为忙于别的课题，到处跑，今天我听了以后，我觉得真的挺好。这里面讲了几个事儿，最多的是讲了一个法官的精英化和法官服务社会的问题，还有社会治理的问题。从这样一个面和点来看，刚才你讲的时候我就和葛老师说，反映了原来我们社会上的解读，就是为什么民国有那么多大师。法院的这个缩影，在西安的这个缩影，是不是也是中国在民国时候能够产生那么多大师的一个缩影？它的经验，它的做法，它的很多方式。

我们现在的法官，也在走精英化，可是我们最高法院最近也在回顾，在总结，在讲司法改革取得很大成果。但是实事求是地讲，我们现在所追求的精英化和实际的成果，可能和上面要求还是有距离的。比方就我所知道的，在精英化员额制当中，有很多原来已经是客观上可以说是退居到二线去的法官。比方有的年龄大，知识结构跟不上，身体弱等种种原因，已经到了立案部门、执行部门的，这个是在法院里大家知道的，这就是属于是一种基本上离开审判的法官。但是在员额制的精英化当中，有很多这样的法官又回来了。回来有几个原因，第一个，面对司法改革，法官精英化、职业化，他们看到了一种希望，这是正能量。还有一种，就是原来打雷、刮风，搞了很久的，要提高50%的待遇，这个我们行话叫下雨。虽然打雷了、刮风了，雨还没有下，但是这部分法官他也希望去淋淋雨，这不能说是正能量，你也不能说是负能量，这是人之常情。但也有一种是因为员额的名额是一定的，有的单位现在种种原因并不是很紧缺，不紧缺又要填满，那要填满这一帮子人就回来了。上面有要求，个人有愿望，那现在的情况实际就是这样子。所以我觉得这里面，怎么样来看民国时期的那个精英化，和我们现实的这个精英化，我觉得这里面还是有文章可做的，我相信这里面也可以为我们现在的改革提供一些营养。

再一个就是法院的构建的问题。法院的构建现在大家普遍的反映就像刚才这个老师说没有法院，是因为行政化，确实是这个样子。你看到刚才侯老师讲的西安地方的法院，它精英化，而且它的司法审判，这种特征，尽管侯老师还没展开，但是它反映出来的就从它参与社会治理这一块，它反映的是这样得鲜明。前些年，我们要参加招商，但是现在应该说已经开始好转，平常大家关心《人民法院报》的话，经常会有一些文章，比方说怎么样通过司法裁判，来引导社会、导向社会。这里面有两个典型案例，一个是南京的彭宇案，一个是广东最近的香蕉案，这个香蕉案大家可能有的知道有的不知道，但是这两个案件都反映了司法裁判对于行为的评判，判决结果告诉社会大众应该怎么做不能怎么做。香蕉案中，一个老太太给你吃了一根香蕉，谁知道这个香蕉吃了以后这个孩子会死呢？她完全是一种好心，邻里的一种友好关系，你不能因为这种特别的事例，来要求这个老太太对这个香蕉本身有什么问题去进行监督、检验，这是不可能的。所以我觉得，现在也有这样的一个很好的动向。

我们未来的法院，我觉得确信的话，走专业化，原因就是我们的行政化，导致我们的专业化走不通。这里面的原因是很深刻的，我们当时，必定是一个打破旧世界建立新世界的一个军政权，所以整个的国家机构都带有非常清晰的行政的色彩。比方说法院的院长，要给县里面，有个什么样职务的对应，庭长要与什么样的一个职务对应。行政化为什么导致职业化、专业化走不通，我本来是一个优秀的法官，我当了庭长以后，我就不办案了，就审批案件了，就是一个审判管理角色，自觉不觉地就变为你的行政角色了。管理、教育、批案、管案，院里的领导也都是优秀的庭长提上来的，当庭长的那种感觉，你要是当了院长之后把它丢掉，那是不太可能的，那是不现实的。所以这种行政化，对于专业化来说是非常大的阻碍。对于专业化的阻碍还表现在什么地方呢？还表现在大家现在都知道的，法官法。法官法制定本身就是一个行政化的变异。大法官肯定是副部以上，哪一级法官是几级是一一对应的，你是不可能跳的。所以在省以下的法院，不可能有大法官，只有寥寥无几的一级高级法官，有一批二级高级法官和三级高级法官，那么我们可怜巴巴的县级法院，就只有副处级的四级高级法官，可能个别有些可以到三级高级。这是一个什么样的情况呢？85%的案件在基层，85%的法官在基层，可是85%的处级干部在上面。在这个当中，更典型的就是，法官法1998年颁布实施到现在，中间停停顿顿，下面的法院就说，司法机关执行法官法和检察官法，也应该严格按照什么时间动一下，现在经常是暂停、暂停、暂停，这里面有个什么原因呢？大家就琢磨，这是什么原因呢？可能上面有上面的难处。我觉得它也是一种很大的问题。所以我觉得今天听了侯老师的讲座，对于我对司法改革的认识有些启发，对于我做这个课题也有很多启发，在这里表示感谢。

季涛：我就提一个简单的问题吧。刚好前段时间，我和几个朋友参加了一个读书会，我其实对历史是真的不懂。听了那个读书会之后，我倒是想去看一点历史书，他们刚好在看王汎森的《执拗的低音》这么一本书，那天读书会的时候他们讲的是近代的思想史和学术史，这两个好像是近代史里的热点，我是一点都不知道，我听得挺惊讶的：原来是热点啊。然后他们就说，有四个人是比较出色的，一个叫桑兵，一个叫茅海建，一个叫王汎森，还有一个叫罗志田，说他们这四个人很厉害。我后来就到网上搜了一点他们的文章想来看一看，因为我觉得好像对历史太无知了的确会失去对当下的判断。所以那天在讨论的时候说到所谓的执拗的低音是什么，其实我弄得也不是很清楚，但是我知道王汎森至少对现在的科学方法（的了解）是很博的，对经济学、社会学这些学问都知道，而且他用了很多方法来研究历史。我听了之后觉得有点枯燥，好像内容确实比较干瘪一些，因为是概念的罗列嘛。但是后来大家讨论的时候也有一点启发，就好像这个《执拗的低音》，王汎森自己举了个例子，历史学研究的往往是主流、是些大家，但他有一个观点，有一些末流的人，就是在当时不为人关注的学者，他们对历史的观察以及对史料的使用，就是比较特别的，但往往被忘掉，所以王汎森他们就是去挖这种人。他也不是说主流的史学所做出的事实的呈现，价值观念上的一些判断就完全是错的。但他觉得可能还有一些低音，这些低音你也必须去看，如果你不去看的话，史实其实很难呈现，因为其实每个学者都有一定的价值关怀。就他想呈现一个事实的时候，就有一种情绪和动机在这个里面，他在做这个事实的时候也有一种想要表达的东西，想告诉别人，所以像这种情况就是，如果这种低音看不见，也有一些问题。后来我们去想了想，也许执拗的低音它也是在说一个问题，就是要对历史的真相要保持一定的敬畏吧。不要以为自己都知道，因为它也讲到哈耶克的有限理论，就觉得人不能用上帝的视角去看历史，有很多人都知道的不多，那么还是要保持一定的小心谨慎。这个就是我的一个感受。

我想问的一个问题就是：从某种意义上，比如说我们中国自己对学术的潮流来讲，我觉得中国的学者可能比较急，就可能更容易去做那些价值判断，或者更容易做应该怎么办（的思考）。包括我那天听一个学生说，我们为什么不快点抄那么好的法典，直接搬过来用不就完了嘛，为什么还要那么细地研究，研究那么多也没抄好。一开始张老师说的抄得好也是一种创造，那么为什么不好好抄？我觉得有种有点着急的心态。那么我就觉得像你这个研究也是比较有意思，就是和潮流比较也是一个很特别的东西，我也挺感兴趣的。我就在想您的那个方法，是不是也是材料，比如说西安地方法院治理的材料的呈现，在材料上、裁剪上、选择上的方法有没有特别之处，有没有受到你自己的价值判断，比如想呈现一种什么东西，从而受到一些影响。这个是我想问的。

另外想问个问题，就是说，史实您有没有觉得它的确有些时候好像在述说着一种答案吗？我看了一本茅海建的《天朝的崩溃》，也是在说像这个为什么会解体，他其实也是通过说一种史实，然后让你来思考，他里面也没有给直接答案，但他其实在告诉你为什么会崩溃。我觉得他的态度也是说当时他写这个历史，其实他是有一定的价值关怀的，也有一定的动机。他希望现代的中国的那些，特别是那些重大政策的制定者，或者说对国家民族的前途有影响力的一些人，能够去观察，或者能够去考虑这些事实，能够去观察这个社会的现实结构，能够去做一些正确的判断，以免最后做出里面讲的怎么又错了，怎么又要付出那么大的代价（之类的事），我觉得这个的确是一个值得思考的问题。其实我也想不通，但是我自己感觉，中国人的精神构造，或者人心，可能是问题的根本。可能中国缺少这种愿意去做这个工作的，甚至不畏艰难的这样的一些人，就是具有献身精神的一些人。反之司徒雷登他写在华 50 年，我觉得他的确是爱中国，的确是对中国的命运、对老百姓的疾苦，有着非常深刻的关心。而且正是因为这样，他才愿意这么去干，愿意做这些事。他自己的命运到最后也不是特别好，到最后老了，晚年以后，退休以后只有一个人，妻子也死了，后来还靠以前一个中国的学生来帮助他，在晚年有一些安慰，就这么一个结局。我觉得如果中国有很多这样的人，这样级别的，就刚刚讲的法院里面的这些精英，这些精英他在关心什么。我就在想，可能中国有很多这样的精英，有一群这样的精英，不是关心个人的一些利益。我那天看到一个东西，我就很有感慨，它是讲一个娱乐节目，清华大学的高才生，问高晓松，他问的问题是：两位导师，我学了法律又学新闻，那我将来做点什么活好啊？做什么工作。高晓松当时就怒了，也没怒，就是说这不行啊，你别的大学不要紧，你清华大学的，你怎么问找什么工作，你博士毕业了，你应该很清楚。他的意思是你应该关心一点更重要的事情。我觉得这个可能在中国目前确实是一个比较大的问题。因为我自己以前也不知道怎么带学生，就是在和学生交流的时候，好像也会很容易去关心学生将来找什么工作，就是很少从塑造学生的比较高贵的人格方面，就是他内心的高贵的人格塑造去想的比较少，后来想想这个也许是一个大事儿。就是对一个国家来说，近代化的话，我就觉得如果人心还是蒙昧的，或者说出于那种状况的，那么可能这是一个最基本的主观条件。我一直在想，但这个也不一定对，我其实很关心的就是，您是怎么看的，或者就跟前面那个方法论的问题，您是怎么写您的这本书的？

侯欣一：尝试着回答你的问题，你的问题确实有一些超乎了我的能力。讲我自己写这本书的缘由吧。这本书的收集资料是从 1990 年代开始的，1997 年或 1998 年。写作的原因有两个，一个原因是来自自己的学术野心，没有太大别的政治抱负，就是学术野心。想着既然当学者，就想留一点厚重的东西。学者最后得靠作品立世，但凡是作家，都想写一本死后垫棺材的书，厚重点的，然后去入棺材。在陕西那样一个文化氛围里这是当时大家普遍追求的一个状态，我也有这样一个想法，想写一本死了能垫头、能垫头底下然后一起入葬的书。实在一点说就是来自一种学术想法。当然还有另外一个刚才讲的王汎森的那种说法，执拗的低音，就是想说一点儿跟常态不一样的东西。因为大家对近代以来中国的司法、中国近代以来的法律（的印象），一说到近代以来的中国司法，基本是负面的。偶然的一些机会，我知道近代以来中国的司法不像我们的教材和我们出版的作品里面描述的那么黑暗，还有很多好的地方。我是想通过自己的努力把它再现出来，让一部分人知道，去丰富大家对近代史的认知，但是能不能做到我没敢想。就是出于这两点原因，我去查资料，仅西安市档案馆里保存的西安地方法院的档案就有一万多卷，里边涉及的案例是非常多的，材料非常多，因而每个人在写作的时候对材料都是有取舍的，跟我那本书里边观点相反的材料肯定有，这个不用想。所有的作者，尤其是历史学者，如果是有理想的话，有野心的话，他一定是通过自己的史观预设了研究的问题，他自己对那个时代首先要有一个史观的判断，然后他预设了一个要解决的问题，再根据这个主题去寻找安排材料，这是肯定的。所以他不会把所有的材料都拼凑在一起，他一定是有选择的。当然也有一部分学者不知道自己想干什么，所以他的引用材料里面什么都有。从这个角度讲越是好的学者，逻辑上越严谨，犯错误的概率也就越高，因为他太想证明自己了，这是好学者学术上特别会面临的风险。就是你自己其实有一个很大的想法，然后这个想法你又特别想把它做得天衣无缝，那在这个过程中，其实你就可能有一种固执和偏见。

季涛：就不小心成了高音。

侯欣一：对，这是所有学者没有办法，特别是历史学家没有办法去改变的，因为你面临的是一个过去时，不像我们研究当下问题，你可以通过各个角度去描述、观察当下。而对历史的观察你只能靠两种途径：一种是已知的文字材料；一种是，你如果有幸的话还可能接触一点当事人，去做点口述史的东西，校正一下文字史料。写这本书的时候，我对口述史认识不足，当然后来我也有了一点认识，也想去找一些当事人问，后来发现也问不出什么来，年龄都大了，再有新中国成立一段时间之后长期的精神束缚，大家也挺害怕的，没人知道你想干什么，不跟你说真话。一说就说民国时期都很坏，国民党都很坏。所以说你想弄什么口述史，寻找其他材料也很难，也只能通过死了的文字材料。这样你对那个历史的认知，其实很有针对性。我定义主题非常明确，我要解决什么问题，然后我在选材的时候是根据我这样一个需要去选择材料。我只是能保证一点，我的材料一定是真实的，我不会编制材料，然后使用材料的时候尽量求全，我不会中间用很多省略号，把跟我观点相反的东西都省略掉。这是中国学者使用材料的时候经常会出现的一个特别大的问题，一大段材料，就拣几个有关的。我觉得那个确实就更有问题了，我在用的时候尽量求全，所以里面材料就显得非常多，但再多其实前面都是有预设的，这个是一定的，所以说你刚才讲的问题其实是客观存在的。一万多卷，我用了一年多时间阅读。此外，还不光是看那一万多卷，我还要到陕西省档案馆去看二审的，去找二审能对上的材料。档案材料都不是对应的，你能通过零散的史料把一个案子、一件事拼到一起还原历史是非常困难的。此外，你还得去看一些其他东西，比如其他地方的档案，去跟西安的做一个参照，比对一下，光看西安的档案就不行。所以说，选材的时候大家其实自觉不自觉都会去剪裁，去选择材料，都会重新去组装材料，这是所有历史研究都必须面临的问题。因而所有的历史研究最终它给出的结论到底是真实的历史还是个人构建出来的历史，读者都要客观地、理性地判断。他可能给出的是一个真实的历史，也可能是自己构建出来的历史，这个是大家都知道的，所以这是一个问题。

第二个你说的那个问题，确实我也不知道怎么回答，那个确实太难，你说是人心问题还是什么问题，我也说不好。但是你确实知道中国什么时候都有一批认认真真做事的人，历史学科是这些年中国社会科学里成熟度最高的学科，确实有一批特别好的学者在认认真真做，就像刚才讲的那些人都是学问非常好的。好多人老说中国社会科学整体在下滑，我不这样认为。因为我接触或看书看的多是历史学的，历史学这些年真的进步很快，有一批学者他们知道自己从事的就是冷门，也热不了，就不瞎想，就安心地做学问，做得很纯粹。而且历史学的脉络也没断，就是直接跟民国的研究一脉相承下来，基础很好，另外，历史学不是显学，这些年受意识形态的影响相对小一点。历史学不像法学，你想努力，中间那个断层我们这一代人是没法对接的。新中国成立以后政治学、社会学、法学基本就断了，我们现在从头再去续很难，这样的问题历史学也有，但不太明显。他们只是研究的角度、研究的问题不一样，比如以前研究农民战争史，但是做的也很扎实，他不会像我们瞎做。现在不研究农民战争史了，改为研究社会史，但研究的方法和基础训练仍在。中国什么时候都有一批在认认真真做事的人，只是这些做事的人始终处于社会的边缘，发出的声音老是低音，这是个中国问题，这确实是一个中国真实问题。我们能知道的人，有一些不怎么靠谱，而一批真正学问靠谱的学者我们又不知道，一些靠谱的作品也传播不出去，这个是一个中国问题。就是缺乏一个机制能把这些靠谱的低音选出来，丰富历史，让低音与高音一起合唱，使大家的认知别太单一，现在中国特别缺这个机制。至于这个机制该怎么构建我也不知道，我现在能做的就是书写出来了，一些靠谱的学者评价还行，我就辛苦点多去宣传多去讲，让大家知道有这本书，争取更多的读者去看，谢谢！

佀化强：我对那个张老师和各位老师说的这个中西方之间的冲突是因为法官急于引领社会，这个我也认同。但是我有我自己的理解。我关注的是背后的东西，我个人认为有更深一层的东西，像侯老师你找的一个法官追究责任，那么这个是我一直在寻找的中国的一个制度，我注意到你说的民众要追究法官一些判错的责任。

侯欣一：这个社会（舆论压力）非常强大。

佀化强：其实这是中西方的司法文化的一个巨大的冲突，我相信可能我们今天也不能理解，就是西方的法官，因为他错误的判决，他也是源于神学的错误的良心，这个时候他必须遵守。

我觉得还有一个，“马锡五审判”，和西方的，还有延安时期的雷经天，他们这个冲突，其实也是深层上的一个。在西方，如果法官是在法庭之外办案，他要下地狱的。那么在中国，文化没有这个传统，所以他们看到马背上的法官的时候，西方那法官感到很惊讶。所以我觉得这里面还有深层的东西需要解释，当然我不否认有政治上的原因。我觉得，这是我的视角，我特别想、希望和中国的法制史的一些老师分享一些资料，探讨一下。谢谢！

余军：最后我们请葛老师做一个总结。

葛洪义：首先，非常高兴也很感谢咱们今天的参与者。侯教授给我们带来了一个很好的课题，我们大家一起分享这个课题，来自不同学科的，甚至还有一些实务部门的同志，对这样一个共同的话题进行了非常集中的讨论，这也是我们建立这样一个沙龙的主要目的。也就是说用最短的时间，让更多的人分享到一个共同的话题，我想本次沙龙的举办的效果是非常好的。第二，就是胡铭教授刚才在谈的过程中，当然他谈到的很多的东西大家都谈到了，我觉得大家说得都很好，那么我自己非常关心的一个问题就是他这样一个转变，实际上就是国家司法制度的建立的一个过程：在什么样的背景下，然后我们建立了一个新的国家司法制度，那么这个新的国家司法制度，当然它是整个社会变迁的组成部分，但同时它又面临着许多新的问题，所以这样一个变化其实它细节性的东西是非常值得研究的。我觉得在这个里面可能我们下来以后还需要继续去思考很多的问题，这是侯欣一教授今天讨论留给我们的一个工作，包括对侯老师的书，去详细地读一下。第三点就是对这样一个问题的看法，就是对转型的这样一个看法。它包括几位都谈到的这样一个问题，就是中国在这样一个转型的过程中，我们现在司法制度过来以后实践中碰到了很多问题。关于这个问题我没法展开来谈，是我的研究能力有限。但是我想我们或许可以换一个角度来看，这就是在人类历史上这样一个主权国家的出现，它本身就是个新问题，而这个主权国家的出现，它背后有一套合法性理论在支撑着它形成一个主权国家……我说的是国家的建立，不是说过去的那个意义上的一个政权，过去的那个王朝政权跟国家是两码事。这个现代意义上的国家的成立，其实就是从民国开始的，然后这个现代意义上的国家等于是从外部嫁接过来的一个庞大的政治体，我们的司法机构不过是这个政治体中间的一个组成部分。它不是从社会中间产生出来的满足社会需要的，而是外部人们认为可以用这个东西来解决社会问题，是这么嫁接过来的。然后在这个嫁接的过程中间自然就产生一个问题：我们的司法机构其实是属于整个国家机构、政治组织的一个组成部分。所以如果我们从这个角度来理解，就不难理解为什么我们的司法机构要承担国家的中心任务，也就是你从来没有跟社会建立起自己的联系，而你更多的是依托这个政治组织的。所以这是一个典型的从外部产生出来的机构，它要融入社会中间所碰到的问题，它所能靠的只能是自己人。谁是自己人？就是跟它具有相同命运的这些人。所以我们国家的司法机构我想它是在这样一个背景下来推进的，也正因为在这样一个背景下来推进的，所以它适用的规则本身也是和这个社会有距离的，当然也包括作为一个政治体本身它的合法性，面临的问题会影响到司法机构。这个方面我想，或许都是造成我们今天在思考司法改革和法院问题的时候所面临的很多难以解释的问题的原因，可能我们需要，或者说也可以从这样一个角度来看，过去我们很刻意地老是想把司法和政治区分开，其实可能是没有办法区分的，因为他就是作为现代政治的一个部分进来的。所以在这样一种情况下我们怎么理解这种现象，怎么去把握这样一种变革的方向，我觉得这个是值得很好地研究的。侯老师以西安为例，把民国时期的法院的制度给大家做了一个概括的介绍，我觉得西安本身也是有特别的象征意义的：一来，它本来就是中国一个最古老的城市，有悠久的历史传统；还有一个方面，就是在转型的过程中，为什么西安的法院会发生这样的一些变化。因为距离远，那些案件类型我们也看到，这些其实都是一个值得考虑的，有很多类型的案件为什么会转到由司法机关去处理。所以我觉得这样一个话题它的成功之处还有一点就是引发了我们更多的思考，所以非常感谢侯欣一教授，当然作为我本人来说，也非常感谢所有的参与者。我就谈这么多，谢谢大家！

好，同学们，我们今天晚上的活动就到此结束，谢谢大家的参与！

稿　约

《法律与伦理》是由常州大学史良法学院创办、社会科学文献出版社出版的集刊。每年出版两期（1 月和 7 月），第一期已于 2017 年 7 月出版，第二期于 2018 年 1 月出版，第三期将于 2018 年 7 月出版。现面向海内外专家、学者真诚约稿。

一　刊物栏目设置

本刊主要栏目有：

（1）自然法专题；

（2）法律与环境伦理专题；

（3）法律、科技与伦理研究专题；

（4）法律与人性关系研究专题；

（5）法政治学研究专题；

（6）法律职业道德研究专题；

（7）部门法学研究专题；

（8）书评；

（9）人物访谈；

（10）学术通信 。

二　注释体例

（一）本刊提倡引用正式出版物，根据被引资料性质，在作者姓名后加“主编”、“编译”、“编著”、“编选”等字样。

（二）文中注释一律采用脚注，每页单独注码，注码样式为：①②③ 等。

（三）非直接引用原文时，注释前加“参见”；非引用原始资料时，应注明“转引自”。

（四）数个注释引自同一资料时，体例与第一个注释相同。

（五）引用自己的作品时，请直接标明作者姓名，不要使用“拙文”

等自谦词。

（六）具体注释举例：

1. 著作类

① 王泽鉴：《民法总则》，北京大学出版社，2009，第80页。

2. 论文类

① 朱庆育：《法律行为概念疏证》，《中外法学》2008年第3期。

3. 文集类

①〔美〕杰里米·沃尔德伦：《立法者的意图和无意图的立法》，〔美〕安德雷·马默主编《法律与解释：法哲学论文集》，张卓明等译，法律出版社，2006，第115页。

4. 译作类

①〔德〕维尔纳·弗卢梅：《法律行为论》，迟颖译，法律出版社，2013，第155页。

5. 报纸类

① 刘树德：《增强裁判说理的当下意义》，载《人民法院报》2013年12月27日第5版。

6. 古籍类

①《汉书·刑法志》。

7. 辞书类

①《元照英美法词典》，法律出版社，2003，第124页。

8. 外文注释基本格式为：

author, *book name*, edn. , trans. , place: press name, year, pages.

author, "article name", *journal name*, vol. (no.), year, pages.

三　审稿期限

期刊实行审稿制，审稿期限为两个月。谢绝一稿多投。

四　投稿邮箱

投稿邮箱：lawethics@ sina. com

《法律与伦理》编辑部

图书在版编目（CIP）数据

法律与伦理. 2018年. 第一期：总第二期 / 侯欣一主编. -- 北京：社会科学文献出版社，2018. 1
ISBN 978-7-5201-2094-4

Ⅰ. ①法… Ⅱ. ①侯… Ⅲ. ①法律-伦理学-研究
Ⅳ. ①D90-053

中国版本图书馆CIP数据核字(2017)第324945号

法律与伦理（2018年第一期 总第二期）

主 编 / 侯欣一
执行主编 / 夏纪森

出 版 人 / 谢寿光
项目统筹 / 刘骁军
责任编辑 / 关晶焱 张 娇

出 版 / 社会科学文献出版社 · 集刊运营中心（010）59367161
地址：北京市北三环中路甲29号院华龙大厦 邮编：100029
网址：www. ssap. com. cn
发 行 / 市场营销中心（010）59367081 59367018
印 装 / 北京季蜂印刷有限公司

规 格 / 开 本：787mm × 1092mm 1/16
印 张：16 字 数：266千字
版 次 / 2018年1月第1版 2018年1月第1次印刷
书 号 / ISBN 978-7-5201-2094-4
定 价 / 65.00元